Sylvia und Dr. Paul F. Botheroyd befassen sich seit 20 Jahren mit den keltischen Kulturen Europas. Sie wohnen in Bochum, haben zwei Kinder und vier Katzen und bereisen am liebsten die keltische Welt in ihrem Wohnmobil.

W0322260

Von Paul und Sylvia Botheroyd sind außerdem als Knaur-Taschenbücher erhältlich:

»Schottland/Wales/Cornwall – Auf den Spuren von König Artus« (Band 4630)
»Deutschland – Auf den Spuren der Kelten« (Band 4633)

Originalausgabe Mai 1990
© 1990 Droemersche Verlagsanstalt Th. Knaur Nachf., München
Das Werk einschließlich aller seiner Teile ist urheberrechtlich geschützt. Jede Verwertung außerhalb der engen Grenzen des Urheberrechtsgesetzes ist ohne Zustimmung des Verlages unzulässig und strafbar. Das gilt insbesondere für Vervielfältigungen, Übersetzungen, Mikroverfilmungen und die Einspeicherung und Verarbeitung in elektronischen Systemen.
Umschlaggestaltung Adolf Bachmann
Umschlagfoto Irische Fremdenverkehrszentrale, Frankfurt
Fotos im Innenteil: Paul F. Botheroyd & Brendan-Martin Botheroyd
Satz IBV Satz- und Datentechnik GmbH, Berlin
Druck und Bindung Ebner Ulm
Printed in Germany 5 4 3 2 1
ISBN 3-426-04655-5

Paul und Sylvia Botheroyd:

Irland – Auf den Spuren der Druiden und Heiligen

Mit zahlreichen Abbildungen

Knaur

Wir möchten uns ganz herzlich bei all denen bedanken, die durch ihre großzügige Hilfe zum Entstehen dieses Buches beigetragen haben, ganz besonders der Irischen Nationalbibliothek, der Bibliothek des University College Galway, Pauline Mc Nena / Galway, Michael O'Shea / Dublin, die sich besonders bemühten, vergriffene Literatur zu beschaffen, dem Bord Fáilte Eireann – The Irish Tourist Board / Dublin und The Northern Irish Tourist Board / Belfast für die jahrelange Unterstützung bei der praktischen »Feldarbeit«. Besonders verbunden sind wir den vielen spontanen Helfern, die uns buchstäblich »den richtigen Weg« wiesen, wenn wir auf der Suche nach den Heiligen stekkenblieben, unter ihnen an erster Stelle A. J. Moore, der die heilige Quelle pflegt.

Irische Personen- und Ortsnamen sind nicht genormt; unterschiedliche Schreibweisen sind üblich.

Sylvia & Paul F. Botheroyd

INHALT

Tory Island
Fahan
Derry
Letterkenny
Raphoe
Larne
Glencolumbkille
Donegal
Bangor
Belfast
Nendrum
Inishmurray
Drumcliffe
Sligo
Enniskillen
Devenish
Clogher
Armagh
Downpatrick
Belmulett
Inishglora
Inishmacsaint
Clones
Killevy
Faughart
Dundalk
Louth
Westport
Croagh Patrick
Mayo
Monasterboice
Slane
Drogheda
Kells
Fore
Ardagh
St. Patrick's Island
High Island
Clifden
Cong
Tuam
Inchcleraun
Tara
Athlone
Clonard
Annaghdown
Galway
Clonmacnoise
Durrow
Rahan
Thihelly
Dublin
Tallaght
Clonfert
Banagher
Aran Islands
Oughtmama
Lorrha
Birr
Kinnitty
Kildare
Saighir
Kilmaduagh
Roscrea
Kilfenora
Moone
Glendalough
Wicklow
Inis Cealtra
Monahincha
Castledermot
Ennis
Sleaty
Killaloe
Aghowle
Kilrush
Scattery Island
Limerick
Mungret
Freshford
Kilkenny
Ferns
Cashel
Emly
St. Mullin's
Killeedy
Kilclispeen
St. Berrihert's Kyle
Wexford
Ardfert
Brandon Mountain
Tralee
Tullylease
Waterford
Rosslare Harbour
Gallarus
Aghadoe
Killarney
Lismore
Ballyvourney
Cork
Ardmore
Cloyne
Skellig Michael
Ballinskelligs
Gougane Barra
Ross Carbery
Übersichtskarte

EINLEITUNG: HEILIGE UND DRUIDEN IN DEN IRISCHEN HEILIGENLEBEN

Irland nimmt unter den keltischen Ländern eine Sonderstellung ein: Nie unter römischer Besatzung, verlief sein Übertritt zum Christentum nicht nach Mustern, die die römische Kultur und Zivilisation diktierten. Auf der grünen Insel begegnen sich Evangelium und keltische Mythologie direkt – und vertragen sich erstaunlich gut! Blutzeugen sind dem 16./17. Jh. vorbehalten, als sich die Reformation unter grausamer Verfolgung der katholischen Kirche durchsetzte. Die irische Sprache stand praktisch gleichberechtigt neben dem Latein der Kirche – viele Heiligenviten sind zweisprachig abgefaßt. Neben den Klosterschulen lebten die Dichterschulen weiter und christliche Schreiber waren die ersten, die den Sagenschatz aus Irlands heroischer Vergangenheit aufschrieben. Hier ging die neue Religion nicht die, für das Festland charakteristische fatale Verbindung mit einer Eroberungspolitik ein. *Die* Phase kam erst im 12. Jh., aber da handelte es sich um ein Übertragen der festländischen Kirche nach Irland, dessen eigene Kirchenform reformbedürftig geworden war. Denn Irland, »am Rande der Welt«, war seine eigenen Wege gegangen, hatte eigene Formen entwickelt: Nie, natürlich, was die grundsätzlichen Glaubensinhalte anbelangte, die Iren waren keine Ketzer! Viel uraltes Wissen, viel der keltischen Weltanschauung, manches an Sitten und Gebräuchen flossen mit dem Christlichen zusammen.

Von allem Anfang an waren die Bewahrer der irischen Kultur die Druiden gewesen. Wir leiden heute etwas am Klischeebild, das uns antike Autoren vermittelten – ehrwürdige, weißgekleidete,

bärtige Priestergreise, die Mistelzweige mit goldenen Sicheln aus Eichenbäumen schneiden und ihren Göttern Menschen opfern.
Auch hier unterscheidet sich Irland von Gallien und Britannien, ganz abgesehen davon, daß es eine *einheimische*, wenn auch mündliche Überlieferung besitzt.
In der irischen Gesellschaft waren die Weisen, Gelehrten, Studierten »Druiden«, die Ratgeber, Rechtsgelehrten, Schiedsrichter, Wahrsager, Dichter, Ärzte, Künstler und Handwerker.
Manche vermittelten zwischen dem Göttlichen und den Menschen und übten so eine priesterliche Funktion aus. Sie waren auch Zeremonienmeister und gaben Ton und Benehmen in der Gesellschaft an. Im Studium natürlicher Phänomene suchten sie den göttlichen Willen zu erforschen – im Idealfall bildeten Druide und König eine Einheit, wobei letzterer den göttlichen Willen zum Wohle seines Volkes auszuführen hatte.
Die einzelnen, hierarchisch gegliederten Gruppen in dieser weitgespannten Klasse schöpften jeweils auf ihre Art aus geistigen Kräften – auch die Handwerker/Künstler, die die von den Göttern den Menschen überlassenen Fertigkeiten ausübten.
Ihr Wissen gab den Druiden Macht über die Elemente: Feuer, Wasser, Erde, Luft; über das Klima: sie konnten es regnen, schneien, blitzen, donnern, stürmen lassen, ja sogar die Sonne verfinstern; und über den menschlichen Geist: gewisse Manipulationen ließen Normale verrückt werden oder verblöden. In der keltischen Gesellschaft spielte das Wahrsagen, der Blick in die Zukunft, eine große Rolle: die Wolken am Himmel, die Gestirne, Vogelflug oder -stimmen, Baumwurzeln, usw. dienten als Zeichen.
Heilkräuter waren bekannt, gewisse Bäume, u.a. Hasel, Eibe, Esche und Eiche, galten als heilig. In Flüssen, Wäldern, Hügeln, im Meer und besonders in den Quellen erlebten sie geistige Wesen.
Sie stellten die Lehrer/Professoren der Gesellschaft: alles Wissen

wurde mündlich vermittelt. Sie kannten zwar die Schrift, wendeten sie aber aus ideologischen Gründen nicht an. Ein Druide der obersten Stufe hatte ein Studium von zwei Jahrzehnten hinter sich, ein Dichter *(fili)*, oder Jurist *(brehon)* je nach Grad, von 7 bis 12 Jahren.

Sicher verbreitete sich das Christentum in Irland so überraschend schnell, weil ihm die druidische Lehre in ihren Grundzügen nicht diametral entgegenstand – es gab Ähnlichkeiten und Berührungspunkte. Der Glaube an ein Leben nach dem Tod ist bei allen keltischen Völkern belegt: Die Inselkelten kannten eine »Anderswelt«, in den Feenhügeln und eine Paradiesesinsel der ewigen Jugend vor der Westküste. Manches weist darauf hin, daß die vorchristlichen Gelehrten das Universum als von *einer* göttlichen Kraft durchpulst vermuteten, mit Sitz in der Sonne, die sich in vielen Aspekten, Göttern, zeigte. Der oberste Gott, Dagda, war ein Vatergott, Herr über den Tod und das Leben. Verschiedene Götter, wie z.B. dessen Tochter Brigid, erschienen in drei Gestalten oder Funktionen, so daß den Druiden das Konzept der Trinität nicht fremd war.

Die Druiden bevorzugten abgelegene Orte, Felsen am Meer, Inseln, tiefe Wälder, Hügelkuppen, wo sich diese Kräfte im Universum ungestört beobachten ließen.

Dem gesprochenen Wort maßen sie große Bedeutung bei: Zaubergesänge und -sprüche sind bereits von den Druiden der ersten Einwanderungswelle überliefert. Lobgedichte oder Satiren regulierten das moralische Verhalten von Adel und Volk: ein Spottgedicht, wegen Undankbarkeit und Geiz, konnte einen tadellosen Ruf ruinieren, den Schuldigen krank machen und im schlimmsten Fall an der Schande sterben lassen.

Zornige oder beleidigte Druiden rächten sich mit Verfluchungen bei allen Elementen, die Mensch und Tier töten konnten.

Die Druiden entstammten gewöhnlich dem Adel und waren Königen ebenbürtig, zuweilen sogar überlegen. Und genau an diese Schicht, nicht an die Ärmsten und Untersten, oder die vom römischen Materialismus angeödeten, wie in Rom und Gallien, an die Gebildeten und Mächtigen, wendeten sich Irlands erste Missionare, die zum großen Teil selbst auf diesem sozialen Hintergrund aufwuchsen. Das Zusammentreffen der Vertreter der zwei Welten ist gerade deshalb so ungeheuer spannend, *weil* sie sich ebenbürtig sind!

Noch die christlichen Schreiber des 7./8./9. Jh. drückten in vielen Fällen ihren Respekt vor den Druiden in ihren Formulierungen aus. Erstaunlich selten schildern sie sie negativ. Zwar nennen sie sie »Zauberer, Magier« und weisen auf ihre Irrlehren hin, kaum je aber versuchen sie sie ins Lächerliche zu ziehen. Natürlich ist immer etwas Propaganda dabei, zu Gunsten ihres Heiligen, aber sie unterdrücken z. B. nicht, daß verschiedene der großen frommen Männer und Frauen, allen voran St. Brigid und Columcille, von Druiden geschult oder in ihrem Haushalt aufgezogen werden, oder, daß sie aus deren Rängen stammen.

Für Columcille ist »Druide« ein Ehrentitel, der höchste geistige Führung ausdrückt: in einer seiner Hymnen formuliert er: »Christus, der Sohn Gottes, ist mein Druide.«

Nach und nach ersetzten die Heiligen die Druiden in ihren Ämtern und Funktionen, als königliche und fürstliche Ratgeber, Lehrer, Dichter, Künstler/Handwerker, Propheten, Heiler und natürlich Priester.

Die irischen Heiligen sind größtenteils kluge, schlagfertige Persönlichkeiten, von erquickender Individualität und bestechender Menschlichkeit. Nur in späten *Viten* finden sich zuweilen langweilige, genormte Wunderwerker.

Allen gemeinsam ist eine ungeheure Aufrichtigkeit, ein Ringen, die christlichen Tugenden zu vervollkommnen, ohne auf die keltischen, allen voran Großzügigkeit und Gastfreundschaft, zu verzichten. Sie vertrauen grundsätzlich auf die gütige Hilfe Gottes, und es erfüllt sie ein brennendes Verlangen, den göttlichen Willen zu erkennen und danach zu handeln. Wie bei ihren heidnischen Vorgängern ist das Studium, vornehmlich der heiligen

Schriften, ein Mittel, diesen Willen zu erkennen. Nicht umsonst wird Irland im Mittelalter »die Insel der Heiligen und Gelehrten« genannt! Es ist ihre Frömmigkeit, ihr exemplarisches Leben, oft in strenger Askese, woran sie das Volk als Heilige erkennt. Ihr Verhältnis zum Universum gleicht dem druidischen: in der Natur, in der Schöpfung offenbart sich der Schöpfer. Die Tiere erkennen und respektieren sie als Träger der göttlichen Kräfte, dem Menschen darin ähnlich. Deswegen, nicht aus Zuneigung zu Haustieren, schützen und lieben sie sie und verstehen sich furchtlos mit den wildesten.

Auch die Heiligen ziehen sich mit Vorliebe in die Einsamkeit zurück, um dort in Gebet und Meditation das Wirken des Schöpfergottes zu erleben.

Die Bischofskirche, obwohl von St. Patrick angestrebt, hatte bis ins 12. Jh. ohne die Grundlage von Städten und einer zentralen Verwaltung keine Chancen.

Das unabhängige Kloster war für die stammesmäßig organisierte Gesellschaft die bessere Lösung. Es handelte sich um einfache Gebilde: eine Umwallung, darin ein kleines Heiligtum, drum herum die Holzhütten von Mönchen und Schülern. In der Weise darf man sich wohl auch eine druidische (Hoch)Schule vorstellen. Die Klöster wurden bald wichtige Zentren: sie nahmen der Gesellschaft die Armen-, Alten- und Krankenpflege ab, versorgten Reisende und Gäste, kümmerten sich um Waisen, bildeten Kleriker aus und funktionierten in Kriegszeiten als Schutzwall und, als die Rundtürme hinzukamen, als Tresor für Wertgegenstände. Wie die Druiden vor ihnen, so gaben auch die Heiligen Verfolgten Asylrecht. Sünder mußten bei Gebet und Arbeit Buße tun. Überhaupt hatte nützliche Arbeit, vom Bücherkopieren bis zum Ackerbau einen hohen Stellenwert für die Mönche.

Die große christliche Neuerung waren die Schreibstuben, in denen fortwährend Manuskripte zusammengestellt und kopiert wurden. Das Materielle als solches wurde nicht verachtet – nur

suchte man es durch bewußte Armut und Mäßigung nicht überhandnehmen zu lassen.
Prächtige Kirchengeräte, illuminierte Prachtschriften, Schreine, Bischofsstäbe, Hochkreuze entstanden, aber, wie in vorchristlicher Zeit, dienten die Schätze dazu, das Göttliche, nicht den Menschen, zu ehren.
Viele vorchristliche Heiligtümer, Berggipfel, Quellen, Seen, Steine, sogar Bäume, wurden von den Missionaren gesegnet und übernommen.
Beispiele, wie Patricks Zerstörung der Götzenbilder von Crom Cruach, dem Fruchtbarkeitsgott, sind selten. Ganz allgemein scheinen wenig mehr als druidische religiöse Rituale und spezifische Glaubensinhalte eliminiert worden zu sein.
Leider existieren keine »Druidenleben«, die den Vorgang der Christianisierung »von der anderen Seite« schildern. Es sind die Heiligenleben, die den großen historischen Augenblick, als sich das ungebrochene Kelten- und Christentum gegenüberstanden, für die Nachwelt festhalten. Sie liefern uns eine ganze Reihe von Namen dieser keltischen Weisen, und, durch die Heiligen, mit denen sie zu tun haben, auch geographisch-topographische Orte. *Sie* haben ja keine Zeugnisse hinterlassen, weder in Schrift, noch in historischen Denkmälern. Die »Druidensteine, -ringe, -altäre« entsprangen, öfters als nicht, der viktorianischen Phantasie, oder einem »gotischen Lebensgefühl« – es ist unmöglich, sie von echten Überlieferungen zu unterscheiden.
Was sich aufsuchen läßt, sind die seit Jahrhunderten in der irischen Bevölkerung verehrten Wirkungsstätten der Heiligen, die aus geschichtlich-politischen Gründen in vielen Fällen, abgesehen von Zerstörung und Zerfall, so geblieben sind, wie zu Zeiten der Heiligen. Für viele, vom Hochbarock überfütterte, ist die frühe Klarheit dieser Monumente eine Wohltat. Die Kirchenruinen, Hochkreuze, Rundtürme, die königlichen oder druidischen Festungen, die vielfach als Geschenke in die Hände der Heiligen übergingen, befinden sich zumeist an den landschaftlich loh-

nendsten Stellen: in geheimen, kleinen Tälern, an breiten, offenen Flußlandschaften, auf Hügelrücken mit weiter Sicht, Berggipfeln mit verblüffendem Panorama, Inseln in Seen, Felsen im Meer. Viele sind noch keine »Touristenattraktionen« und können in der ursprünglichen Ruhe und Stille besucht werden. Viele sind noch immer Orte der selbstverständlichen, unaufdringlichen Frömmigkeit. Aus einigen der alten Klöster und Festungen haben sich Städte entwickelt – Armagh, Down, Cork, Kells, Kildare –; andere, wie die großen Klosterstädte von Clonmacnois und Glendalough, liegen noch immer in unberührter Abgeschiedenheit. Dieses Buch möchte dem modernen Leser das Aufeinanderstoßen und Ineinanderwirken der alten und der neuen Religion, der heidnischen und der christlichen Welt erlebbar machen und zwar nicht einfach, indem es trockene Weganleitungen zu frühen heidnischen und christlichen Kultstätten gibt, sondern, indem es zuerst die Heiligen und Druiden schildert und sie, so weit wie möglich, als Persönlichkeiten erstehen läßt. Denn nur dank Kenntnis der Überlieferung können sich die historischen Stätten und Kunstgegenstände in der Landschaft und in Museen mit Leben füllen.

Auf den Spuren der Heiligen und Druiden durch Irland

ADAMNÁN EUNAN (624–704)

23. September

Adamnán, der 9. Abt von Iona, ist heute vor allem als Verfasser der *Vita Sancti Columbae*, dem Heiligenleben von Columcille, bekannt. Er war zweifellos ein gelehrter Autor, der mit Vergnügen eigene Forschung betrieb, was sein zweites großes Werk De *Locis Sanctis* beweist, in dem er die wichtigsten Schauplätze des Neuen Testaments, die Kirchen, heiligen Stätten, Reliquien, aber auch die Landschaften, Städte, Menschen, Tiere – Kamele als Haustiere erheiterten ihn ausgesprochen –, die Pflanzen und Landesprodukte im Vorderen Orient beschrieb. Er dürfte sich schon lange mit dem Thema beschäftigt haben, bevor ihm der Zufall eine erstklassige Quelle bescherte: Arculf, ein gallischer Bischof, war auf der Heimreise nach einer mehrjährigen Pilgerfahrt ins Heilige Land vom Sturm an die Westküste Britanniens verschlagen worden und gelangte schließlich nach Iona, wo ihn Adamnán mit offenen Armen empfing. Manchen Abend müssen die beiden Herren zusammengesessen haben. Adamnán interviewte seinen Gast sorgfältig, machte sich Notizen auf Wachstäfelchen, die er dann, mit seinen eigenen Studienergebnissen vergleichend, zu einem Bericht verarbeitete.

Das fertige Buch überbrachte er auf einer seiner diplomatischen Missionen dem mit ihm befreundeten König Aldfrith von Nordhumbrien. Denn Adamnán war nicht nur ein Kirchenmann und frommer Stubengelehrter, sondern auch ein Staatsmann von Rang, Unterhändler mit Königen und Fürsten, ein geschickter Redner und fähiger Jurist. Auf einer Synode auf Tara setzte er u. a. das »Gesetz der Unschuldigen«, den sog. »Caín Adamnán«, zum Schutz der sozial Schwächsten, der Frauen, Kinder und Kleriker durch.

Heilige in irischer Tracht, Cashel (Tipperary)

Mord oder Körperverletzung an Mitgliedern der drei Gruppen wurde nicht nur mit Geldstrafen, sondern auch mit beträchtlichen kirchlichen Bußen geahndet. Frauen durften zudem auch nicht mehr zum Kriegsdienst eingezogen werden! 686 erwirkte er die Freilassung von 60 irischen Gefangenen vom nordhumbrischen Hof, die Beute eines Raubüberfalls auf die Küste von Meath, den König Ecgfriths Truppenführer zwei Jahre zuvor begangen hatte. Adamnáns Verhandlungen wurden durch den Umstand begünstigt, daß Ecgfrith mittlerweile umgekommen war, und sein bis dahin verbannter Bruder Aldfrith auf dem Thron saß – ein ehemaliger Zögling aus dem Kloster Iona und Adamnáns Schüler!
Der Mann, der 800 Jahre vor der Renaissance nach solch humanistischen Idealen lebte, kam 624 in Donegal zur Welt. Er stammte aus Columcilles Geschlecht – sein Urgroßvater war Columcilles Cousin gewesen. Daher fühlte er sich auch dem Heiligen zeit seines Lebens in sehr persönlich-freundschaftlicher Verehrung verbunden.
Die *Vita* berichtet von Wundern in Columcilles Namen, die sein Nachfolger auf Iona selbst miterlebte, wie er z. B. nach monatelanger Trockenheit, besorgt um die Frühjahrssaat, eine Bittprozession um das frisch bestellte Feld organisierte, die als Reliquie Columcilles weißes Sterbehemd und einige seiner Manuskripte mitführte. Die Zeremonie ist kaum beendet, da ziehen sich Wolken am strahlenden Himmel zu einem ausgiebigen Landregen zusammen – die Ernte ist gesichert! Stürme wandeln sich zu sanften, schiffahrtsfördernden Brisen, und die Pest verschont Columcilles schottisches Territorium, auch wenn sie sonst in ganz Europa wütet. Adamnán und seine Getreuen ziehen mitten durchs pestverseuchte England – nicht einer wird angesteckt. Fühlt sich Adamnán jedoch von seinem Schutzpatron vernachlässigt, hat er wenig Hemmungen, ihn das wissen zu lassen. Als eine ganze Flotte von 12 kleinen Booten mit Eichenstämmen im Schlepptau wegen ungünstiger Winde auf einem Inselchen fest-

sitzt, moniert er, ob es dem Heiligen eigentlich Spaß mache, sie an diesem unglückseligen Ort festzuhalten – sie hätten bis jetzt auf seine Fürbitte bei ihrer schweren Arbeit gehofft, im Glauben, er habe einen gewissen Einfluß bei Gott. Prompt ändert sich die Windrichtung, und Adamnán versichert seinem Leser vertraulich, daß so ein bißchen Schimpfen ganz schön viel genützt habe! Er kann alle Register ziehen, und unter ähnlichen Umständen, als es so aussieht, als müßten Mönche und Abt auf rechtzeitige Überfahrt zu Columcilles Geburtstagsfeier auf Iona verzichten, argumentiert er geschickt: »Kann es Dir denn recht sein, Heiliger, daß wir Dein Fest morgen unter Fremden abhalten müssen und nicht in Deiner eigenen Kirche? Für Dich wäre es doch eine Kleinigkeit, am Morgen eines solchen Tages vom Herrn einen günstigen Wind gewährt zu bekommen, so daß wir die feierliche Messe zu Deinem Geburtstag in Deiner Kirche abhalten können.« Es überrascht nicht, daß anderntags der Wind in der richtigen Richtung bläst, und die kleine Flotte festlich gestimmter Mönche schon am Mittag auf Iona anlegt.

In Adamnáns Jugend genoß das Kloster von Clonard noch immer den besten Ruf als Erziehungsstätte junger Adliger, so daß man der mündlichen Überlieferung Glauben schenken darf, daß ihn seine Eltern dorthin gaben. Die einzig erhaltene, aber sehr charakteristische Anekdote aus Adamnáns jungen Jahren spielt sich dort ab. Es gehörte zur Schulung in Demut, daß sozial Hochgestellte Dienste für andere taten. Adamnán und zwei Kollegen mußten im Turnus drei anderen Studenten aufwarten, z. B. Nahrungsmittel besorgen und Mahlzeiten zubereiten. Adamnán hatte sich frische Milch beschafft, und trug sie in einem Holzgefäß auf dem Rücken nach Hause, als er eine Kavalkade heranreiten hörte. Schleunigst suchte er auszuweichen, stolperte über einen Stein und schlug der Länge nach hin, wobei nicht nur die Milch verschüttet wurde, sondern auch das geliehene Gefäß entzweiging. Ohne ihn zu beachten, ritten die Adligen – ein Prinz mit seinem Gefolge – vorbei, aber der Junge gab nicht auf, rappelte sich

hoch, rannte hinterher und trottete mit traurigem Gesicht und auf dem Rücken scheppernden Resten des Milchgefäßes solange neben Prinz Finachta her, bis ihn dieser lächelnd ansprach und sich nach seinem Kummer erkundigte. Zwar wußte Adamnán damals nicht, mit wem er sprach, aber seine Höflichkeit und die, mit dem ihm eigenen treuherzigen Charme vorgebrachte Schilderung seiner schwierigen Lage gewannen die Sympathie des Prinzen. Er ersetzte ihm seinen Verlust auf der Stelle, behielt seine Karriere im Auge und machte ihn später, als Hochkönig von Irland, zu seinem geistlichen Berater.
Adamnán wurde unter Abt Seghine (623–652) ins Kloster von Iona aufgenommen und 679 zum Abt desselben gewählt. Ab 697 bis zu seinem Tod widmete er sich vorwiegend Aufgaben in Irland, gründete Kirchen und Klöster und verbreitete den Kult von Sankt Columcille. In Raphoe baute er eine Kirche von St. Columcille zu einem berühmten Kloster aus, und ein Dorf in der Grafschaft Sligo heißt noch heute »Skreen« nach »Scrín Adhamhnáin« (= St. Adamnáns Schrein), weil er diese Klosterkirche mit Reliquien in einem kostbaren Behälter beschenkte.
Aber auch in dieser so erfolgreichen Karriere ging es nicht ohne Wermutstropfen ab. Nachdem sich Adamnán 696 auf einer englischen Versammlung von Klerikern zur Annahme des römischen Osterdatums durchgerungen hatte und sich an Ort und Stelle St. Peters Tonsur scheren ließ – bis dahin hatte er, nach Columcilles Vorbild, diejenige der Magier oder Druiden getragen –, war es für ihn ein schwerer Schlag, daß sich die Mönche von Iona rundheraus weigerten, seinem Beispiel zu folgen. Daß er von da ab den Schwerpunkt seiner Arbeit nach Irland verlegte, dürfte mit dieser Enttäuschung in Zusammenhang stehen. Nichtsdestotrotz verstarb er 704 hochgeachtet und Beda Venerabilis, der große englische Kirchenlehrer, bestätigte der Nachwelt, aus seiner persönlichen Bekanntschaft mit ihm heraus, er sei ein guter, weiser Mann, von beachtlicher Gelehrsamkeit im Studium der heiligen Schriften gewesen.

Die moderne protestantische Kathedrale von *Raphoe, St. Eunan's,* in der Grafschaft Donegal, zwischen Stranorlar und Derry, ist alles andere als ein überragendes Kunstwerk, steht aber an Stelle von Adamnáns Kloster und bewahrt einige wenige Fragmente der mittelalterlichen St. Adamnáns Kirche, u. a. eine interessante Gefangennahme Christi.
In *Skreen*, Grafschaft Sligo, an der Straße Sligo - Ballina, erinnert der alte Friedhof mit der mittelalterlichen Kirchenruine an Adamnáns berühmten Schrein. Östlich vom Kirchhof, an der Straße, findet sich Adamnáns heilige Quelle neben einem Gedenkstein aus dem 16. Jh.
Auf *Tara*, Grafschaft Meath, dem prähistorischen und frühchristlichen Mittelpunkt Irlands, 1,5 km westlich der Straße Dublin - Navan sind das »Rath of the Synod« und »Adamnáns Kreuz« mit St. Adamnán verknüpft.
Wie Ausgrabungen ergaben, war das Rath, das an den alten Kirchhof von Tara anstößt, eine rituelle Ringwallanlage der vorchristlichen Hochkönige Irlands, die St. Patrick, später St. Brendan, St. Rúadán und St. Adamnán für Kirchenversammlungen benützten. Hier soll letzterer »das Gesetz der Unschuldigen« vorgestellt und durchgesetzt haben. Ein paar Schritte weiter östlich, auf dem Friedhof, steht »Adamnáns Kreuz«, ein uralter, verwitterter Stein, vielleicht der Stamm eines christlichen Kreuzes, wahrscheinlich jedoch ein vorchristliches Monument, das »umfunktioniert« wurde; die kaum erkennbare Figur ist eine sitzende, und zwar in der Lotusstellung, so daß es sich dabei um einen Cernunnos, den keltischen Herrscher der Tiere, Gott der Unterwelt und der Fruchtbarkeit, handeln dürfte.
Adamnáns handgreiflichste Hinterlassenschaft ist zweifellos sein Buch über St. Columcille, das er nach 679 auf Bitte seiner Mitbrüder in Angriff nahm. Es ist kein Heiligenleben nach klassischem Schema, sondern eine Sammlung von Beschreibungen, Anekdoten, Ereignissen in drei Großkapiteln, »Prophezeiungen«, »Wunder«, »Visionen von Engeln und himmlischen Lich-

tern«, denen zwei Vorworte mit einem kurzen biographischen Abriß vorangehen, und die ein bewegender Bericht über den Tod des Heiligen beschließt.
Das Material dazu beschaffte sich Adamnán auf bewährte Weise. Einerseits benützte er schriftliche Quellen, z. B. das Heiligenleben von Caimíne Ailbe, anderseits suchte er systematisch das Gespräch mit alten Mönchen und sonst vertrauenswürdigen Personen, die entweder Columcille noch persönlich erlebt oder dessen Schüler gekannt hatten.
Buch und Verfasser wird hier nicht in erster Linie soviel Platz eingeräumt, weil es sich um das umfangreichste literarische Dokument der keltischen Kirche im 7. Jh. handelt, das obendrein dem größten einheimischen Heiligen Irlands gewidmet ist, sondern weil die lebendigen, sehr lesbaren Schilderungen vom Alltag der Mönche, ihrer Arbeit, den Festen, Freuden, Sorgen und Problemen, uns Menschen des 20. Jahrhunderts einen direkten Zugang zum Denken und Fühlen der frühen irischen Christen verschaffen, die sich unablässig mit der grundsätzlich heidnischen keltischen Eisenzeitkultur auseinanderzusetzen hatten. Es gibt wohl kaum eine bessere Einstimmung, wenn man sich auf die Spuren der Druiden und Heiligen begeben will!

AED/AODH/HUGH MAC BRICC (um 589)

10. November

Ein Manuskript aus dem 7./8. Jh. von der Insel Reichenau im Bodensee, heute in der Landesbibliothek Karlsruhe, empfiehlt als probates Mittel gegen Kopfschmerzen ein Gebet zur Anrufung St. Aeds, »easpog« (Bischof) und »suíliag« (Doktor der Medizin). Sogar St. Brigid von Kildare soll sich unter seinen Patienten befunden haben. Er heilte sie, nachdem alles andere versagte, indem er ihre chronischen Kopfschmerzen auf sich selber übertrug und an ihrer Stelle litt.

Die große Zukunft, die ein Fremder dem Kind Aed prophezeite, schien in den sozialen Verhältnissen – väterlicherseits Abstammung vom Königshaus O'Neill, mütterlicherseits vom Adel von Munster – und im allgemeinen Wohlstand der Familie vorgegeben. Nichts stand dem traditionellen Leben eines begüterten Landbesitzers im Wege, bis der Junge aus Zufall mit St. Brendan von Birr und St. Canice Bekanntschaft schloß – sie halfen ihm durch ein Wunder, verlorengegangene Schweine, die vierbeinigen Bankkonten der damaligen Zeit, wiederzufinden. Seine Brüder hätten ihn gern in eine geistliche Laufbahn abgeschoben und gaben ihm, nach dem Tod des Vaters, seinen rechtmäßigen Erbteil nicht heraus. Der junge Mann kämpfte zuerst mit allen Mitteln darum, bis zur Erpressung, unter Geiselnahme einer jungen Frau aus dem brüderlichen Haushalt. Bischof Illathan von Offaly brachte ihn dazu, in dieser Wendung einen Fingerzeig Gottes zu sehen und ein christliches Studium anzufangen. Nach den Weihen nahm er das Leben eines Wanderbischofs auf, gründete Kirchen und Klöster in weitem Umkreis, besuchte Amtskollegen, versah seine priesterlichen Dienste, immer bereit, helfend und heilend einzugreifen. Nicht einmal durchgeschnittene Kehlen schreckten ihn ab – er erweckte die Opfer zu neuem Leben. Ohne seine Fürbitte hätte Aedh Slaine, der berühmte Hochkönig von Tara (595–600), kaum das Licht der Welt erblickt. Verzweifelt über ihre Kinderlosigkeit wallfahrte Mughain, die zweite Gemahlin Diarmaid Mac Cerbhaills von Tara zu St. Aed. Als sich der ersehnte Sohn einstellte, nannte sie ihn, aus Dankbarkeit, nach Bischof Aed.

Oft sind es gerade Nebensächlichkeiten, die das Menschliche an dieser großen Persönlichkeit hervortreten lassen: St. Aed ist Vegetarier, aber statt den Braten abzulehnen und seinen Freund St. Rioc zu kränken, verwandelt er das Fleisch stillschweigend in Brot, Fisch und Honig. Einmal ißt er in einem Kloster geistesabwesend auch noch die Mahlzeit, die für den verspäteten St. Ciaran vorgesehen war, auf, um sie dann, schuldbewußt, den guten Nonnen durch ein kleines Wunder zu ersetzen.

Wie der Heilige sein Ende nahen fühlt, bietet er einem seiner Mitbrüder an, ihn auf dem Weg ins Paradies zu begleiten – worauf dieser erschrocken ablehnt. Ein Bauer hört das Angebot und bekennt, aus tiefstem Herzen aufseufzend, er wünsche, der Heilige hätte es ihm gemacht. »Also gut«, erwiderte St. Aed frohgemut, »wasch dich und mache dich bereit.« So legte sich der einfache Mann neben seinen Heiligen auf dasselbe Bett und zusammen entschliefen sie zur gleichen Zeit, was St. Columcille durch ein göttliches Gesicht in Iona erfuhr und tief beeindruckte.

St. Aeds Hauptniederlassung in *Killare* Grafschaft Westmeath, sieben km östlich von Ballymore, zwischen Mullingar und Athlone, in Sichtweite des Hügels von Uisneach, dem »Nabel« des vorchristlichen Irlands, ist nur durch eine formlose Kirchenruine südlich der Straßenkreuzung markiert.

Rahugh, 8 km nordöstlich von Tullamore, an der Straße nach Tyrellspass, heißt nach St. Aeds Ringwall »Rath Hugh«, der noch immer den Friedhof mit der Kirchenruine umschließt. Ein Engel verheißt ihm diese Anlage, wie sich der Heilige Sorgen macht, mit welchen Mitteln er hier ein Kloster errichten soll. Anderntags schenkt ihm ein reicher Mann ein Gehöft komplett mit Schutzmauer und Gebäuden. 135 m östlich der Kirche rinnt wie eh St. Hughs heilige Quelle; 180 m südwestlich des Kirchhofs liegt der mit einem Ringkreuz verzierte Stein von Bischof Aed, der ihm als Betschemel gedient haben soll. Heute, wie vor rund 1400 Jahren, finden sich noch immer von Kopfschmerzen geplagte Bittsteller ein.

Der Aufstieg zu St. Aeds Einsiedelei auf dem Slieve League (601 m) über *Teelin*, Grafschaft Donegal, 3 km südwestlich von Carrick, lohnt mit einem großartigen Panorama – bei klarem Wetter sieht man bis weit nach Mayo hinein! Der alte Pilgerpfad in der Bergfalte ist ungefährlich, aber die Gratwanderung außen herum, (der sog. »One Man's Pass«), über den Klippen von Bunglass, die über 500 m senkrecht ins Meer fallen, sollten sich nur Schwindelfreie zumuten. So oder so sind feste Schuhe und Regenschutz geboten. Unter dem Gipfel schützt eine halbkreisförmige Trockensteinmauer eine verfallene Bienenkorbhütte und die Ruine eines viereckigen Kirchleins. Hier herrscht tiefer Friede und ein solcher Abstand zum Alltäglichen, daß der moderne Wanderer wenigstens ansatzweise die Beweggründe der Einsiedler, hierherzuziehen, nachvollziehen kann. Außerhalb der Umfriedung, unter einem, um einen Kreuzstein aufgetürmten Steinhaufen, liegt die eine heilige Quelle, einige Schritte weiter östlich eine zweite.

AILBE/AILBHE (GEST. 527?)

12. September

Zwar geben die schriftlichen Quellen Ailbe von Emly, dem ersten Missionar von Rang im Süden Irlands, gern den Ehrentitel »Patrick von Munster« bzw. »dieser zweite Patrick von Irland«, um den Umfang seiner Leistungen zu würdigen, aber an sich war er ein vorpatrizischer Bischof und scheint St. Patrick eine gewisse Konkurrenz gemacht zu haben, denn seine *Vita* legt verdächtig großen Wert darauf, die Position der beiden klarzustellen. Bei einem Zusammentreffen in Cashel unterstellt sich zwar Ailbe Patricks spiritueller Oberhoheit, läßt sich aber von ihm als Bischof von ganz Munster bestätigen.

In einem Punkt ist er allerdings St. Patrick überlegen: die *Vita* dieses eingeborenen Iren vermittelt dem Leser einen selbstverständlicheren, viel direkteren Zugang zur Gedanken- und Gefühlswelt der ersten Christen Irlands, als es diejenige St. Patricks, des Fremden, je vermag.

Wie bei vielen heidnischen Helden weicht bereits St. Ailbes Geburt von der sozialen Norm der Zeit ab: ein junger Fremdling hat eine geheime Liebschaft mit der schönen Leibeignen von Crónán, einem Unterkönig von Munster. Letzterer explodiert, wie er von der Geburt eines Kindes erfährt, und befiehlt, es umgehend zu töten. Statt dessen setzt ein Knecht den Säugling unter einem Stein aus, wo ihn eine Wölfin findet und mit ihren Jungen großzieht. Schließlich beobachtet ein Jäger das mit den Wölfen spielende Kind und bringt es, trotz Protest der Wolfsmutter, zu Menschen. Nach Jahren, im Verlauf einer großangelegten Wolfsjagd, flüchtet sich eine alte, grauschnäuzige Wölfin schnurstracks zum Heiligen, der sie in Dankbarkeit als seine Ziehmutter wiedererkennt, ihr versichernd, daß ihr und ihren Kindern kein Haar gekrümmt werde, und sie einlädt, von nun an täglich ihr Futter

bei ihm abzuholen. Es sei nur recht, daß sie, die in seiner Jugend für ihn sorgte, jetzt, im Alter, von ihm versorgt würde. Damit handelt der Heilige, ganz natürlich, nach dem Gesetz der Familienbande, das die gesamte alte irische Gesellschaft trägt, indem es Verantwortung der Familien-, Stammes- und Klanmitglieder untereinander, und gegenseitige Vergeltung fordert.
Auf typische keltische Art erlebt Ailbe das Geistige in der Natur und die *Vita* legt dem Halbwüchsigen die Worte in den Mund: »Ich bete darum, daß ich den Schöpfer aller Dinge kennenlernen darf . . . denn mir ist klar, daß es sie nicht gäbe ohne einen, der sie gemacht hat – keines Menschen Werk könnte sie erschaffen.«
St. David von Wales, auf einer Missionsreise in Irland, soll ihn dabei belauscht und ihn daraufhin getauft haben. Da es noch keine Studienstätten in Irland gab, mußte der junge Mann, um Priester zu werden, aufs Festland reisen. Papst Hillarius soll ihn bei einem längeren Aufenthalt in Rom zum Bischof geweiht und dann nach Irland zurückgeschickt haben. Hier nahm er die Arbeit eines Wanderbischofs, kreuz und quer durch Südirland, auf. Legenden berichten, daß er auf dem Wasser gehen konnte, wie andere Menschen auf der festen Erde, und daß ihn ein magisches Boot ins Land der Verheißung brachte – er kam von dort mit einem Zweig voll unbekannter, wunderbarer Früchte zurück. Die »Reise in die Anderswelt« gehört zu den Hauptthemen der keltischen Mythologie.
Emly, St. Ailbes wichtigste Gründung, 13,5 km westlich von Tipperary in der gleichnamigen Grafschaft, ist nur ein kleines Dorf, war aber, bevor Cashel es überflügelte, das wichtigste Kirchenzentrum von Munster. Bischof Ailbe dürfte mit dieser Gründung ein heidnisches Heiligtum christianisiert haben. 1825 mußte die mittelalterliche Kathedrale von Emly einer protestantischen Kirche weichen, so daß nur noch einzelne behauene Steine und dergleichen vorhanden sind. Auf dem Kirchhof steht noch St. Ailbes verwittertes Ringkreuz; St. Ailbes heilige Quelle ist sehr alt, vielleicht sogar ein Überbleibsel des keltischen Heiligtums.

ASICUS/TASSACH (GEST. 470)

27. April

Bischof Asicus/Tassach war, als ihn St. Patrick als Schüler in seinen Haushalt aufnahm, bereits ein gestandener Mann mit Frau und Familie und ein begabter Feinschmied von Beruf. Zum Priester ausgebildet, verwandte er sein handwerkliches Können auf die Herstellung von Kirchengeräten. Er muß St. Patrick nahe gestanden haben, denn nach dem *Buch von Lismore* fiel ihm die Ehre zu, den »Apostel Irlands« mit dem Sterbesakrament zu versehen.

Die zweite bekannte Episode aus seinem Leben läßt ihn als Menschen mit einem fast überempfindlichen Gewissen erscheinen. Einer Lüge wegen, oder sogar nur auf eine Verleumdung hin, schämte er sich seiner so sehr, daß er sich von seinem Bischofssitz Elphin wegstahl, um unerkannt, zuerst auf dem Slieve League im Südwestdonegal, später auf der Rathlin O'Birne Insel nordwestlich davon Buße zu tun.

Nach siebenjähriger Suche endlich fanden ihn seine Mönche, nur um ihn wieder zu verlieren; zwar rangen sie ihm die Einwilligung ab, mit ihnen nach Elphin zurückzukehren, aber erschöpft von seinem asketischen Leben, verstarb er auf dem Heimweg in Racoon, knapp 1 km südlich von Ballintra (Grafschaft Donegal) in einem patrizischen Kloster.

Von der damaligen Klosterkirche ist nur noch eine flache, grob viereckige Erhebung übrig, die seit 1956 ein nicht sonderlich geschmackvolles Monument für St. Asicus ziert.

Im Marktflecken Elphin (Grafschaft Roscommon) ist keine Spur von St. Asicus Kloster erhalten. Dafür steht die Kirche von *Raholp*, 5,5 km südwestlich von Strangford in der Grafschaft Down, nordöstlich von Downpatrick, noch als Ruine in ihrem ursprünglichen Ringwall. Der einfache, viereckige Bau wurde immer wieder restauriert und zusammengeflickt. Die ursprüngliche Bauweise – die Steine sind mit gelblichem Lehm zusammengekittet – verrät das hohe Alter. Diese Mauerreste dürften über 1500 Jahre an dieser Stelle gestanden haben.

BENEN/BENIGNUS (GEST. 467/8)

9. November

»Benen ist mein lieber Ziehsohn
geachtet, rein.
Ich lehrte ihn.
Er ist mir ein braver Sohn.«

Obwohl dieses patrizische Loblied auf St. Benen eine spätere Einfügung in die *Vita* ist, sind Ton und Aussage echt. Benen war Patricks Lieblingsjünger, den er zu seinem Nachfolger bestimmte. Die tiefe Sympathie beruhte auf Gegenseitigkeit. Als Kind war Benen von dem Missionar, der seine Familie taufte, so fasziniert, daß er ihm mit der Hartnäckigkeit eines etwa 7jährigen nicht von der Seite wich, was den Erwachsenen ganz schön auf die Nerven ging. St. Patrick wehrte jedoch allen Tadel mit dem Hinweis ab, sie sollen ihn in Frieden lassen, denn er werde sein Nachfolger in Armagh werden.

Beim Abschied – der Heilige wollte eben seinen Streitwagen besteigen – machte der Junge eine Szene, setzte sich auf Patricks Fuß, klammerte sich an dessen Knie fest und erklärte lauthals, er wolle mit. Schließlich gab Vater Sesgne nach und überließ Benen St. Patrick als Ziehsohn.

So kam es, daß St. Benen als jüngstes Mitglied von St. Patricks Haushalt an allen Missionsreisen teilnahm. Dem trägt die Legende in einer entzückenden Schilderung Rechnung: Auf dem Weg von Slane nach Tara liegen überall König Laoghaires Soldaten im Hinterhalt, um Patrick und seine Getreuen abzufangen. St. Patrick jedoch schützt sich und die Seinen mit dem mächtigen Gebet »Rehruf« bzw. »St. Patricks Harnisch«, so daß ein Nebel aufsteigt, durch den die auf der Lauer Liegenden nur ein Rudel Rehe vorbeiziehen sehen. Ganz hinten trippelt ein Rehkitz mit einem

Bündel auf dem Rücken – es ist Benen, der die Schreibtäfelchen trägt.
Es muß nicht nur ein temperamentvoller, sondern auch ein sehr anpassungsfähiger, lerneifriger Junge gewesen sein, dessen Erziehung St. Patrick persönlich überwachte und ihn, seiner guten Stimme wegen, zum Psalmisten ausbildete. Zum Bischof geweiht, erhielt er ein eigenes Missionsgebiet in den Grafschaften Kerry und Clare, bevor er nach St. Patricks Tod – wie vorausgesagt – nach Armagh berufen wurde.
Kilbennan, 4 km nordwestlich von Tuam, in der Grafschaft Galway, ist eine von St. Benens Gründungen, von der noch eine Kirchenruine mit Rundturmstumpf vorhanden ist. Hier stand das Kloster, in dem sich der spätere St. Jarlath von seinem Lehrer, St. Benen, unterweisen ließ. Wenige Schritte nordwestlich der Kirche befindet sich St. Benens heilige Quelle, die Patrick und Benen aus der Erde sprudeln ließen, um neun Aussätzige zu heilen.
Die zweite, noch erhaltene Gründung St. Benens, liegt auf der größten Aran-Insel, *Inishmore*, in der Bucht von Galway, südöstlich vom Hafen Kilronan. Hier auf einer Felsterrasse mit Blick weit übers Meer, im Vordergrund sowohl die Überreste des Klosters von St. Enda, als auch den Mini-Flugplatz von Inishmore, reckt die winzige Kirche von St. Benen/Bennén ihre Giebelwände in den Himmel. Dieses Viereck (3,30 × 2,50 m) aus massigen Quadern scheint für alle Ewigkeit gebaut – nur das Steindach hat der Belastung über die Jahrhunderte nicht standgehalten. Die Bauweise und der schwere Türsturz aus einem Steinblock weisen darauf hin, daß die Kirche an die 1300 Jahre alt sein dürfte.

BERCHERT/BERETCHERT/BERECHTUINE/ BERICHTER/BERECHERT/BERRAHERT (7. JH.)

18. Februar

Vom Heiligen, der unter soviel voneinander abweichenden Namen verehrt wird, ist wenig bekannt, dafür sprechen die Überreste seiner Gründungen zu uns. Die Vielfalt seiner Namen kann sehr wohl daher rühren, daß er ein Fremder, ein Angelsachse war, und die Iren Mühe hatten, seinen Namen auszusprechen. Er muß sich im 7. Jh., vielleicht nach der Synode von Whitby, auf der sich die Römische Osterberechnung auf den Britischen Inseln endgültig durchsetzte, vermutlich mit Vater und zwei Brüdern in Irland niedergelassen haben. Das war nicht ungewöhnlich für diejenigen, die weitab von Rom die geistigen Strömungen der keltischen Kirche suchten.
In *Tullylease*, Grafschaft Cork, 5 km südwestlich von Drumcolliher, Grafschaft Limerick, zwischen Newcastle und Mallow, stehen die Ruinen eines frühen Klosters, das später von den Augustinern übernommen wurde. Von der ursprünglichen Gründung zeugen »St. Bercherts Haus«, die Reste eines Viereckhauses aus Trockenstein, die heilige Quelle und ein *bullaun*, der Unterteil einer steinernen Handmühle, wie sie in den frühen Klöstern für Feinmehl verwendet wurden. Diesem »Cloch na hEilte«, »Stein der Hirschkuh«, fehlt ein Stück, was durch eine hübsche Legende erklärt wird. Die frommen Männer, die das Kloster bauten, besaßen nicht einmal eine Kuh, aber eine Hindin ließ für sie in aller Heimlichkeit täglich ihre Milch in den Stein fließen. Als einer der Mönche dem Wunder auf die Spur kommen wollte und sie dabei beobachtete, trat sie zornig ein Loch in das Becken und verschwand auf Nimmerwiedersehen.
Die Kirche stammt aus verschiedenen Perioden – ein Teil der Ostseite dürfte noch aus dem 12. Jh. sein, während Südeingang

Grabstein (ca. 8. Jh.), Tullylease (Cork)

und Fenster aus dem frühen 13. Jh. stammen. Der Chor wurde im 15. Jh. erneuert. Eine Reihe feingearbeiteter früher Grabsteinfragmente nebst einer Darstellung des Heiligen aus dem 16./17. Jh. sind in die Wände eingelassen. Der schönste Stein, im Ostgiebel, zeigt ein wohlproportioniertes Kreuz, das ein kompliziert geführtes Muster labyrinthartig ausfüllt. Die gut leserliche lateinische Inschrift lautet:

> Quicumque hunc titulu(m) legerit orat pro Berechtuine.
> (Wer immer diese Inschrift liest, möge für Berechtuine beten.)

Der Stein – er hat eine auffallende Ähnlichkeit mit solchen aus Lindisfarne, und die Dekoration könnte aus dem *Buch von Lindisfarne* selbst stammen – gehört ins 8. Jh., und war wohl für ein neues, prächtigeres Gründergrab bestimmt.
In *Ardane*, 14,5 km östlich von Galbally, Grafschaft Limerick, am sanften Südhang des berühmten *Glen of Aherlow* (Wer kennt nicht C. F. Meyers »Fingerhütchen«: »... tief im Tal von Acherlo hat er Herd und Klause«?) liegt »St. Berraherts Kyle« = Friedhof. Diese ovale Umfriedung des ehemaligen Klosters ist unter Einbeziehung von über 50 verzierten Steinen restauriert worden. Fragmente von zwei Hochkreuzen, das eine mit einer Szene, Christi Gefangennahme, sind auch darunter. Noch heute ist der von Bäumen geschützte Friedhof ein Ort der Verehrung, zu dem am Festtag des Heiligen, am 18. Februar, Pilger von weit herkommen. Der Friedhof ist vom Sträßchen aus über zwei sumpfige Viehweiden zu erreichen – Gummistiefel sind bei nassem Wetter unerläßlich.

BRENDAN VON BIRR (GEST. 573)

29. November

Seit der gemeinsamen Studienzeit in Clonard, war St. Brendan von Birr mit St. Brendan von Clonfert, dem Seefahrer, und St. Columcille von Iona befreundet. Zwar fehlt eine eigene *Vita*, aber in anderen Heiligenleben wird er erwähnt. Adamnán z. B. schildert eine Episode, die Brendan als Mann mit genügend Zivilcourage zeigt, um sich als einziger einem ungerechten Synodenbeschluß entgegenzustellen, wenn es darum geht, die Ehre eines Freundes zu retten. Die Versammlung von Teltown trat nämlich zusammen, um – wegen einer Lappalie, einem verzeihlichen Vergehen, wie sich Adamnán beeilt, zu betonen – Columcille zu exkommunizieren! Alle ehrenwerten Synodenmitglieder sollten den herbestellten Sünder mit Verachtung strafen; als jedoch Brendan von Birr Columcille auf die Versammlung zuschreiten sieht, erhebt er sich, tritt ihm entgegen und küßt ihn ehrerbietig. Zur Rede gestellt, läßt er die Versammlung wissen, er habe vor Columcille eine leuchtende Feuersäule schweben sehen, sowie eine Schar Engel, die ihn begleiteten, so daß den Anwesenden klar wurde, daß sie im Begriff waren, einen Menschen zu verurteilen, der in der besonderen Gnade Gottes stand. Schleunigst machten die Ältesten ihr Verdikt rückgängig. Von da an trug Brendan den Ehrentitel »Hauptprophet von Irland«.

Im Laufe der Zeit scheinen jedoch die meisten seiner Wunder auf seinen Namensvetter übergegangen zu sein. Eine Legende um St. Brendan von Clonfert verdeutlicht diesen Prozeß: In Clonard sorgt eine wunderbare Blume aus dem Land der Verheißung für Aufregung unter den Studierenden – alle wollten sie auf die Suche nach diesem Paradies gehen, so daß das Los entscheiden muß. Es fällt auf St. Brendan von Birr, aber dann heißt es,

recht überraschend, er sei zu alt gewesen und an seiner Stelle habe St. Brendan von Clonfert die Reise angetreten.
Das Kloster von *Birr*, das einst eine hervorragende Schreibstube besaß, in der *St. Regol's Gospel*, ein prächtig verziertes Evangelienbuch (heute in der *Bodleian Library/Oxford*), entstand, ist bis auf St. Brendans heilige Quelle verschwunden.
5 km südwestlich von Knocktopher, Grafschaft Kilkenny, zwischen Thomastown und Waterford, in *Aghaviller*, erinnern ein Rundturmstumpf, eine Kirchenruine und eine St. Brendans-Quelle an eine weitere Gründung von St. Brendan von Birr.

BRENDAN VON CLONFERT, DER SEEFAHRER (484/6–578)

16. Mai

Unter den ohnehin ungewöhnlichen Heiligen Irlands ist Brendan von Clonfert der ungewöhnlichste, fügt er doch der traditionellen Rolle des Abt-Bischofs diejenige des Seefahrers und eines potentiellen Bestsellerautors hinzu. Wenn auch die *Navigatio Brendani,* der Bericht seiner Meerfahrt, erst 400 Jahre später schriftlich festgehalten wurde, so waren seine Abenteuer gewiß schon zu seinen Lebzeiten mündlich in Umlauf.

Wo St. Brendans Wiege stand, ist umstritten: ältere Forscher nehmen das Fenit der *Vita,* auf der Nordseite von Tralee Bay, Grafschaft Kerry, kritiklos hin, jüngere sehen darin einen Abschreibfehler und bevorzugen Annagh auf der Südseite. Beide Orte sind geprägt vom Atlantik und vom Mount Brandon, dessen blaue Pyramide über der gleichnamigen Bucht steht.

Das Volk, dem er entstammte, die Ciarraighe Luachra – von ihnen leitet sich der moderne Name der Grafschaft Kerry her – richtete sich natürlicherweise aufs Meer aus, da nicht unbeträchtliche Gebirgszüge ihr Territorium vom restlichen Irland trennten. Sie waren Fischer, Händler, Seefahrer – für die der keltische Mythos vom »Land der ewigen Jugend«, einer Insel von paradiesischer Schönheit weit draußen auf dem Meer Richtung Sonnenuntergang, auch in christlicher Zeit eine Realität blieb, die die Züge des jüdisch-christlichen Paradieses mithinzunahm.

Heidnisches ging hier besonders leicht ins Christliche über, was sich an Brendans Heiligenleben ablesen läßt. Er ist, in der 13. Generation, Nachfahre von Fergus Mac Roich, Ex-König von Ulster, der im *Rinderraub von Cooley* eine tragende Rolle spielt. Sein Vatersname setzt sich zusammen aus »Fin« = »hell«/»strahlend«

und »Lug«, dem Namen des keltischen Sonnengottes. Es ist kein Zufall, daß der Heilige den vormals dem Lug geweihten Berg, Mount Brandon, übernimmt – Sonnenbilder und -symbole durchziehen das ganze Heiligenleben. Seine Mutter träumt vor der Geburt, ihr Busen sei zu purem Gold geworden und glänze wie Schnee (in der Sonne); in der Nacht der Geburt steht ein hellstrahlendes Licht über dem Haus, »das ganze Fenit erfüllt«, und später heißt es, niemand habe in St. Brendans strahlendes Antlitz sehen können, außer St. Fionan Cam, der von ähnlicher Heiligkeit gewesen sei. Der Seher Béc Mac Dé, ein oberflächlich verchristlichter Druide, prophezeit dem Reichen Airde die Geburt des Heiligen mit den Worten, ihm sei heute sein König geboren, und rät ihm, dem Kind 30 Milchkühe samt den in derselben Nacht geborenen Kälbern zum Geschenk zu machen. Wie einer der heiligen drei Könige sucht dieser das Neugeborene auf, huldigt ihm und beschenkt es mit der Bitte, sein Pflegevater werden zu dürfen. Diese Ehre muß er jedoch mit dem patrizischen Bischof St. Erc von Slane teilen, der von seiner Klause auf Kerry Head den Lichtschein über dem Haus wahrgenommen hat, und seinerseits die große Zukunft des Kindes bekräftigt. Er tauft den Jungen im Tober-na-Molt (Quelle der Widder), einem eindeutig vorchristlichen Quellheiligtum auf den Namen »Brendan«, was als »hell-funkelnder Tropfen« interpretiert worden ist. Erc bringt den Einjährigen zu einer Ziehmutter, St. Ita von Killeedy, die ihm ihre unbegrenzte Zuneigung schenkt, was der Kleine begeistert erwiderte. Sah er sie nur von weitem, krähte er ihren Namen und die heilige Frau antwortete unermüdlich und plauderte mit ihm in liebevollen Worten.

Nach fünf Jahren begann St. Erc mit dem Unterricht, und es heißt, daß der Schulmeister, der selbst keine Kuh besaß, für seinen Abc-Schützen eine Hirschkuh melkte, die täglich mit ihrem Kälbchen vom Berg herunterkam. Brendan lernte die Psalmen schnell. Zur Weiterbildung wurde er zu Bischof Jarlath von Tuam, zu St. Finian von Clonard, wo die lebenslängliche Freund-

schaft mit Columcille begann, und zu St. Enda von Aran, geschickt.
Himmlische Boten diktierten ihm »die Regel der Engel und Heiligen Irlands«, noch bevor er die Priesterweihe durch den greisen Bischof Erc empfing. Darauf legte er die Mönchsgelübde ab und stürzte sich in die Missionsarbeit, zog sich aber nach einiger Zeit auf den Mount Brandon zurück, wohl um sich über seine Lebensaufgabe Klarheit zu verschaffen.
Hier oben, wo die Welt zum Spielzeug und das Meer unermeßlich wird, kam ihm der Wunsch, Familie, Heimat und das gewohnte Leben in der Klostergemeinschaft aufzugeben, um als Einsiedler auf einer Insel ganz Gott zu dienen. Er betete inbrünstig um einen solchen Ort und erhielt als Antwort die Vision einer Insel, »auf der Engel auf- und niederstiegen«, eine Vision des Gelobten Landes.
Ausgerüstet mit drei Lederbooten – diese Art Boot, der *curragh*, bestehend aus einem lederbezogenen Holzrahmen, ist noch heute an der Westküste Irlands in Gebrauch, nur heute wird statt Tierhäuten geteerte Leinwand über das Holz gespannt – und 30 Mann Besatzung befährt der Heilige fünf Jahre lang die See. Unwetter und Stürme in allen Variationen stellen sich ein; die Mönche feiern Ostern auf dem Rücken eines Wals, der immerhin so viel Verstand hat, erst unterzutauchen, als die Messe zu Ende ist; der Teufel läßt sich auf dem Mast nieder und schildert dem Heiligen die Schrecken der Hölle; eine wunderschöne, verwundete Riesennixe empfängt die Taufe . . . Der Abenteuerkatalog kann beliebig verlängert werden. Als die Mönche schließlich die gesegnete Insel finden, ist ihnen nicht vergönnt, sie zu betreten – auf göttlichen Befehl hin müssen sie nach Hause zurückkehren.
St. Ita klärt Brendan darüber auf, warum das Experiment mißglückte: Holzschiffe sollten verwendet werden, da für Lederboote zwangsläufig Blut geflossen sei, was sich mit der Heiligkeit der Insel nicht vereinbaren lasse. Mit den neuen Schiffen errei-

chen St. Brendan und seine Gefährten nach weiteren sieben Jahren das wunderbare Land »ohne Sünde, ohne Schwäche, ohne Tod« und werden von einem Engelswesen, halb Mensch halb Vogel, willkommen geheißen.

Die *Navigatio Brendani* kann erst vom 9. Jh. an aufgeschrieben worden sein. Diese »Odyssee der alten keltischen Kirche« ist einerseits ein spannender Abenteuerroman, andererseits die Schilderung der idealen Mönchsgemeinschaft in ihrem Verhältnis zu Gott, eine unwiderstehliche Mischung für den mittelalterlichen Leser, was die Übersetzungen ins Normannische, Altfranzösische, Mittelenglische, Holländische, Deutsche, Provenzalische, Italienische und Nordische beweisen. Bis in die Neuzeit blieb sie ein Verkaufsschlager, und noch im 18. Jh. war St. Brendans Paradiesinsel auf den Seekarten eingezeichnet. Alle großen Entdecker kannten *St. Brendans Seefahrt* wohl – Kolumbus lief als ersten Hafen Galway an der Westküste Irlands an, um weitere Informationen zu beziehen, denn, abgesehen vom Seeweg nach Indien, galt seine Suche diesem irdischen Paradies. Nach der Heuerliste der *Santa Maria* nahm er sogar irische Matrosen an Bord!

Die *Navigatio* konzentriert sich, indem sie die beiden Reisen zu einer zusammenzieht, auf die Seefahrt und die Ankunft im gelobten Land, das vor der Küste Amerikas liegen muß.

Lange wurde diese Transatlantikfahrt, 1000 Jahre vor Kolumbus und 400 Jahre vor den Wikingern, als mönchische Phantasie belächelt, bis 1976/77 der englische Forscher Tim Severin das im Text beschriebene Boot nachbaute – aus 49 fehlerlosen, eichgegerbten Ochsenhäuten, die über kräftige, mit Lederriemen verschnürte Holzrahmen gespannt wurden – und sich von den herrschenden Strömungen via Hebriden, Färöer, Island, Grönland an die Ostküste des nordamerikanischen Kontinents treiben ließ. Über 3500 Seemeilen legten Tim Severin und seine Crew zurück, trotz Stürmen, Packeis, und einem dramatischen Leck im Rumpf, bis sie Neufundland erreichten. Erstaunt stellte der For-

scher fest, wie genau, trotz dichterischer Sprache, St. Brendans Beschreibungen die Wirklichkeit wiedergaben. So entsprachen z. B. die feuerspeienden Berge den Vulkanen Islands, die gläsernen Säulen, von denen der Heilige eine so sorgfältig mit seinem Krummstab vermaß, den Eisbergen vor Grönland, und die Seeungeheuer den Killerwalen, die sich tatsächlich nur in den angegebenen Gewässern tummeln.
Adamnán bestätigt St. Brendan mehrere Reisen zu den schottischen Inseln. Auf Iona besuchte er Columcille, und auf Hinba (vermutlich Garvallach im Firth of Lorn) war der damals etwa 80jährige unter den vier Heiligen, für die Columcille die Messe zelebrierte. Während der heiligen Handlung sah er eine kometenartige Feuersäule über dem Haupt seines Freundes schweben.
Zu diesem Zeitpunkt hatte er Kirchen und Klöster in Irland, Schottland, Wales und der Bretagne gegründet. In Irland allein sollen 3000 Mönche nach seiner Regel gelebt haben.
Mount Brandon, der Berg seiner Vision, blieb ein wichtiges Zentrum, auf dem er öfters Gottesdienst abhielt. Es heißt, daß er einst, als er das Meßbuch in Annagh vergessen hatte, von Mönch zu Mönch die Bitte ergehen ließ, man möge es ihm bringen. Von Hand zu Hand gereicht, entlang einer sieben Meilen reichenden Kette, kam es in kürzester Zeit auf dem Gipfel oben an.
Das Kirchlein von *Annagh* (5 km südwestlich von Tralee, an der Straße nach Dingle), das *Fenit* (13 km westlich von Tralee) als Geburtsort des Heiligen Konkurrenz macht, ersetzte eine Gründung St. Brendans. Die Ruine ist die einer hübsch proportionierten, schlichten Pfarrkirche aus dem 12./13. Jh. mit einer interessanten Skulptur aus dem 14. Jh., die einen Reiter mit erhobener Lanze darstellt.
Das größte Denkmal für den Heiligen ist das natürliche des *Mount Brandon,* mit 953 m Irlands zweithöchster Berg, der sich sowohl von der Dingle- (Ballybrack) als auch von der Tralee-Seite (Clochane) besteigen läßt. Beiderseits geht ein grober Pilger-

Brandon Mountain (Kerry)

pfad hoch, »der Pfad der Heiligen«. Der Berg, der sein majestätisches Haupt gern in Nebel hüllt, ist berüchtigt für seine schnellen Wetterwechsel. Jedes Jahr holen die Einheimischen halberfrorene, erschöpfte Touristen herunter, manchmal kommt es zu tödlichen Unfällen in dem klippenreichen nassen Gelände. Gutes Schuhwerk, Regenschutz, grundsätzlicher Proviant, warme Kleidung, Kompaß und Karte sind unerläßlich. An guten Tagen ist die Sicht vom Gipfel atemberaubend: im Süden, zu Füßen des Berges, die Dingle-Halbinsel mit der gleichnamigen Bucht, dahinter die Bergkette der Iveragh-Halbinsel und weiter westlich, auf dem Meer draußen, die spitze Pyramide von Skellig-Michael; im Norden, über Brandon- und Tralee-Bay, die die runden Rücken der Maharee-Inseln trennen, bis zur Shannon-Mündung und, bei besonders klarem Wetter, bis zu den Aran-Inseln in der Bucht von Galway und den dunkelblauen Bergen von Connemara.

Unter dem Gipfel drängen sich St. Brendan's Oratory, eine heilige Quelle und ein paar verfallene Bienenkorbhütten in einem noch erkennbaren Mauerring zusammen – eine typische kleine Einsiedelei aus dem 5./6. Jh. Das Aluminiumkreuz über dem Gebetshäuschen besteht aus den Tragholmen eines im 2. Weltkrieg abgestürzten deutschen Bombers.
Schon vorchristliche Prozessionen erklommen den Berg, um bei Sonnenaufgang Lug, den Sonnengott, zu feiern. Die Christen übernahmen den Brauch in den Morgenstunden des Festtages ihres Heiligen. Diese Wallfahrt erfreute sich großer Beliebtheit, da ein Jahrmarkt in Clochane mit Musik, Tanz und Wettkämpfen damit verbunden war. 1868 schlug alle Rekorde: 20000 Menschen erlebten die Messe auf dem Berggipfel. Noch heute ziehen Wallfahrer den Berg hinauf, versammeln sich aber des beständigeren Wetters wegen Ende August.
Der Grat senkt sich nach Norden gegen Arraglen am Hang des Masatiompan (765 m), hinter dem die Klippen von Brandon Head steil abfallen. Hier liegt das sog. »Brandon Monument«, ein Ogham-Stein mit einem tief eingegrabenen Malteserkreuz und einem Chi-Ro-Zeichen auf der Erde. Die Inschrift erinnert an einen Priester namens »Ronann, den Sohn des Comogann«.
Auf der Westseite der Dingle-Halbinsel, 8 km östlich von Ballyferriter, weisen Schilder zum einzigen völlig erhaltenen Gebetshaus auf dem Festland hin, zum sog. »*Gallarus Oratory*«. Das einfache Kirchlein (von ca. 750), das an ein umgestülptes Boot erinnert, ist genial konstruiert. Jeder Stein ist gegenüber dem vorigen leicht nach innen verschoben, bis beide Seiten mit einer Steinbreite überdacht werden konnten. Noch heute, nach über 1200 Jahren ist das durch ein Fenster erhellte Innere trocken. Ein paar Details verlebendigen dem Besucher den Alltag der Mönche bzw. der Heiligen. Steinhalter für hölzerne Türpfosten verraten, daß das *oratory* geschlossen werden konnte, aber wohl nur bei schlechtem, kaltem Wetter, da dies auf Kosten des Lichtes ging. Bei gutem Wetter strömte das Sonnenlicht hinein und wur-

de vom weißen Kalkbewurf reflektiert, der stellenweise noch sichtbar ist und vermutlich auch außen angebracht war, so daß das Gebetshaus aus dem Grün des Berghanges herausleuchtete. Zwei Aufhänger für Ledertaschen schützten kostbare Manuskripte und Pergamente vor Mausezähnen. Der Schwachpunkt einer solchen Konstruktion war das Steindach, das sich im Verlauf der Jahrhunderte gern durchbog und schließlich in sich zusammenbrach. Genau das ist dem weniger bekannten »St. Brendan's Oratory« passiert (ca. 400 m nördlich vom Dorf Kilmaelkeder, in dem auch die Ruine von »St. Brendan's House«, einem besseren Wohnhaus des 15. Jh. s, steht). Es ist älter als Gallarus; die Steine sind grober und weniger sorgfältig gefügt, und das Fenster zeigt einen geraden Sturz.
Das Sträßchen nach Norden landet am *Brandon Creek,* einem zum Meer hin tief eingeschnittenen Tälchen. Der Tradition nach setzte St. Brendan von hier die Segel zu seinen Reisen, was ihm Tim Severin im 20. Jh. nachtat. Am 17. Mai 1976 segnete der Bischof von Kerry das winzige, archaisch anmutende Boot, das den Atlantik überqueren sollte. Es wurde mit einer Flasche bestem Whiskey auf den Namen »St. Brendan« getauft. Die Einheimischen, gewiß auch Nachfahren aus der Sippe des Heiligen, hatten sich versammelt, um das Geschehen fachmännisch zu verfolgen. Dabei fiel ein Spruch von solch typischer Kerrylogik, daß er in die Geschichte einging: »Sure, they'ill make it – but they'll need a miracle« (»Na klar schaffen die's – alles was sie brauchen, ist ein Wunder!«). Irgendwie erinnert das sehr stark an Adamnáns Haltung gegenüber Columcille!
In *Ardfert Brendan,* Grafschaft Kerry, zwischen Tralee und Ballyheigue, steht eine ganze kirchliche Ruinenstadt an der Stelle von St. Ercs Missionsstation, wo Brendan seinen ersten Unterricht bekam, und die er später zu einem Kloster ausbaute. Seine hölzerne Klosterkirche dürfte schon früh durch ein steinernes Gebäude, vielleicht bereits eine Kathedrale, ersetzt worden sein. Diese erlebte eine auch für irische Verhältnisse turbulente Geschichte:

waren es keine Blitze, die einschlugen, so waren es Gewaltakte der irischen Könige untereinander, der Iren und Normannen und schließlich der Katholiken und Protestanten, die sie mit Regelmäßigkeit in Schutt und Asche legten.

Die größte Ruine zeigt die Kathedrale, die Bischof O'Duibhditribh am Übergang vom 12. zum 13. Jh. neu erstellte, wobei er respektvoll Teile der Vorgängerbauten miteinbezog, wie z. B. die großen Kalksteinblöcke an der Nordseite, die von der ersten Steinkirche stammen – komplett mit Brandspuren – und das hiberno-romanische Westportal mit den blinden Arkaden aus der Mitte des 12. Jh. s. Gut 100 Jahre jünger sind das elegante dreifache Fenster im Übergangsstil in der Ost- und die neun zierlichen Spitzbogenfenster in der Südseite. Südtransept mit Kapelle und Sakristei kamen im 15. Jh. dazu.

Die interessanteste Steinmetzarbeit stellt nach Meinung der Kunstgeschichtler einen Bischof Stacks aus dem 13. Jh. dar – wird aber von der Bevölkerung von Ardfert seit je als St. Brendan angesehen. Wenig Beachtung hat bis jetzt das Detail gefunden, daß der Krummstab *einwärts* zeigt, was die beschränkte Gewalt des Abtes symbolisiert, so daß es sich hier tatsächlich eher um das Bildnis eines keltischen Abt-Bischofes handelt.

An der Straße nach Tralee ist *Tober-na-Molt* bzw. Wether's Well (Widderquelle) ausgeschildert, die Quelle, in der St. Erc Brendan taufte, ca. 4,5 km südöstlich von Ardfert. Zur Erklärung heißt es, drei Widder seien als Taufgebühr für Bischof Erc dem Wasser entsprungen – wahrscheinlicher ist, daß die Vierbeiner mit der vorchristlichen Verehrung der Quelle in Beziehung stehen. Den Altar neben der Quelle ziert eine ursprünglich aus Ardfert stammende Grabplatte mit drei Figuren, die als Bischof Erc, flankiert von St. Íta und St. Brendan gedeutet werden.

Über 90jährig zog sich St. Brendan nach *Annaghdown*, Grafschaft Galway, 19 km nördlich der gleichnamigen Stadt, am Lough Corrib, zurück – es heißt, das Geräusch der Wellen hätte dem greisen Seefahrer wohl getan – in ein Kloster, das er für seine Schwester Bride eingerichtet hatte. Sie pflegte ihn bis zu seinem Tod, den die *Vita* eindrücklich schildert. Hier geht es nicht um den stereotyp-verklärten Abgang eines Heiligen, sondern um das Sterben eines großen Menschen, der sich zeit seines Lebens mühte, aber sich am Ende keine Illusionen über seine Würdigkeit macht und dies, in die für einen Weltreisenden charakteristischen Worte kleidet: er fürchte die lange Reise, ganz allein, durch dunkle, unbekannte Gefilde, die Gegenwart seines Königs und den Spruch des Richters. Annaghdown wartet heute mit drei säuberlich gepflegten Ruinen auf: eine Kathedrale mit einem schönen Fenster im Übergangsstil, Fragmente eines Frauenklosters aus dem 13. Jh. und eine Propsteikirche von 1195 direkt am Seeufer.

Da der Heilige sehr wohl wußte, daß sich seine verschiedenen Gründungen um die Ehre seines Grabes streiten würden, nahm er Bride das Versprechen ab, sein Ableben geheimzuhalten, bis er in Clonfert, seiner letzten Gründung, begraben sei.

So verließ dann drei Tage später eine kleine Karawane mit einem Ochsenkarren, der angeblich St. Brendans Reisegepäck befördern sollte, das Kloster Richtung Shannon. Hier auf dem Westufer, 8 km nördlich von Eyrecourt, hat sich bis heute in den Grundzügen die kleine Kathedrale von Clonfert aus dem 12. Jh. erhalten, die Brendans Kloster ersetzte. Sie zählt mit Recht zu den Blüten des hiberno-romanischen Stils! Das Westportal, in siebenfacher Ordnung, leicht ausgestellt wie bei den koptisch beeinflußten Kirchen, ist über und über mit geometrischen und tierförmigen Mustern und mit Köpfen verziert, mit Gesichtern aller Ausdrucksweisen, vom Humoristischen bis zum Fratzenhaften. Darüber lenkt ein steil hochgezogenes Tympanon den Blick auf eine ganze Galerie von Steinköpfen in Arkaden oder dreiekkigen Nischen – offensichtlich Kleriker, Äbte und Bischöfe – eine richtige Porträitgalerie von erstaunlicher Individualität. Dieses Portal ist einmalig in der christlichen Kirchenarchitektur Irlands. Es mutet wie eine Erinnerung an den gut belegten Kopfkult der

Kelten an. Auch die Ostfenster im Chor sind reichverzierte Originale; der Chorbogen mit Engeln, Rosetten und einer koketten Wassernixe wurde im 15. Jh. angefügt.
Wie von einem Mann zu erwarten ist, der sich zu Wasser und zu Land gleichermaßen zu Hause fühlt, sind unter Brendans Gründungen viele Inselklöster, wie z. B. auf Inchiquin im Lough Corrib (s. St. Fursa), auf Inishdadroum bzw. Coney Island im Shannon (in der Fergus-River-Mündung, auf der Höhe von Ennis), auf Inishtooskert in der Blasket-Gruppe vor der Dingle-Halbinsel, Grafschaft Kerry, und am eindrücklichsten auf Inishglora vor der Halbinsel Belmullet, Grafschaft Mayo.
Zur Überfahrt nach *Inishglora*, Grafschaft Mayo, muß man sich mit Fischern absprechen; die Postämter von Belmullet oder Blacksod stellen gern den Kontakt her. Hier sind die Reste einer keltischen Klostersiedlung zu sehen, drei Kirchlein und drei Bienenkorbhütten in leidlichem Zustand, verzierte Grab- und Kreuzsteine, sowie St. Brendans heilige Quelle, zu der sieben Stufen hinunterführen. »St. Brendans Cell« ist eigentlich ein Element einer dreiteiligen Bienenkorbhütte; St. Brendans Kapelle bzw. Oratory, ein winziges Gebetshaus vom Gallarustyp. Teampall na mBan, die Kirche der Frauen (= Nonnen), steht außerhalb der Umfriedung. Neben der direkten historischen Verbindung mit dem Heiligen und der landschaftlichen Schönheit zählt die Atmosphäre dieses Ortes, einem der westlichsten Punkte Europas, der Alten Welt. Der nächste Halt ist tatsächlich Amerika.
St. Brendans Kathedrale von Loughrea und Clonfert in *Loughrea* Grafschaft Galway, zwischen Galway und Ballinasloe, eine Dutzendkirche von William Byrne um die Jahrhundertwende, überrascht durch eine einmalige Sammlung moderner irischer Kirchenkunst, die William Scott/Dublin bis in die fünfziger Jahre zusammentrug. Besonders beachtenswert sind die Kirchenfenster aus der Glasmalerschule von Sarah Purser/Dublin, z. B. das kleine Bild »St. Brendans Seefahrt« im Eingang in vollen Blau-violett- und Brauntönen, ein Werk der Künstlerin selbst, oder in der

Taufkapelle die großformatige St. Ita, zu deren Füßen St. Brendan als Kleinkind mit einem Boot spielt. Die differenzierten Farben und klaren, strengen Formen lassen trotz aller Lieblichkeit der Szene nichts Süßliches aufkommen. Die 32 Kapitelle der Säulen im Kirchenschiff erzählen St. Brendans Abenteuer; auf dem Altar ist ein Schiff mit geschwellten Segeln dargestellt.
Im Freiluftmuseum von *Craggaunowen*, 5 km ostsüdöstlich von Quin, Grafschaft Clare, zwischen Limerick und Ennis, ist in einem Glaspavillon Tim Severins »St. Brendan« ausgestellt, mit der er 1976/7 »auf den Spuren St. Brendans« Neufundland erreichte.

BRIGID/BRIGIT VON KILDARE (452/4–524?)

1. Februar

St. Brigid ist die irische Nationalheilige *par excellence* – zusammen mit St. Patrick bildet sie »die Säulen, auf denen Irland ruht« »Brigit«/»Bride«/»Biddy« ist ein derart häufiger Name, daß er in der englischsprachigen Welt zum Synonym des irischen (Dienst-)Mädchens geworden ist. Lateinische und irische Heiligenleben, Hymnen, Gedichte, sogar ein Dialog zwischen St. Patrick und St. Brigid sind bis auf uns gekommen, aber Fakten über diese außerordentliche Frau, die jahrhundertelang als Vorbild der Irinnen galt, sind ausgesprochen rar. Historisch belegt ist einzig, daß im 7. Jh., im Liffey-Tal, das Doppelkloster »Cell-dara«, das heutige Kildare, in der gleichnamigen Grafschaft bestand, worin die Gründeräbtissin, Brigid, begraben lag. Das Kloster war eine der wichtigsten Institutionen Irlands und hatte bis zum Normanneneinfall in der keltischen Form Bestand.

Um 650, etwa hundert Jahre nach der Heiligen Tod, ersuchte die Klostergemeinde den Bischof Cogitosus, aus mündlichen Überlieferungen eine *Vita* zusammenzustellen. Alle Welt sollte von der überragenden Größe dieser Heiligen und der daraus abgeleiteten Vormachtstellung des Klosters überzeugt werden – die *Vita* ist daher ganz auf das Wunderbare eingerichtet, auf das Außergewöhnliche, Übersinnliche, das den engen Kontakt mit dem Göttlichen beweist. Was sollten da persönliche Daten! Aus den spärlichen Namen und historischen Andeutungen in den verschiedenen Leben ist jedoch herauszudestilieren, daß eine historische Brigid von der Mitte des 5. Jh.s bis in die zwanziger Jahre des 6. lebte und an einem 1. Februar verstarb.

Kildare muß schon lange zuvor ein der Brigit, der Tochter des allmächtigen Inselkeltengottes Dagda, geweihtes Heiligtum gewesen sein. Diese Göttin des Lichtes und des Feuers, die in drei

Aspekten erschien, als Patronin der Dichter, der Ärzte und der Schmiede, also der Druidenklassen, übernahm Funktionen der bis weit in die Steinzeit hinaufreichenden »Großen Mutter«, der Erd- und Fruchtbarkeitsgöttin, die Haus, Familie, Vieh und Ernte schützte. Ihr zu Ehren brannte im eichenbestandenen Heiligtum ein ewiges Feuer, das weißgekleidete Priesterinnen hüteten. Es ist anzunehmen, daß die Oberpriesterin, als Stellvertreterin der Göttin, deren Namen übernahm. Und es ist zu vermuten, daß eine dieser hochgelehrten Druidinnen sich für die christliche Lehre entschied und ihr Heiligtum umstellte, christianisierte.
Im Volk, das die Entwicklung nur langsam auffing, verschwammen die beiden Gestalten, die Äbtissin und die Göttin zu einer christlichen Heiligen, der das ganze Arsenal der keltischen Überlieferung, Mythologie, des Volksglaubens und der -bräuche zur Verfügung stand.
Das Kloster übernahm das ewige Feuer und eine uralte Eiche, die bis ins 10. Jh. überlebte, aber die Heilige übernahm sämtliche Aufgaben der alten Göttin. Schon ihr Festtag, der 1. Februar, weist in diese Richtung, denn er fällt mit dem keltischen Frühlingsanfang, »Imbolg«, zusammen, dem Tag, an dem das Licht wiederkehrt, und ab dem der Acker wieder bestellt werden konnte.
Brigids Vater war der begüterte Adlige Dubthach, dem das keltische Eherecht gestattete, sich neben seiner Gattin eine schöne Leibeigene, Broicsech, zu halten, vermutlich eine gefangene Christin. Die Herrin des Hauses war wenig erbaut, zumal die Rivalin ein Kind erwartete und stellte Dubthach das Ultimatum, entweder die Sklavin weiterzuverkaufen, oder sie würde die Ehe auflösen und ihre Mitgift dem Haushalt entziehen. Das keltische Recht gestand ihr bei unüberwindlichen Schwierigkeiten mit ihrem Gemahl beides zu. Der Druide Maithgen, dem die zukünftige Größe des Ungeborenen – die der patrizische Bischof Mél bekräftigte – nicht verborgen blieb, fand die Kompromißlösung, Broicsech an einen Dichter zu verkaufen, das Recht auf das Kind

jedoch zu behalten. Dubthach, durch die Prophezeiung aufmerksam geworden, bestand darauf, auch als der Barde die Mutter an einen Druiden weiterverkaufte.
Brigids Geburt ist von Elementen der keltischen Mythologie geprägt. Sie kommt »zwischen den Welten« zur Welt, »weder im Haus noch außer Haus«, da Broicsech, die sich zum Melken beim Morgengrauen erhob, beim Überschreiten der Türschwelle niederkam.
Licht in Form von Flammen und Feuersäulen begleiten die Heilige ihr Leben lang. Einmal liefen alle Nachbarn zusammen, weil das Haus, samt dem allein gelassenen Kind lichterloh brannte; es aber schlief sanft inmitten der Flammen des Heiligen Geistes. Sobald sich ihnen das Mädchen nähert, gehen Kuhfladen in Stichflammen auf. Der Druide, Besitzer der Mutter, durch solche Zeichen und Träume informiert, und voller Respekt für das Geistige, das sich da manifestierte, kümmerte sich liebevoll um das Kind. Er macht sich Gedanken über die Ernährung der Kleinen, die die Lebensmittel des Druidenhaushalts erbricht; er versteht, daß sie nicht rein genug für sie sind und läßt ihr von da ab nur die Milch einer rotohrigen Kuh reichen, die ausschließlich von einer frommen Frau gemolken werden darf.
Alles was das Mädchen anrührt, gelingt, gedeiht und vermehrt sich auf wunderbare Weise – darin gleicht es der großzügigen Mutter Erde.
Den Speck für den Gast gibt sie einem alten hungrigen Hund, aber kein Stück fehlt an der Tafel. Was sie an Stelle ihrer erkrankten Mutter für den Druiden buttert, schenkt sie den Armen, aber wie dieser samt Gemahlin erscheint, bringt sie, einen christlichen Zauber singend, Ladung um Ladung Butter herbei. Der Druide, der vor ihrer Freigebigkeit gewarnt wurde, ist so beeindruckt, daß er sich taufen läßt und Brigids Mutter ohne Lösegeld freigibt. Mutter und Tochter kehren zu Dubthach zurück. Zu seinem Ärger verschenkt Brigid auch da, was ihr unter die Hände kommt, an die Armen und Kranken. Da er fürchtet, am Bettelstab

zu enden, will er sie dem König von Leinster weiterverkaufen. Im Streitwagen fahren sie vor dessen Festung vor – die Tochter soll auf sein kostbares Schwert aufpassen, bis die beiden Herren handelseinig sind. Unterdessen gibt sie das Prunkstück einem Aussätzigen, der des Weges kommt. Vater Dubthach trifft fast der Schlag, als sein Ehrenzeichen weg ist, und er schleppt sie vor ihren zukünftigen Meister, der sie zur Rede stellt. Das junge Mädchen tritt voller Selbstsicherheit vor den König hin mit den Worten: »Der Sohn der Jungfrau weiß, hätte ich deine Macht mit all deinem Reichtum und all deinem Leinster, ich gäbe alles dem Herrn der Elemente.« Soviel Unbeirrbarkeit imponiert sowohl Vater als auch König, so daß vom Verkaufen keine Rede mehr ist. Im Gegenteil, Brigid wird frei.

Brigid sammelte eine Schar gleichgesinnter junger Mädchen und ließ sich von St. Mél den Nonnenschleier geben. Bei der Zeremonie soll er aus Versehen die Worte der Bischofsweihe über sie gesprochen haben, was er damit entschuldigte, daß der Heilige Geist über ihn gekommen sei.

Brigid genoß im Volk so oder so die höchsten Ehren. Widrige Ereignisse sind in der *Vita* selten. Einmal verflucht St. Brigid die Apfelbäume einer Frau, die nicht begreift, warum die Heilige die geschenkten Früchte an Bettler weiterverschenkt, und ihre Gabe zurücknimmt; einmal wird ein Aussätziger unverschämt, so daß seine Heilung zunichte wird; ein andermal wird eine Frau schwer bestraft, die fälschlicherweise Bischof Brón als Vater ihres Kindes bezeichnet. Güte, Milde, Mitleid, Großzügigkeit sind die Qualitäten, die das ganze Heiligenleben durchziehen.

Die erstaunlichsten Wunder zeichnen sich durch eine am täglichen Leben ausgerichtete Bodenständigkeit aus. Ein Mann, der todunglücklich ist, weil seine Frau nichts von ihm wissen will, bekommt von St. Brigid Weihwasser, das als mächtiger Liebeszauber wirkt; eine arme Bettlerin erhält den Gürtel der Heiligen, dessen Heilkräfte ihren Lebensunterhalt sichern. Dem König von Leinster, der mit dem himmlischen Königreich nichts anzufangen weiß, erfüllt sie seine heidnischen Wünsche, nach langem Leben und Erfolg in der Schlacht. Die Witwe, die ihr zu Ehren ihr einziges Kalb über dem Balken ihres Webstuhls kocht, erhält beides mit dem Segen der Heiligen zurück.

Brigid heilt Kranke und Gebrechliche und erweckt Tote. Sie hat aber auch Macht über die Elemente, worin sie den Druiden gleicht. Den Mantel hängt sie zum Trocknen an einen Sonnenstrahl; auf ihrem sonnenbeschienenen Feld bringen ihre Leute die Ernte ein, obwohl rundherum ein Gewittersturm tobt; auf ihr Wort fallen Stürme in sich zusammen, und das Feuer gehorcht ihr. In Visionen und Traumbildern setzt sie sich über die Zeiten hinweg.

Wie geschickt die Heilige das Alte mit dem Neuen verband, verdeutlicht die Legende von *St. Brigid's Cross*, dem alten Sonnensymbol, das heute noch Bauernhäuser und Ställe vor Unheil schützt. Ihr Vater, der unverbesserliche Heide, rief Brigid an sein Sterbelager. Während sie bei dem alten Mann wachte, zog sie Binsen aus der Bodenmatte und verflocht sie zu einem schrägarmigen Kreuz. Dubthach fragte natürlich nach der Bedeutung des Gebildes, und sie erzählte, ohne daß eine Situation des Widerstands aufkommen konnte, von der frohen Botschaft. Dubthach ließ sich überzeugen – er starb als Christ.

Die Heilige, der »der Herr sofort alles, worum sie bittet, gewährt«, riß die Vitenschreiber zu begeisterten Lobeshymnen hin. Das Leben im *Buch von Lismore* endet mit der triumphalen Steigerung:

> Sie ist die Verkünderin Christi,
> Sie ist die Königin des Süden,
> Sie ist die Maria der Gälen.

Obwohl St. Brigid nach den *Viten* Kirchen und Klöster in charakteristischer Fülle gründete, sind relativ wenig Reste erhalten, abgesehen von den unzähligen heiligen Quellen in den ländlichen Gegenden.

Die Volksüberlieferung kümmert wenig, daß unter Fachleuten Brigids Geburtsort *Faughart*, 4 km nordöstlich von Dundalk, umstritten ist. Seit je pilgern Menschen am 1. Februar zu ihrer heiligen Quelle im Tal, unter dem Hügel von Faughart, auf dem ein vernachläßigtes Kirchlein mit Friedhof die Stelle eines brigidischen Klosters besetzt. Der Rundblick von hier ist beeindrukkend – das bäuerliche, hügelige Land liegt vor dem Beschauer wie eine ausgebreitete Reliefkarte bis hin zum Meer.

Die heilige Quelle im Kirchhof ist ausgetrocknet. Ganz anders die Quelle im bewaldeten Tal: sie rinnt mit der Energie eines Baches durch die von hohen Bäumen bestandene Anlage, in der die Pilger ihre Votivgaben hinterlassen. Das Ganze dürfte einem keltischen Heiligtum nicht unähnlich sein.

Aufgepaßt: Hier, so dicht an der Grenze zu Nordirland, sollte man nirgends querfeldein gehen, und nur offizielle Grenzübergänge benützen!

Aus dem keltischen Heiligtum auf der Bodenwelle, die sich aus der weiten Ebene von Kildare, dem »Curragh« erhebt, machte St. Brigid »Cill Dara«, die »Kirche der Eiche«, woraus sich das heutige *Kildare* in der gleichnamigen Grafschaft entwickelte.

Es war ein Doppelkloster für Mönche und Nonnen, die im Kirchenraum ein geflochtener Wandschirm trennte. Die *Vita* hält den Augenblick fest, als König Aillin von Leinster mit 100 Pferdeladungen geschälter Ruten und Pfosten am Bauplatz vorbeizieht, und den Nonnen die Bitte um Baumaterial abschlägt. In dem Moment brechen *alle* 100 Pferde zusammen und kommen nicht eher hoch, bis er *alle* 100 Ladungen den frommen Frauen schenkt.

Eine Äbtissin und ein Abt standen dem Kloster vor – zu Lebzeiten die Heilige selbst und neben ihr St. Conlaed. Bis zur Aufhebung bestimmte die Äbtissin den Abt – nicht umgekehrt. Beschreibungen aus dem 7. Jh. schildern die Kirche als ungewöhnlich groß, mit farbigen Wandteppichen und Bildern geschmückt. Rechts vom Altar, unter einer an Goldketten hängenden goldenen Krone befand sich das Grab der Gründerin, links davon, unter einer silbernen, das Grab des ersten Abtes. Beide ruhten in kostbaren Metallschreinen.

Im 12. Jh. geriet der notorische Nörgler, der walisische Kirchenmann, Historiker und Reporter, Giraldus Cambrensis, ins Schwärmen angesichts des heute verlorenen *Buches von Kildare*. Es muß sich um ein Evangelienbuch vom Typ des *Book of Kells* gehandelt haben, von dem er behauptete, nur Engel wären im Stande, ein solches Kunstwerk zu schaffen. Noch zu diesem Zeitpunkt erwähnt er das ewige Feuer in einer dichten Weißdornhecke, wohin sich kein männliches Wesen ohne schrecklichste Konsequenzen wagen durfte.

Seit dem Tod der ersten Äbtissin wachte jede Nacht eine von 19 Nonnen – die 20. Nachtwache überließen sie der Heiligen, und in dieser Nacht soll das Feuer jeweils aschenlos durchgebrannt haben. Bis zur Reformation ging es, mit einer Unterbrechung, nie aus.

Das Kloster litt schwer unter den Wikingereinfällen; 835 wurden die Reliquien geraubt. Mitte des 9. Jh. war die Kirche in einem solchen Zustand, daß sie neu aufgebaut werden mußte, wofür die Gemahlin des Hochkönigs aufkam. Im nächsten Jahrhundert brannte das Kloster zweimal bis auf die Grundmauern nieder; im 12. avancierte es zum Bischofssitz, was Dermot Mac Murrough, den König von Leinster, nicht daran hinderte, unter Mißhandlung der Äbtissin, die Kirche ausgiebig zu plündern. Ab 1223 ersetzten die Normannenbischöfe die alte Kathedrale. Nur Fragmente davon konnten in die jetzige, protestantische hinübergerettet werden, denn während Jahrhunderten war diese Kirche einem Wechselspiel von Zerfall und kurzen Restaurationsperioden unterworfen. Die Protestanten benützten ab 1686 nur noch den Chor, während der Rest vor sich hin bröckelte, bis Ende des 19. Jh.s George Edmund Street das ganze Ge-

Heilige Quelle, St. Brigid von Kildare (Kildare)

bäude einer Generalrestaurierung unterzog, wobei er allerdings eher seine eigenen, im Zeitgeschmack gefärbten Ideen verwirklichte.

Schon der 32 m hohe Rundturm vom alten Kloster war im 18. Jh. durch ein absurdes Zinngebilde »gotisiert« worden. Südlich davon steht ein unverziertes Hochkreuz. Die Fundamente von »St. Brigid's Fire House« – der Ummauerung des heiligen Feuers, die die Hecke ersetzte und »St. Brigid's Kitchen«, einer Krypta aus dem 15. Jh. sind kürzlich säuberlich zusammenbetoniert worden.

Am Marktplatz ist »St. Brigid's Well«, die heilige Quelle, ausgeschildert. Circa 1 km außerhalb des Städtchens sprudelt ein kleiner Bach am Schrein der Heiligen vorbei. Es ist zwar nur die übliche Gipsfigur in mittelalterlicher Klostertracht, aber der Ort hat Atmosphäre, und die Frauen aus der Umgebung kommen gern, mit kleineren und größeren Kindern, zu ihrer Heiligen »auf ein Gebet« vorbei.

Den *Curragh von Kildare*, der Überlieferung nach »St. Brigid's Weideland«, teilen sich heutzutage Schnellstraße (N/M 7), Militär und Pferderennbahn. Hier hüteten St. Brigid und ihre Frauen die Schafe, denen sie den klösterlichen Reichtum verdankten. Bei dieser Gelegenheit spielte sich die köstliche Episode mit dem späteren St. Ninidh, dem schielenden Kollegen St. Ciarans von Clonmacnois, ab, der in schnellem Lauf über die Ebene keuchte und nicht sicher war, ob er Zeit für die Äbtissin habe, denn er sei auf dem Weg in den Himmel und fürchte, das Himmelstor würde ihm vor der Nase zugeschlagen.
Die große Heilige beruhigte dieses offensichtlich etwas beschränkte Gemüt, und brachte den jungen Mann mit einem gemeinsamen Gebet von seinem Vorhaben ab. Sie muß ihn um seiner Einfachheit willen zeitlebens sehr gern gehabt haben, denn sie ließ sich von ihm – eine besondere Ehre – mit den Sterbesakramenten versehen.
2,5 km südlich von Kells, in der Grafschaft Kilkenny, stößt man auf die Überreste des brigidischen Klosters von *Kilree*: einen 15 m hohen, kappenlosen Rundturm, eine Kirche mit Anten, d. h. vorstehenden Giebelwänden, dem Kennzeichen sehr alter Kirchen, und einem verwitterten Hochkreuz. Die geometrischen Muster darauf sind noch relativ frisch, während die biblischen Bilder bis zur Unkenntlichkeit gelitten haben. Eine Jagdszene, Pferde und mehrere Figuren, u. a. Daniel in der Löwengrube, sind am besten auszumachen.
Lange genoß der Kalkstein, ca. 185 m nordnordöstlich davon große Verehrung: »Glún Brighe« zeigt zwei Vertiefungen, wo sich die große Äbtissin zum Gebet niederkniete; ihre heilige Quelle liegt ein paar Schritte weiter nördlich.
Zwei km südsüdwestlich von *Cabinteely*, dem heutigen Vorort von Dublin, in der gleichnamigen Grafschaft, hat sich in *Tully* eine Brigiden-Kirche aus dem 12./13. Jh. behauptet, die Nachfolgerin einer Klosterkirche. Einige frühe Grabsteine und ein schlankes Hochkreuz (gegenüberliegende Straßenseite), das auf

der einen Seite einen Bischof, auf der anderen einen Kopf zeigt, sowie das einfache kleine Kreuz ein paar Schritte weiter sind Überreste von St. Brigids Kloster.

6,5 km südwestlich von Skibbereen, Grafschaft Cork, am Südufer des reizvollen Lough Hynes, steht die einfache Kirchenruine »Templebreedy«, unweit einer St. Brigid geweihten Quelle. Ob es sich allerdings um die Heilige von Kildare handelt, ist nicht hundertprozentig sicher.

Ein zweites, nicht ganz gesichertes, brigidisches Kloster ist *Oughterard*, 5 km nordöstlich von Kill, Grafschaft Kildare, zwischen Dublin und Naas, das aber einen Besuch lohnt. Denn hier, auf dem Hügel, steht noch ein 10,5 m hoher, allerdings unvollständiger Rundturm neben einer Kirchenruine aus dem 16./17. Jh. mit einem ungewöhnlichen separaten Treppenhaus.

BRONÁCH (6. JH.)

2. April

Die Äbtissin Bronách, bekannt unter dem Namen »die Jungfrau von Glenshesk«, war eine Zeitgenössin von Brigid von Kildare und Schutzpatronin der Fischer und Seefahrer.

Ihr Stab (*Nationalmuseum, Dublin*) und ihre bronzene Handglocke sind uns erhalten geblieben. Letztere sorgte dafür, daß niemand gern nachts am Friedhof von Kilbroney vorbeiging, besonders nicht bei Wind, da sich dann das Läuten einer gespenstischen Glocke vernehmen ließ – bis es einst abrupt abbrach. Das Jahr 1885 brachte des Rätsels Lösung: Der Sturm hatte eine uralte Eiche gefällt, in deren einer Astgabel eine bronzene Handglocke aus dem 6. Jh. hing. Irgendwann einmal rostete der Ring, der den Klöppel hielt, durch, und ließ ihn fallen – daher das plötzliche Verstummen.

Wie die Glocke dahinkam, ist unbekannt – mag sein, daß die Reliquie während der Reformation dem Baum anvertraut wurde. Heute ist sie im Besitz der katholischen Pfarrkirche in *Kilbroney*, 1,5 km nördlich von Rostrevor, Grafschaft Down. Auf dem alten Friedhof von Kilbroney bezeichnet eine mittelalterliche Kirchenruine und ein mit geometrischen Mustern verziertes Hochkreuz St. Bronáchs Frauenkloster. Unweit davon markiert ein kleineres Kreuz, mit einer stilisierten Kreuzigung, das Grab der Heiligen. Dahinter liegt ihre Quelle, »St. Bronáchs Well«.

BÚITHE (GEST. 521)

7. Dezember

Búithes Vater stammte aus Breg, einem Teil der heutigen Grafschaft Louth, einem Gebiet, das der Sohn nur bei zwei Gelegenheiten verließ, und in dem seine Hauptgründung, Monasterboice, entstehen sollte.

Zwar läßt ihn die lateinische *Vita* nach einer Reihe von Jugendwundern eine Reise nach »Italia« machen – ein Schreibfehler, den weitere Autoren prompt als Romreise auslegten. »Walia«, »Wales« sollte es heißen, wo er Gelegenheit hatte, sich unter St. Teilo von Llandaf weiterzubilden. Darauf missionierte er einige Jahre in Schottland. Sein größter Erfolg bestand darin, daß sein Gebet den sterbenden Piktenkönig Nechta/Necta, den jeder Mut verlassen hatte, zu neuem Leben erweckte. Zum Dank bekam Búithe die Festung, in der das Wunder geschehen war, und der Heilige setzte eine Kirche in den Ringwall.

Um 500 muß er sich wieder in Irland befunden haben, da er die Gründung von Monasterboice in Angriff nahm.

Die Überlieferung legt Wert darauf, daß Búithes Todestag mit Columcilles Geburtstag, am 7. Dezember 521, zusammengefallen sei. Die Verbindung der beiden Namen skizziert die Entwicklung zur Mönchskirche in einer Nußschale. Anfang des 6. Jh.s war Irland grundsätzlich christlich und brauchte eine neue Struktur. Monasterboice war eine der großen Klosteranlagen, und Columcilles Iona, ca. zwei Generationen später, bildet als eine der letzten Gründungen gleichzeitig einen Höhepunkt.

Ein ca. 30 m hoher Rundturm, zwei unbedeutende Kirchenruinen und zwei der schönsten Hochkreuze Irlands sind die Überreste von St. Búithes Kloster *Monasterboice*, westlich der Straße Drogheda-Dunleer.

Die Hochkreuze, die ihre Blüte den Wikingereinfällen verdankten – da Manuskripte geraubt und vernichtet werden konnten, mußte auf wertloses und dauerhaftes Material, Steine, zurückgegriffen werden –, waren die Bilderbibeln der Bevölkerung, die weder lesen, noch schreiben konnte, aber die Geschichten auswendig kannte. Sie waren vermutlich in leuchtenden Farben ausgemalt, ein pädagogisch wertvoller, auffallender Mittelpunkt für die Mönchs- und Laiengemeinde. Die Szenen waren immer so ausgewählt und angeordnet, daß sie die Liebe Gottes als wichtigste Botschaft verkündeten.
Das Südkreuz, ehemals »St. Patricks Kreuz«, ist heute bekannter unter dem Namen »Muiredachs Kreuz« nach der Inschrift »OR (OIT) DO MUIREDACH LASNDERNAD I(N) CHROS« (Ein Gebet für Muiredach, der dieses Kreuz aufstellen ließ). Muiredach, Abt von Monasterboice, regierte von 887–923; das Kreuz gehört also ins frühe 10. Jh. Vor der Inschrift über dem Sockel auf der Westseite kauern zwei erstaunlich lebensechte Katzen, von denen die eine ihr Junges leckt, und die andere einen Vogel zwischen den Pfoten hält.
Im Feld darüber ist eine Gefangennahme Christi dargestellt – schnurrbärtige Soldaten in kurzen Hosen packen zu –, darüber der ungläubige Thomas, der die Seitenwunde des Herrn berührt, und als nächstes die »Traditio legis«, Christus, der St. Peter die Schlüssel und St. Paul das Buch des neuen Gesetzes überreicht. Das Zentrum des Kreuzes, das der, die Arme verbindende, mit keltischen Flechtmustern verzierte Steinkranz betont, ist der Kreuzigung vorbehalten. Die Bilderfolge schließt ab mit einem bis ins letzte Detail in Stein nachgebildeten Holzkirchlein, komplett mit Schindeldach und gekreuzten Giebelbalken. Auf der Längswand ist Moses, mit erhobenen Armen betend, gestützt von Aaron und Hur, abgebildet.
Auf der Ostseite geht es dramatischer zu: Doppel- und Massenszenen überwiegen. Über dem Sockel kämpfen zwei Stiere miteinander – vielleicht der schwarze und weiße Stier aus dem *Táin*,

dem *Rinderraub von Cooley*? Darüber reicht Eva unter dem schlangenumwundenen schwerbeladenen Apfelbaum Adam die verbotene Frucht, und Kain erschlägt Abel mit einer wuchtigen Axt. Darüber sind König Saul und Jonathan Zeugen des Kampfes zwischen David und Goliath, der bereits in die Knie gegangen ist – eine kluge Lösung, um auf dem genormten Paneel die Riesengröße darzustellen. Im nächsten Bild schlägt Moses vor einer Volksmenge Wasser aus dem Fels und im obersten beten die Heiligen Drei Könige das Kind an.

Die Mitte beansprucht die herrlichste detaillierteste Darstellung des Jüngsten Gerichts aller Hochkreuze Irlands: Christus, hochaufgerichtet, im Mittelpunkt, in der einen Hand das Kreuz, in der anderen einen blühenden Zweig, das Zeichen der Auferstehung, haltend. Um ihn herum tönt Musik, angedeutet durch einen Harfen-, einen Flöten- und einen Trompetenspieler. Zu seinen Füßen wägt der Erzengel Michael die Seelen, wobei sich das Figürchen in der Waagschale krampfhaft an dessen Hand klammert, er aber die Rechte benützt um seine Lanze dem Teufel, der die andere Schale herunterziehen will, durch den Kopf zu stoßen.

Die Seligen, zur Rechten Christi, schauen Gott wortwörtlich – die Verdammten mit ihren abgewandten Gesichtern befördern dürre Teufel mit Ofengabeln und Fußtritten in die Hölle. Zum Abschluß sind auf der Kirchenwand St. Antonius und Paulus in der Wüste dargestellt.

Sogar die Schmalseiten des Kreuzes sind mit komplizierten Mustern verziert, nebst einer beachtenswerten »Hand Gottes«, die eine prächtige Aureole umgibt und in zwei verschlungenen Schlangen mündet, in deren Windungen drei Menschenköpfe sitzen.

Das West- bzw. *Tall*-Kreuz, eigentlich St. Búithes Kreuz, erreicht 6,5 m. Es ist jünger, aber trotzdem stärker ausgewaschen. Ostseite: David tötet den Löwen und ein bärenartiges Tier; darunter: Abraham hält inne, im Begriff seinen Sohn zu opfern, da der En-

gel ein Lamm bringt. Die nächste Doppelszene ist nicht klar: Anbetung des Goldenen Kalbes? Moses mit den Gesetzestafeln? Darüber David mit dem schnurrbärtigen Haupt des Riesen Goliath und David, der sich kniend von Samuel salben läßt. Zwei weitere unklare Szenen; darauf Muster. Im unteren Kreuzarm sitzen die Kinder im Feuerofen eng zusammengekuschelt unter den schützenden Flügeln des Engels, wie Küken unter der Henne, während links und rechts zwei Gestalten das Feuer schüren. Der linke Kreuzarm erzählt von der Gefangennahme Christi, während auf dem rechten St. Peter und Paul mit ihren langen Krummstäben den Fall des fliegenden Magiers Simon beschleunigen. Im obersten Feld klammert sich ein ertrinkender Petrus an das Boot der Jünger. Im Zentrum steht der Herr der Heerscharen, der triumphierende Christus – in der Tracht eines keltischen Stammesfürsten mit Rundschild und Schwert, umgeben von keltischen Kriegern! Die Westseite wäre wohl der Biographie Christi gewidmet, aber mehrere Szenen sind unkenntlich. Passion und Kreuzigung bilden das Kernstück. Die Auferstehung wird durch den »Augenblick davor« angedeutet – Christus liegt noch im offenen Grab –, darüber sprechen Engel die drei Marien an.
Das dritte Kreuz, in der Nordostecke des Friedhofs, existiert nur noch als Fragment.

CAIMÍN/CAIMÍNE VON INIS CEALTRA (GEST. 654)

24. März

Durch die gemeinsame Mutter war Caimín ein Halbbruder von König Guaire von Connacht, der seiner Freigebigkeit wegen in die Märchen und Sagen Irlands einging. Sein Vater war König Enna von Leinster.
Caimín, einer der »12 Apostel Irlands« war nicht der erste, der sich als Einsiedler auf *Inis Cealtra* im Lough Derg zurückzog, abgesehen davon, daß hier schon ein druidischer Beobachtungsposten bestanden haben dürfte, denn zwei weitere, allerdings noch obskurere Heilige sind vor ihm mit der Insel verbunden, aber er war es, der dieser durch seine große Frömmigkeit und Gelehrsamkeit zum zweiten Namen »Holy Island« verhalf.
Lange blieb der Heilige nicht allein – Schüler strömten ihm nur so zu, und Menschen aller Art pilgerten mit ihren Kümmernissen zu seinen Lebzeiten zu ihm, genauso wie sie es immer noch tun, über 1300 Jahre nach seinem Tod.
Seine Klause muß schon früh zu einem Kloster mit einer berühmten Schreibstube ausgebaut worden sein. In Killiney, Grafschaft Dublin, hüten die Franziskaner »St. Calmín's Psalter«, ein Stück aus einem Kommentar zum 119. Psalm, das dem ersten Abt von Inis Cealtra zugeschrieben wird.
Das Kloster, mitten im verbreiterten Shannon, der Haupteinfallstraße für die Wikinger im 9. und 10. Jh. war leichte Beute für die Piraten, die es mehrmals niederbrannten und wiederholt plünderten. Irlands Hochkönig Brian Ború, dessen Bruder um 1000 Abt von Inis Cealtra war, kümmerte sich persönlich um den Wiederaufbau und stiftete eine Kirche zu Ehren von St. Caimín.
Das Wallsystem, womit sich das Kloster zu schützen suchte, ist deutlich sichtbar. Vom Landeplatz auf der Ostseite aus ist das erste historische Denkmal, die »Einsiedlerklause« bzw. »Anchori-

te's Cell«, eine winzige, erst noch in zwei Räume unterteilte Kapelle bzw. ein Reliquienschrein oder Heiligengrab.
Zum Teil sehr schön verzierte Grabplatten und -steine aus den verschiedensten Jahrhunderten umgeben die rechteckige »Church of the Wounded Men« (Kirche der Verwundeten) – eine Anspielung auf die Wikinger? Die hiberno-romanische Pforte nebst Chorbogen wurde nachträglich im 12. Jh. in Brian Borús St. CaimÍns-Kirche eingesetzt. Im Inneren steht ein mit Mustern und undeutbaren Figuren verziertes Hochkreuz unter verschiedenen kleineren Grabkreuzen und -steinen.
Südwestlich davon erhebt sich der Rundturm nur noch auf 25 m, denn das oberste Stockwerk und die Kappe fehlen. Wie es sich gehört, ist die höchste Erhebung der Insel St. Michael vorbehalten: im Steinwall »St. Michael's Garden« steht das verfallene St. Michael's Oratory. St. Brigids Kirche mit dem romanischen Eingang ist bedeutend kleiner als die der Mutter Gottes geweihte aus dem 13. Jh. Zwei Sonnenuhren gaben den Mönchen die Stunden zum Gebet an. Eine Madonnenquelle vervollständigt die Einrichtung.
Caimín starb 654 und wurde in seiner Gründung begraben.

CAINNECH VON AGHABOE/ENGLISCH: CANICE/ SCHOTTISCH: KENNETH (517–CA. 600)

11. Oktober

Cainnech kam 517 in Keenagh, Co. Derry, zur Welt. Seine Mutter hieß Mella, und sein Vater, Lughaid Leithdearg, aus dem Volk der Pikten, der Mischung einer Urbevölkerung mit einer frühen keltischen Einwanderungswelle, war Barde, also Druide, aus der Abteilung der historischen Dichter und Sänger. An sich war das ein sozial hochgestellter, einträglicher Beruf, aber bei Cainnechs Geburt besaß die junge Familie nicht einmal eine Kuh – wunderbarerweise kommt von irgendwo eine Braune getrottet und bietet dem Säugling ihre Milch an. Offensichtlich waren diese sanften großäugigen Tiere dem Heiligen Zeit seines Lebens sympathisch, denn seine Hauptgründung nannte er »Achad-Bó«, »Feld der Kuh«.

Mag sein, die finanziellen Schwierigkeiten hingen mit dem Wohnsitz zusammen – vielleicht wurde die piktische Minorität diskrimiert –, denn der Umzug in ein anderes Territorium verbesserte die Lage. In seiner Kindheit hütet Cainnech das Vieh seiner Eltern, und während sich sein Kamerad mit Spielzeugwaffen beschäftigt, baut er Spielzeugkirchen. Er soll in Wales, unter St. Cadoc von Llancarfan, und in Irland, unter St. Mobhi von Glasnevin, studiert haben; sicher ist, daß er zum festen Kern der Schule von St. Finian von Clonard gehörte, zusammen mit den beiden Brendan und Columcille, mit dem er ein Leben lang befreundet blieb. Dabei muß das Prinzip der Gegensätze gewirkt haben zwischen dem, trotz aller Tatkraft, sanften Träumer, und dem zuweilen hochfahrenden Realisten. Cainnech genoß Einsamkeit und Stille – nach der Legende fiel ihm der Lärm der Vögel auf einer Hebrideninsel, der den heiligen Sonntag störte, so auf die Nerven, daß er ihnen gebot, bis nach dem Montagmorgengottesdienst die Schnäbel zu halten – während seinem weltmännischen Freund Publizität nur recht war.

Gemeinsam war ihnen die Liebe zum Wort und zur Dichtung – Cainnech war nicht umsonst Sohn seines Vaters. Beide schrieben heilige Texte ab und kommentierten sie, und beide komponierten Gedichte. Kopien aus dem 13. Jh. enthalten Hymnen, die sich die beiden Heiligen zur gegenseitigen Ehre geschrieben haben sollen.

Beide waren in der keltischen Weltanschauung groß geworden, die die Natur als vom Geistigen durchpulst ansieht, und Tiere waren ihnen, genauso wie der Mensch, Ausdruck göttlicher Kräfteverhältnisse. Cainnechs *Vita* ist von sanften, scheuen Tieren bevölkert – Rehen, Singvögeln und Mäusen –, und erst als letztere übermütig werden und seine Schuhe anknabbern, schickt er sie weg.

Zu dieser Seite seines Wesens gehört die Fähigkeit zur Vision: Im vertraulichen Gespräch mit Columcille beschreibt er, wie ihm Christus auf Monahincha im Lough Cré in eigener Person erschienen sei, um mit ihm die Heilige Schrift auszulegen. Kein Wunder, daß dieser Dichter und Visionär hinreißend zu predigen verstand und Menschen, sowohl in Irland als auch in Schottland, tief zu erschüttern vermochte. In der schottischen Mission kam ihm zugute, daß er zweisprachig aufgewachsen war – sein Kollege Columcille konnte sich am Hofe des Piktenkönigs nur per Dolmetscher verständigen. Der Erfolg waren Dutzende von Gründungen, die seinen Namen tragen, allen voran St. Kenneths Kirche und Friedhof auf der Insel Iona und Inchkenneth, deren Nachbarinsel.

Er war öfter zu Gast bei Columcille, und Adamnán erzählt, wie der erste Abt von Iona während eines Unwetters Cainnechs Besuch ankündigte, obwohl eine Landung bei dem Sturm ausgeschlossen war. Kurz darauf erschien der Heilige. Von Wellen umtobt, war sein Schiff unbehelligt über eine ruhige Bahn geglitten und sicher in den Hafen gelangt. Cainnechs Liebe galt den

Schwachen und Gebrechlichen, Kindern und Jugendlichen in aussichtloser Lage.
In Südleinster kam er gerade hinzu, wie eine Strafe, die sog. »gialcherd« für Vertragsbruch an einer Geisel vollzogen werden sollte. Trotz Cainnechs Einspruch wurde der noch kleine Junge mehrmals auf einen aufgepflanzten Speer geworfen, aber durch des Heiligen Gebet blieb er unversehrt – nur schielte er für den Rest seines Lebens erbärmlich, nachdem er diesen gräßlichen Tod auf sich zukommen gesehen hatte. Das Kind kam unter Cainnechs Obhut, der ihn zu einem tüchtigen Abt erzog. Einen blinden und taubstummen Findling heilte er, so daß er seine adligen Eltern, die ihn ausgesetzt hatten, vor der Gesellschaft anklagen konnte. Allein seine Anwesenheit genügte, um das Dienerlein Brec aus dem Haushalt seiner Schwester von den Toten zu erwecken. Da diese von der Zuneigung des Heiligen zu dem Kind wußte, mochte sie ihn bei seinem Besuch nicht mit der traurigen Nachricht überfallen und murmelte Unverständliches, als sich ihr Bruder nach dem Jungen erkundigte. Cainnech jedoch weigerte sich, das Brot zu brechen bevor er Brec begrüßt hatte – da kam dieser plötzlich fröhlich zur Tür hereinspaziert.
St. Cainnechs wichtigste Gründungen sind durch Kirchenruinen bezeichnet: Drumchose Church in Fruithill, 2,5 km östlich von Limavady, Grafschaft Derry, stammt aus dem 13. Jh. *Aghaboe*, Grafschaft Laois, zwischen Borris-in-Ossory und Durrow wartet mit den Resten einer Augustinerpropstei aus demselben Jh. auf, Produkt einer langen Kette von Wiederaufbau und Zerstörungen. Den schlimmsten Schaden fügte die irische Revolte im 15. Jh. dem Kloster zu, als Dermot Mac Gillapatrick den kostbaren Schrein samt den Reliquien des Heiligen vernichtete. Da nützte es auch nichts, daß er 33 Jahre später zur Sühne eine Dominikanerabtei danebensetzte, deren einfache Kirche dachlos überlebt hat.
Und doch bleibt Aghaboe in der Überlieferung lebendig, schon nur der Anekdote wegen, die Adamnán berichtet: Columcille

und seine Getreuen werden auf dem Meer von einem solch gewaltigen Sturm überrascht, daß die Brüder um ihr Leben bangen und Columcille anflehen, er möge für sie beten. Seelenruhig erwidert dieser, das sei diesmal die Aufgabe seines Freundes St. Cainnech von Aghaboe. In diesem Augenblick löst dieser eben seinen Schuhriemen, um sich zu Tisch zu setzen, da tritt ihm das Bild der Bedrängten vor seine Seele. Mit dem Ausruf, jetzt da Columcille in Gefahr sei, sei nicht Zeit zum Essen, rast er, den einen Schuh an, den anderen aus, in die Kirche, wirft sich auf die Knie und bittet den Herrn um sichere Fahrt für die von Iona. Sofort glätten sich die Wogen im fernen Schottland, und Columcille, der die Reaktion seines Freundes im Geiste mitverfolgte, dankte ihm mit den Worten: »Jetzt weiß ich, o Cainnech, daß Gott dein Gebet erhört, hat es uns doch großen Nutzen gebracht, daß du mit einem Schuh an den Füßen so schnell in die Kirche gelaufen bist!«

Zu Lebzeiten des Heiligen war von der prächtigen St. Canice-Kathedrale in *Kilkenny* in der gleichnamigen Grafschaft noch kein Gedanke. Aghaboe war damals Bischofssitz, und den Hügel über der »Black Marble City« (Stadt aus schwarzem Marmor) besetzte das Kloster »Cill Chainnig«, das Stadt und Grafschaft zum Namen verhalf. Der Rundturm, der der großartigen Aussicht wegen gern bestiegen wird, ist das einzige Überbleibsel. Die Synode von Rath Bresail stimmte 1111 dafür, den Bischofssitz zu verlegen, doch die Kathedrale, die zweitgrößte Irlands, stammt vorwiegend aus dem 13. - 15. Jh. Trotz Bildersturm und Cromwells Soldateska besitzt sie herrliche Steinmetzarbeiten u. a. von Rory O'Tunny (16. Jh.), der meisterhaft Apostel, Engel und jede Menge Heiliger aus dem Marmor herauszuholen wußte, um sie in landesüblicher Tracht, inklusive phantasievoller sehr gepflegter Haar- und Bartfrisur, darzustellen. Die Stufen, die zur Kathedrale führen, heißen seit alters »St. Canice's Steps« – in die Hauswände links und rechts sind weitere Figuren eingefügt.

St. Canice's Cathedral, Kilkenny (Kilkenny)

Hinter dem Dominikanerkloster in Blackmill Street steht St. Canices hübsches Brunnenhaus über seiner Quelle, die kaum mehr Wasser führt. Die Dominikaner ließen sich im 13. Jh. die bischöfliche Lizenz für eine Wasserleitung bis zu ihrem Haus geben – das Rohr durfte jedoch nicht dicker sein als ein Bischofsring!

Früher war das Dorf *Finglas*, Grafschaft Dublin, für seine Mineralquelle berühmt; heute ist es eine der ungepflegten langweiligen Vorstädte Dublins, aber auch es geht auf eine Gründung von St. Cainnech zurück. Hinter Wellmount Road liegt ein Friedhof mit einer alten Kirchenruine und St. Cainnechs Radkreuz aus Granit auf dem ehemaligen Klosterareal.

Die *Vita* nennt eine ganze Reihe von Inseln und Inselchen, auf die sich der Heilige in die Einsamkeit zurückzog: *Monahincha*, im trockengelegten Lough Cré, 2,5 km östlich von Roscrea, Grafschaft Tipperary – bei den Iren als »Inis na mBeó« (»Insel der Lebenden«) bekannt, weil Tote im Moorboden nicht verwesten –, ist noch immer ein geheimnisvoller Ort der Stille, wo große Bäume ihre Äste über die hiberno-romanische Ruine eines Augustinerklosters breiten. Ein verwittertes Hochkreuz mit einer gerade noch erkennbaren Kreuzigung steht daneben. Hier schrieb der Heilige das in den Quellen erwähnte Evangelienbuch »Glas Cainnigh«, das mittlerweile verlorengegangen ist, und es ist anzunehmen, daß ihm bei dieser intensiven Tätigkeit die Vision Christi zuteil wurde.

CARTHACH (MO-CHUDA) VON RAHAN UND LISMORE

14. Mai

Carthachs *Vita* ist ein hochdramatischer Bericht: Zeitlebens war der heilige Mann aus Kerry im Mittelland ein Fremder, der scharf beobachtet und kritisiert wurde. Er gehörte dem Volk der Ciarraighe Luachra an und teilte mit Brendan von Clonfert den Stammvater Fergus Mac Roich. Sein Vater, ein wohlhabender Adliger, besaß zwei Festungen, eine am Südhang der Slieve Mish-Kette, gegenüber Mount Brandon, die andere auf deren Nordseite, am Fluß, bei Castlemaine. Die Eltern waren Christen und ließen das Kind auf den Namen ihres Bischofs, Carthagus, taufen. Er nahm es mit den liebevollen Worten »Mo-Chuidig«, »Mein Gut bist du« als Ziehsohn auf, so daß dem Jungen »Mo-Chuda« als Kosenamen blieb.

Dem Halbwüchsigen wurde das Familienvermögen, die Schweine, zum Hüten anvertraut, und seine Eltern, vom befreundeten König unterstützt, sahen für ihn die Karriere eines Kriegers und Landedelmannes vor – nur, der Sohn hatte andere Pläne. Er war fasziniert vom geistlichen Stand, besonders das Psalmodieren hatte es ihm angetan. Nicht ohne Mühe setzte er sich durch und wurde von seinem greisen Ziehvater zum Priester ausgebildet. Nach der Weihe präsentiert Carthagus den neugebackenen Kleriker dem König von Kerry, mit der Aufforderung, der Laie solle dem Geistlichen huldigen, was der Monarch, dessen Jugend wegen, als Zumutung empfand. Da warf sich der ehrwürdige Bischof vor dem jungen Diener Gottes auf die Knie, was den König so beeindruckte, daß er dem Beispiel folgte und sich und seinen Haushalt Mo-Chuda unterstellte.

Interessant ist Carthachs Selbstsicherheit, mit der er die Geste entgegennahm: er setzte nicht nur den Fuß auf den königlichen

Nacken, sondern »maß auch des Königs Körper mit den Füßen«. Dem Hof, der sich darüber aufregte, daß dieses Priesterlein auf dem König von Kerry herumtrampelte, erklärte er, daß jedes Glied, das sein Fuß berühre, von nun an unverwundbar und vor Krankheit gefeit sei.
Diesem König blieb er in Loyalität verbunden und eilte, als er auf dem Sterbebett lag, mit solch erstaunlicher Geschwindigkeit in den Süden, um ihm die Sakramente zu reichen, daß die *Vita* eine Erklärung für notwendig erachtet: ein Engel habe ihm für die Fahrt seinen feurigen Streitwagen geliehen. Mit der gleichen Souveränität sollte Carthach später einem verkappten Druiden, namens Magus, entgegentreten. Dieser fordete ihn durch seine Ungläubigkeit dazu heraus, durch das Kreuzzeichen Blätter, Blüten und honigsüße Äpfel einem kahlen Apfelbaum zu entlokken – eine Variation des bekannten Zauberwettstreits unter Druiden zum Beweis der eigenen Macht durch die Gottheit. Mo-Chuda schlägt Magus für seinen Zweifel am Christengott mit Blindheit – auf ein Jahr – dann nimmt er ihn in sein Kloster auf.
Voll Eifer gründet Carthach in seiner Heimat zwei Kirchen, aber schon da machen ihm alteingesessene Interessen das Leben schwer, so daß er St. Ciarán von Clonmacnois und Comgall von Bangor aufsucht, um sich wegen eines geeigneten Arbeitsfeldes beraten zu lassen. Beide stimmen, durch Visionen bestärkt, für Rahan in der Grafschaft Offaly. Daß er damit in Teufels Küche geraten würde, mitten in Irland, im Grenzgebiet der Machtsphären der rivalisierenden Hochkönige von Nord und Süd, war anfänglich nicht zu erwarten.
Die bescheidene Gründung, ein Kirchlein mit drei Flechtwerkhütten, vergrößerte sich rasch. Gründe dafür waren wohl Mo-Chudas Unbeirrbarkeit, seine Gelehrsamkeit, die strenge, aber gerechte Regel – sie ist uns in über 500 Versen erhalten –, die Ideal und Pflicht für jeden sozialen Stand einzeln festlegte, und vor allem sein unerschütterliches Vertrauen in die Liebe Gottes.

Das Klosterleben trug einen asketischen Zug. Die Mönche ernährten sich vegetarisch, ohne Milchprodukte, da Rahan bis auf die letzten Jahre kein Vieh besaß und wohlweislich von Reichen und Mächtigen keine Geschenke annahm. Die Gemeinde nannte weder Reit- noch Zugtiere ihr eigen, so daß die Mönche beim Pflügen und Schleppen die Arbeit von Ochsen und Eseln verrichten mußten, was St. Fionan von Kinnitty bei einem Besuch mißbilligend bemerkte, da er es für unwürdig hielt, daß sich gelehrte Brüder auf die Stufe des unvernünftigen Viehs stellten.
Doch fehlte es in Rahan nie am Nötigen; das Kloster gedieh, die Gemeinde stand im Ruch der Heiligkeit – jeder dritte Mönch trieb regelmäßig mit den Engeln Konversation –, und die Schreibstube hatte einen ausgezeichneten Ruf.
Es war wohl gerade der Erfolg, der Mo-Chuda, dem Fremden, Feinde schuf, deren er sich mit der Zeit nicht mehr erwehren konnte. Wetterleuchten ging der Katastrophe voraus: zwei Attentate wurden auf den Abt-Bischof verübt. Einmal schickte ihm ein übelgesinnter Unterkönig Mörder auf den Hals, denen er nur durch ein Wunder entging, das andere Mal waren es zwei neidische Mönche aus Britannien, die ihr Bestes taten, den Heiligen zu ertränken.
Was genau zu St. Carthachs Vertreibung aus Rahan, nach 40jähriger Tätigkeit, führte, ist im einzelnen nicht bekannt. Das Faß zum Überlaufen brachte wohl die Osterkontroverse, bei der sich St. Carthach von vornherein auf verlorenem Posten befand. Entschied er sich mit dem Süden für die progressive, römische Berechnung, was er wahrscheinlich tat, brachte er die nördlichen Klöster und deren weltliche Patrone gegen sich auf, hielt er es mit dem Norden, kam er in Konflikt mit dem Süden und riskierte die Spaltung seiner Klostergemeinde.
Lokalpolitik, persönliche Verleumdung und Intrigen von Nachbarklöstern, allen voran Durrow, brachten es so weit, daß Blathmac, der derzeitige König von Tara den Heiligen samt seinen Mönchen auswies. Die *Vita* rapportiert wortwörtlich die hefti-

gen Wortgefechte zwischen den Parteien, die dem königlichen Ultimatum vorangingen. Schließlich erschien Blathmac selbst mit den Abgesandten der verbündeten Klöster, was der alte Abt-Bischof mit eindrücklichen Verwünschungen quittiert. Carthach ist vor allem außer sich, daß sich Cronan, St. Ciarans Nachfolger, ein Landsmann von ihm, auf die Seite der Feinde stellt, und »ein Munstermann einen Munstermann« vertreibt.

Die Mönche beginnen ihren Exodus an Ostern 635 mit einer Prozession um den Friedhof und die Gräber, worauf sich die Toten erheben und sich dem langen Zug anschließen, über 800 an der Zahl, mit Sack und Pack, und den Kranken und Krüppeln der Aussätzigenkolonie. Auf dem Weg in die Fremde nehmen befreundete Klöster sie zeitweise auf, bis ihnen der König der Déisi an der Südostküste ein neues Heim bietet und den Abt-Bischof ehrerbietig aufnimmt.

Die Aufregung und die Strapazen der Reise waren zuviel für den alten Mann, seine Gesundheit war erschüttert. Den Lärm auf dem Bauplatz des neuen Klosters – es soll den Prophezeiungen einer weisen Nonne nach eine große Steinmauer, ein »lios mór« erhalten –, kann er nicht mehr ertragen und flüchtet sich in eine Höhle am Blackwater, in der er als Einsiedler lebt. Erst 18 Monate später, dem Tode nahe, läßt er sich in den Kreis der Mönche zurücktragen, um unter seinen Brüdern zu sterben. Der Heilige wird als erster auf dem Klosterfriedhof beigesetzt.

Lismore, in der heutigen Grafschaft Waterford, sollte sich zu einem mächtigen Kloster, einem Studienzentrum von internationalem Ruf entwickeln, so berühmt, daß sich dort Könige und Kirchenfürsten zur Ruhe setzten, um dann im Friedhof neben dem Heiligen zu ruhen. In voller Blüte zählte die Klosterstadt zwanzig Kirchen und neunzehn Heilige warteten in der geweihten Erde ihrer Friedhöfe auf den Jüngsten Tag.

Das Kloster überlebte ein halbes Dutzend Wikingereinfälle, wurde im 8./9. Jh. zu einer Hochburg der Celé-Dé-Bewegung und um 1200 sogar Bischofssitz. Erst die Normannen räumten

damit gründlich auf und errichteten an seiner Stelle eine Burg über dem Blackwater, die im Laufe der Jahrhunderte die Wandlung zum Bischofspalast und zum zinnen- und türmche beschickten modernen Schloß durchmachte. 1814 kamen bei Umbauarbeiten hinter einer zugemauerten Tür der prächtige Bischofsstab und das *Buch von Lismore* zum Vorschein. Die Reliquie ist heute im *Nationalmuseum/Dublin* ausgestellt. In der bronzenen, mit Goldstreifen und Halbedelsteinen eingelegten Verkleidung steckt ein Eichenstab, der sehr wohl in des Heiligen Besitz gewesen sein kann. Eine Inschrift bittet um ein Gebet für Aeducain, den Bischof von Lismore von 1090 -1113 und für Nechta, den Feinschmied. Das Manuskript, das unter Feuchtigkeit und Mäusebiß gelitten hatte, ist eine Sammlung irischer Heiligenleben mit einem Kommentar aus dem 15. Jh., das Material aus dem heute verlorenen *Buch von Monasterboice* enthält.
Das massige Schloßtor scheint quer über dem Klosterfriedhof zu liegen, denn bei seiner Konstruktion wurden Gräber angeschnitten. Über St. Carthachs heiliger Quelle sitzt das Pförtnerhaus.
Die protestantische St. Carthage-Kathedrale ist zwar hauptsächlich aus den dreißiger Jahren des 17. Jh.s, enthält aber Fragmente früherer Kirchen, wie z. B. den Chorbogen und die Fenster des Südtransepts. Details, wie die Skulptur des weisen alten Klerikers (9. Jh), der aufmerksam über das Buch, das er liest, hinwegschaut, die Darstellung St. Carthachs auf dem MacGrath-Grab von 1557 und die fünf alten Grabsteine aus dem Mönchsfriedhof sind mehr als einen Blick wert.
An das Kloster *Rahan*, 10 km westlich von Tullamore, Grafschaft Offaly, erinnern drei Kirchen und undeutliche Wälle und Gräben mitten auf der weiten Viehweide zwischen Clodiagh und Kanal. Den Schlüssel zur protestantischen Pfarrkirche kann man sich im Weiler Tullabeg geben lassen, denn das überdachte Gebäude aus dem 12. Jh. mit häßlichem modernem Außenputz überrascht durch ein hiberno-romanisches Inneres: Chorbogen und Fenster mit Köpfen, keltischen Mustern und verschlungenen Fabel-

wesen. Besonders beachtenswert ist die Rosette im Ostgiebel. Die dachlose Ruine, ca. 100 m entfernt, besitzt ein schönes, romanisches Westportal. Die dritte ist diejenige eines einfachen, vorromanischen Kirchleins.

CIARÁN DER ÄLTERE VON SAIGHIR (5. JH.)

5. März

Hätte es je Druidenviten gegeben, so verschieden von der St. Ciaráns des Älteren wären sie wohl nicht ausgefallen. Zwar folgt auf der letzten Seite ein langer, christlicher Tugendkatalog, aber z. B. von Demut, Milde und Geduld ist in den Episoden herzlich wenig zu spüren. Dieser Katalog entstammt wohl eher der krampfhaften Bemühung des Schreibers, den hochfahrenden, reizbaren keltischen Gelehrten der kirchlichen Norm anzupassen, genauso wie er versucht, diesen vorpatrizischen Bischof mit der Überlieferung von St. Patrick in Einklang zu bringen, um ihn so zu sanktionieren.

Es gibt mehrere, abweichende *Viten* von St. Ciarán, die aber auf eine frühe, im Kloster von Saighir verfaßte zurückgehen. Einig sind sie sich darin, daß Ciarán ein natürlicher, direkt vom Himmel inspirierter Christ gewesen sei, der ohne Taufe und sonstigen kirchlichen Beistand 30 Jahre mit Beten und Studieren verbrachte, bevor er sich auf göttliches Geheiß nach Rom begab, um sich taufen und zum Priester ausbilden zu lassen. Zum Bischof geweiht, traf er mit St. Patrick zusammen, der ihn nach Irland zurückschickte und ihm gebot, sich in Saighir niederzulassen. Er gab ihm seine Glocke mit, die erst läuten sollte, wenn er die richtige Stelle gefunden hätte.

Der Ort, ein liebliches, bewaldetes Tal mit einer berühmten, baumumstandenen Quelle, hätte sich gleichermaßen für einen heidnischen wie für einen christlichen Einsiedler geeignet, vertieften sich doch beide in die geistigen Gesetze der Natur, wenn auch aus verschiedener Motivation heraus.

Sogar Ciaráns persönliche Gewohnheiten stimmen mit den Gepflogenheiten der vorchristlichen Weisen überein: nie ging er in Wolle gekleidet, er trug Wolfsfelle und Häute anderer wilder

Tiere – viele Druiden waren Schamanen – ernährte sich von einfachster, vermutlich vegetarischer Kost, rührte keinen Alkohol an und schlief spärlich. Dafür soll er 100 Jahre in voller Gesundheit gelebt haben – die *Vita* hört sich wie die Reklame eines Reformblattes an –, »ohne Zahnverlust, Kurzatmigkeit, trübe Augen oder vermindertem Gehör, mit starkem Herzen und scharfen Sinnen«.

Sein erster Schüler war ein Eber – das keltische Totemtier *par excellence* –, der für ihn Baumstämme fällt, beim Hüttenbau mithilft und einen kleinen Friedhof von Gebüsch säubert. Wolf, Dachs, Fuchs, die alle in der keltischen Mythologie eine Rolle spielen, dienen ihm wie Mönche dem Abt. Mönch Fuchs stört schließlich die Idylle, indem er die Schuhe des Heiligen stiehlt, und damit in seinem Bau verschwindet. Verstimmt schickt Ciarán den Dachs hinterher, der ihn »freiwillig oder gewaltsam« vor ihn bringen soll, was dieser ausführt, wobei er dem Dieb zur Strafe »die Ohren und den Schwanz abbeißt« und »ziemlich viel Fell«. Das entspricht ganz dem keltischen Rechtsempfinden, das bei jedem Unrecht materielle Entschädigung vorsieht. Ciarán behandelt den Übeltäter nach christlichem Recht, hält ihm eine Moralpredigt und verdonnert ihn als Buße zu dreitägigem Fasten.

In einem anderen Fall ist seine Moral eher zweifelhaft. Ciarán zahlt dem eben getauften König von Cashel, Aengus, das Lösegeld für einen Pferdedieb (der obendrein St. Patricks Pferd gestohlen hat) mit Zaubergeld, das sich, kaum ist der Handel abgeschlossen, in Nichts auflöst. Verständlicherweise stellt der König den Heiligen erbost zur Rede, worauf dieser das Ganze als Illustration der Vergänglichkeit der Welt, der *vanitas mundi*, hinstellt und seinerseits ergrimmt, den König verflucht, so daß dieser erblindet und um ein Haar den Geist aufgibt. Das ist nun ganz die Reaktion eines beleidigten Druiden!

Ciaráns Zeitgenossen sehen ihn zweifellos in dieser Funktion: derselbe König hält sich ein Harfenensemble, das ihm sehr lieb ist. Auf einer Tournee durch Munster fallen die Musiker einem Raubmord zum Opfer. Die Mörder lassen, aus Angst vor Entdekkung, die Leichen im Moor verschwinden. Der König wendet sich an Ciarán, um das Schicksal der Unauffindbaren zu erfahren, denn er ist überzeugt, daß dieser »ein Wahrsager im Himmel und auf Erden« ist. Natürlich kann ihm der Heilige nicht nur den Hergang der Tat erzählen, sondern ihn auch an die Stelle des Verbrechens führen. Nach langem inbrünstigen Gebet entsteigen die Harfner dem Sumpf, in dem sie einen Monat lang gemodert hatten, »als erhöben sie sich von ihrem Nachtlager«.

Ein gefürchteter Druidenzauber, der *Dlui Fulla,* bestand aus einem mit magischen Formeln besprochenen Stroh- bzw. Heuwisch. Er wurde z. B. benützt, um Menschen um den Verstand zu bringen. Ciarán macht harmloseren Gebrauch davon, indem er das Bündel über eine vollbehangene Brombeerranke stülpt, so daß sie von da an das ganze Jahr über Brombeeren trägt »mit dem Duft von Wein und dem Geschmack von Honig«, die obendrein eine liebestolle Königin von ihrer Leidenschaft kurieren.

Den Dieb, der Ciaráns einzige Kuh durch die Slieve Bloom-Mountains treibt, umfangen unversehens undurchdringlicher Nebel und völlige Dunkelheit, so daß er im Wildbach ertrinkt. Die Kuh trottet allein nach Hause.

In Saighir brennt ein ewiges Feuer, das Crichid, aus dem Haushalt von St. Ciarán von Clonmacnois, auf »Geheiß des Teufels« auslöscht. Zwar frißt ihn zur Strafe ein Wolf, aber Ciarán und seine Mönche sitzen im dunklen kalten Kloster, in dem weder Essen gekocht, noch Brot gebacken werden kann – das heilige Feuer, der Lebensnerv der Gemeinschaft, kann nicht durch gewöhnliches ersetzt werden. Einer der beiden Ciarán – die *Viten* weichen da voneinander ab – erhält durch Gottes Gnade schließlich neues Feuer vom Himmel.

Der keltische Monarch beweist seine Rechtmäßigkeit, indem er die Wünsche seines Volkes erfüllen kann. Ciarán behandelt Gottvater nicht anders als ein Druide seinen König. Vor seinem

Tod richtet er drei Begehren an ihn – umgehend erscheint ein Engel mit der Botschaft, daß ihm alles, was er wünsche, gewährt werden soll, daß hinter keinem, der im Klosterfriedhof liegt, das Höllentor zuschlagen darf, und daß, wer St. Ciaráns Fest beachtet, im Erdenleben gedeiht und im nächsten das Himmelreich erbt. Der dritte Wunsch entspricht einem erzkeltischen Bedürfnis: Ciaráns Landsleute, die Männer von Ossory, sollen immer siegreich im Kampf sein und nie aus ihrem Stammesgebiet vertrieben werden. »Ossory« überlebt bis heute in modernen Ortsnamen!
Es ist nicht ausgeschlossen, daß Saighir bereits ein vorchristliches Heiligtum war, auch wenn die *Vita* es als Neugründung darstellt. Einer der gelehrten Vorsteher hätte sich erwiesenermaßen mit der neuen Lehre befassen können, bevor St. Patrick die grüne Insel betrat. Es wäre auch kein Grund vorhanden gewesen, weshalb er sich nicht zum Priester hätte ausbilden lassen können, um die alte Institution auf die neue Religion umzustellen.
Es wird heute mit einiger Sicherheit angenommen, daß sich das vor-patrizische Christentum vom Süden her verbreitete. St. Ciaráns *Vita* enthält, durch seine Mutter Liadain, eine Verbindung mit West Cork. Sein Vater, Lugna, aus Ossory, lernte sie »auf einer Tour durch den Süden« kennen, was sich nur darauf beziehen kann, daß er als Künstler, Handwerker, Druide oder königlicher Tributeinsammler den Süden besuchte.
Eine noch immer starke Überlieferung besteht darauf, daß das Paar sich zuerst auf *Clear Island* in Roaring Water Bay, Grafschaft Cork, niederließ, wo Ciarán zur Welt gekommen sein soll. Der tiefe Einschnitt, North Harbour, der zusammen mit dem South Harbour Cape Clear fast von Clear Island abtrennt, heißt zum Andenken an den Heiligen auch »Trawkieran«, Ciaráns Strand. An seinem Nordende sind die Reste von Teampall und Gallán Chiaráin, Ciaráns Kirche und Stein, zu sehen. Die Kirche, von der die Einheimischen behaupten, sie sei die Nachfolgerin der ältesten Irlands, stammt aus dem 12./13. Jh. Der Stein ist ein heidni-

sches Monument, das ein tiefeingegrabenes Kreuz verchristlicht. Dem Wasser von St. Ciaráns Quelle werden Heilkräfte zugeschrieben.
Etwa 10 km südöstlich von Birr, Grafschaft Offaly, etwas außerhalb von Clareen, auf einem letzten Ausläufer der Slieve Bloom-Mountains, umfassen ein stellenweise abgetragener Erdwall und ein Graben ein immerhin ca. 10 ha großes Klosterareal – *Saighir*, das Hauptkloster, in dem einst das ewige Feuer brannte. Zwei Kirchenruinen stehen heute noch darauf. Die protestantische hat allerlei Fragmente der alten entnommen, z. B. steht im Giebel die verwitterte Skulptur von St. Ciarán. Vom alten Kloster ist ein kleines, altes, Steinkreuz erhalten und ein überdimensionaler, mit biblischen Szenen geschmückter Fuß eines Hochkreuzes.
Nicht ganz ein km südlich von Saighir, teilt sich die Straße um St. Ciaráns Busch, den Ableger eines jahrhundertealten Weißdorns, auf dem Pilger noch immer ihre Votivgaben hinterlassen. St. Ciaráns heilige Quelle ist heute in Beton eingefaßt und fließt nur noch träge.
In *Fertagh*, 7 km nordöstlich von Urlingford, und *Tullaherim*, 8 km südwestlich von Kilkenny (beides in der Grafschaft Kilkenny), erinnert je ein Rundturm, der eine volle acht Stockwerke hoch, der andere unvollständig, an die Gründungen von Ciarán von Saighir.
In *Errill*, 7 km westlich von Rathdowney, Grafschaft Laois, ist nur noch eine einfache Kirchenruine übriggeblieben und in *Kells*, Grafschaft Kilkenny, machen sich die Ruinen von Irlands größter mit Mauern und Türmen befestigter Augustinerpropstei auf dem alten Klostergrund breit.

CIARÁN VON CLONMACNOIS (FRÜHES 6. JH.)

9. September

Die Klosteranlage von Clonmacnois stand in Irland an zweiter Stelle, übertraf aber als Kunst- und Literaturzentrum St. Patricks Gründung.

Dem Gründer, St. Ciarán, gebührte daher höchste Ehre, und die hauseigenen Vitenschreiber scheuten vor dem Vergleich mit Christus nicht zurück. Das Heiligenleben im *Buch von Lismore* z. B. endet mit einem Loblied auf diesen Mann, »der in mancher Beziehung stark Jesus Christus, dem Quell aller Dinge« glich. Er wandelte Wasser zu Wein, wird »eines Zimmermanns Sohn genannt«; sein Lebensalter beträgt 33 Jahre, und er erlebt nach drei Tagen eine Auferstehung in seiner Kirche in Clonmacnois »genauso wie Christus nach drei Tagen in seinem Grab in Jerusalem«. Trotz dieser Stilisierung, die wohl parallel zum Aufstieg des Klosters erfolgte, ist die *Vita* wirklichkeitsnaher als manche andere und voller historisch und menschlich interessanter Details.

Besonders deutlich wird die Angleichung an Christus bei seines Vaters Beruf. Wohl war Ciarán »mac an t-Sair«, »Sohn des Schreiners«, aber es heißt in derselben *Vita*, daß Vater Beoit aus Larne, in der Grafschaft Antrim, »Streitwagen baute« und »daneben jede andere Kunst praktizierte«, was sich vermutlich auf das Anfertigen feiner Metallbeschläge und sonstiger Verzierungen bezog. Er war offensichtlich ein Professioneller, einer jener All-round-Künstler, die in der druidischen Ordnung großes Ansehen genossen – keine Spur eines simplen Handwerkers!

Mutter Darerca, aus Kerry, war eine Enkelin des Dichters Glass, und Beoit sah sie zum ersten Mal während eines Besuchs bei seinen Brüdern im Süden – er durfte also frei reisen, ein Vorrecht der Druidenklasse –, verliebte sich in sie und hielt bei ihrer Fami-

lie um sie an. Daß ihm das Mädchen bei der streng hierarchischen Gliederung der keltischen Gesellschaft anstandslos überlassen wurde, ist ein weiterer Beweis, daß Beoit aus einer vergleichbaren sozialen Schicht stammte.
Darerca schenkte ihrem Gatten acht Kinder. Ciarán war der dritte Sohn und kam in Connacht zur Welt, wohin die Eltern der drückenden Steuern im O'Neill-Territorium wegen ausgewandert waren. Sie fanden Aufnahme am Hof von König Cremthain bei Rathcrogan. Lugbrann, der königliche Druide, sagte nicht nur die Geburt des Heiligen voraus, sondern auch seine große Zukunft und, ganz konkret, das erste Wunder, das dieser wirken würde. Der Magier hatte ein ungewöhnlich feines Ohr und konnte am Wagengeräusch erkennen, wer darauf saß. Einst hörte er »das Geräusch eines Streitwagens unter einem König« und schickte einige aus seinem Haushalt, um herauszufinden, wer es sei. Die Diener glaubten sich über den Seher lustig machen zu dürfen, weil nur Beoit und seine schwangere Frau daherfuhren, aber Lugbrann verglich das Ungeborene mit einer Sonne unter Sternen, nannte es einen mächtigen König und verhieß ihm unzählige Wunder.
Als erstes erzählte die *Vita* von der vom Druiden angekündigten »Heilung von Oengus Stute« – eigentlich eine Wiedererweckung, da das Pferd tot ist, bevor es Ciarán mit Weihwasser besprengt – ein charakteristisches Wunder für den Heiligen.
Mensch und Tier behandelt er mit gleicher Ehrfurcht vor der Schöpfung, mit derselben überströmenden Großzügigkeit aus tiefempfundenem Verständnis für das Leiden der Kreatur. Mag sein, daß er als Kind zu Streichen aufgelegt war – seine Mutter bringt er geradezu zur Verzweiflung. Da sie ihn beim Färben nicht im Haus duldet, verwünscht er die Brühe, so daß das Zeug beim ersten Bad statt blau grau gestreift, beim zweiten knochenweiß aus dem Bottich kommt. Erst beim dritten Mal, nach seinem Segen, ist das Tuch tiefblau, die Farbe reicht für den ganzen Stamm inklusive »Hunde, Katzen und Bäume, die damit in Berüh-

rung kommen«. Von klein auf ist jedoch Ciaráns stehender Ausdruck »Erbarmen sei mit uns«.

Einem räudigen Wolf erlaubt er, ein Kalb aus der Herde der Mutter zu reißen, schärft ihm aber ein, die Knochen ganz zu lassen. Der Wolf hält sich brav daran, der heilige Hüterjunge sammelt das Gebein und legt es vor die Kuh, worauf das Kälbchen wieder aufsteht.

Selbstverständlich stellen ihm die Tiere ihre Dienste zur Verfügung. Muß Ciarán Vieh hüten, spielt ein Fuchs Postbote, bringt dem Lehrer Wachstäfelchen mit gelösten Aufgaben und wartet artig die Schulstunde ab, um neue zu erhalten. Der Fernunterricht funktioniert ausgezeichnet, bis das Füchslein dem Duft der Lederriemen, die das Buch zusammenhalten, nicht mehr widerstehen kann, und sie auffrißt. In dem Moment kommt die königliche Jagd vorbei, die Hunde hetzen den Übeltäter, der sich, zu Tode erschrocken, unter Ciaráns Hütermantel flüchtet. Wie Ciarán zum Studium nach Clonard aufbricht, segnet er eine Schwarzbraune aus der Herde, die ihm von da ab wie ein Hündchen folgt. Es ist die berühmte »Dun Cow«, die das halbe Kloster mit Milch versorgen wird. Beim Lesen legt Ciarán das Buch auf das Geweih eines Hirschen, erschreckt aber einmal sein vierbeiniges Lesepult, worauf es mit aufgeschlagenem Buch davongaloppiert. Zwar regnet es die ganze Nacht, aber am Morgen ist nicht ein Buchstabe des Manuskriptes verdorben.

Ciarán verschenkt, was ihm in die Hände kommt, auch wenn er sich selbst dadurch schadet. Einen für den König bestimmten, eisernen Kochkessel gibt er einem Bettler und nimmt dafür Sklaverei in Kauf. Nach bestehendem Recht muß er den Wert des Objektes beim Kornmahlen abdienen – die Mühle mahlt von selbst – Engel nehmen ihm die Arbeit ab.

Beim Auswendiglernen des Matthäus-Evangeliums, just bei »Omnia quaecumque vultis ut faciant homines nobis, it et vos faciatis illis« (»Alles tun, was ihr wolltet, daß euch die Leute thun sollen, das thut ihr ihnen auch«, Matthäus, 7:12.) sucht ihn Ninni-

an, der Schieler, der arme Student von Lough Erne auf, nachdem er vergeblich die Runde bei den Kameraden gemacht hatte, um ein Buch zu borgen. Ciarán gibt ihm seines sofort – entspricht es doch genau dem Gebot, das er soeben gelesen hat. Natürlich kann er anderntags seine Lektion nur halb, was die Klasse mit dem Spitznamen »Ciarán-halb-Matthäus« quittiert. St. Finian macht den Spötteleien ein Ende: »Ciarán-halb-Irland muß er heißen – die eine Hälfte Irlands wird ihm gehören, die andere werden wir uns alle teilen müssen.«
Ciarán war der erklärte Liebling des Abtes von Clonard – er bedenkt ihn sogar mit einem Lobgedicht:

> O Ciarán, Herzensschüler,
> um deiner Heiligkeit willen liebe ich dich.
> Gnade wird mit dir sein, mein Liebling,
> vielfaches Erbe, viel Land . . . -,

was die anderen, außer Columcille, mit Mißgunst verfolgten, an der auch die Zukunft nichts ändern sollte. Es heißt, den Heiligen Irlands sei St. Ciaráns Vollkommenheit schließlich zuviel geworden, weshalb sie Gottvater baten, er möge ihn doch zu sich nehmen. Das gilt als Erklärung für Ciaráns kurzes Erdenleben.
Beim Abschied von Clonard bot der alte Abt dem Schüler sein eigenes, voll etabliertes, Kloster an, was Ciarán gerührt ablehnte. Er fühlte sich noch nicht würdig; sein Studium war noch nicht einmal abgeschlossen. Zur Weiterbildung suchte er St. Enda von Aran auf. Auf der Insel Inishmore, in der Bucht von Galway, erlebten die beiden eine gemeinsame Vision. Ein prächtiger Fruchtbaum wuchs am Flußufer, mitten in Irland, und erstreckte seine schwerbeladenen Zweige bis über die Inseln. Vögel von überallher holten sich die Früchte. Enda legte den Baum als Bild für das zukünftige Kloster Clonmacnois aus – die Vögel waren die vielen internationalen Studenten, die dort lernen würden.

Es macht den Anschein, als habe Ciarán die Priesterweihe in Aran erhalten. Natürlich schenkte er sein Priestergewand dem nächsten Armen und machte sich, nur mit dem Mantel bekleidet, auf den Weg zu St. Senán, dem dies in einem Gesicht kundgetan wird. Eine Leinentunika, in der Achselhöhle versteckt, ging er seinem jungen Gast entgegen.
Mit gespielter Strenge – es geht hier um die Ebenbürtigkeit der beiden Heiligen – fragt er ihn, ob er sich nicht schäme, als Priester ohne Rock herumzulaufen, was Ciarán durchschaut und mit der Schlagfertigkeit kontert: »Erbarmen sei mit uns. Gott wird sich meiner Blöße annehmen, zumal der ehrwürdige Vater ein Gewand für mich unter dem Arm bereithält.«
Einige Zeit darauf lebte er mit einer kleinen Mönchsgemeinde auf der nicht weiter identifizierbaren Insel Isel, die ihn aber aus Furcht vor seiner Freigebigkeit wieder wegschickte.
Auf Inish Aingin (Hare Island) im Lough Ree, gründet er das erste eigene Kloster, das er kaum aufgebaut, samt seinem Evangelienbuch und seiner Glocke dem Abt Donnán weitergibt.
545 ließ er sich mit acht Gefährten shannonabwärts treiben, um sich auf einer Bodenwelle am Fluß in einer wilden, einsamen Moorgegend anzusiedeln. Hierhin hatte sich Diarmaid, der rechtmäßige Hochkönig, vor den Verfolgungen Tuathals, des Usurpators, zurückgezogen. Der Legende nach half er Ciarán, die Eckpfosten der neuen Kirche einzurammen, wobei ihn der Heilige um seinen Schutz bat, was den Vogelfreien befremdete. Ciarán prophezeite ihm, daß er anderntags, zur selben Stunde, Hochkönig von Irland sein werde. In der Nacht starb Tuathal.
Nur noch sieben Monate soll der Heilige gelebt haben – vom neuen Kloster sah er wohl kaum mehr als ein paar Holzhüttchen. Er muß an Fieber – vielleicht Malaria – erkrankt, und schon eine Weile bettlägerig gewesen sein, als er den Tod herankommen fühlte. Er ließ sich ins Freie bringen, auf eine kleine Erhöhung, um noch einmal den weiten Himmel über der Flußlandschaft zu se-

hen. Seinen Mönchen gestand er, daß ihm der Weg »da hinauf« schwerfalle, obwohl er sich nicht bewußt sei, ein Gebot Gottes übertreten zu haben, »aber sogar David, Sohn des Jesse, und Paulus, der Apostel, fürchteten sich«. Noch immer trug er den schweren Stein auf dem Kopf, den er sich schon seit langem um Christi willen auferlegt hatte. Die Brüder wollen ihn ihm zur Erleichterung abnehmen, was er nicht gestattet, denn »nur wer das Auferlegte bis zuletzt trägt, erringt das Heil«. Dreiunddreißigjährig übergab er seine Seele den Engeln, die schon auf sie warteten.

Die Mönche bahrten ihn in der kleinen Kirche auf und verschlossen diese nach seiner Anweisung bis zum Besuch von St. Kevin. Drei Tage später erschien der Abt von Glendalough, und Ciaráns Körper belebte sich noch einmal, so daß die beiden Heiligen Gelegenheit zu einem langen Zwiegespräch hatten. Zum Zeichen ewiger Verbundenheit vererbte St. Ciarán Glendalough seine Glocke.

Die Kirchenruine auf Inish Aingin/Hare Island im Lough Ree lohnt den Besuch nicht, dafür um so mehr die Ruinen der Klosterstadt von *Clonmacnois,* Grafschaft Offaly, am Ostufer des Shannon. Der Fluß als Anfahrt ist den Landwegen vorzuziehen. So erlebt sich die Idylle am besten, zu der sich das ruhig dahinziehende Wasser, die friedliche Landschaft, die zeitlosen, grauen Ruinen am sanft ansteigenden Ufer und der hohe, immer bewegte Himmel vereinen.

König Diarmaid wurde 565 im Norden ermordet; die Familie brachte sein Haupt zur Bestattung nach Clonmacnois zurück. Seither stand das Kloster unter besonderem Schutz der O'Connor-Dynastie, so daß sich Buchschreibe- und Goldschmiedekunst entwickeln durften. Vom berühmten Skriptorium stammen die *Annalen von Clonmacnoise* und *Tigernach,* sowie *Lebor na hUidre,* »Das Buch der schwarzbraunen Kuh«, die ältesten irischen Manuskripte. Hier wurde im 9. Jh. Ciaráns Leben von Schreibern zusammengestellt, die die Reliquien des Heiligen noch aus eigener Anschauung kannten: das wundertätige Fell der Schwarzbraunen, von dem es hieß, daß jeder, der darauf starb, im Paradies erwache, das Buch, dessen Lederbänder der Fuchs gefressen hatte, St. Ciaráns Steinmütze; »Cassal Senáin«, ein Priestergewand, das er per Shannon retournierte und das staubtrocken bei St. Senán in Inis-Cathaig ankam, sowie die Glocke, die er Glendalough geschenkt hatte.

Die metallverarbeitenden Werkstätten stellten Kostbarkeiten her, wie z. B. die Bischofs- und Abtstäbe von Clonmacnois, das Kreuz von Cong und St. Mancháns Schrein (Kopie), die alle im *Nationalmuseum, Dublin,* zu bewundern sind.

Schätze wie diese zogen Räuber förmlich an. Zwischen 832 und 1163 plünderten die Dänen die Klosterstadt achtmal, wobei bei den dreizehn Großbränden zwischen 722 und 1205 mehr als die Hälfte auf ihr Konto gingen. 844 war ein Katastrophenjahr. König Thorgestr (Thurgesius) drehte die Entwicklung zurück und machte aus dem christlichen Heiligtum ein heidnisches, wobei seine Gattin Aude/Ota zum Horror der wenigen überlebenden Kleriker am Hochaltar Opfer vollzog und in Trance Orakelsprüche von sich gab.

Die Iren untereinander brachten es zwischen 832 und 1166 auf 27 Attacken und die Normannen zwischen 1178 und 1204 im Durchschnitt auf eine alle vier Jahre. Die englische Garnison versetzte im Säkularisierungsauftrag von 1552 dem Kloster den Todesstoß – alle Gebäude wurden zerstört und alles, auch das letzte Stückchen Buntglas, gestohlen.

Clonmacnois war geradezu der Prototyp des irischen Klosters, völlig verschieden vom Kontinentalen: 12–13 Kirchen waren zufällig auf einem umfriedeten Gelände verteilt. Dazwischen standen Holzhütten mit Flechtwerkwänden, je nach Bedarf Werkstätten, Skriptorien, Eß- und Schlafplätze, Schulen, Spitäler, Bibliotheken, Gasthäuser und Laienwohnungen. Im späten 12. Jh. gingen einmal bei einem Brand nicht weniger als 105 solche Häuser in Flammen auf.

Beim Eingang, an der Kasse, beginnt der Rundgang, an einer Galerie verzierter Grabplatten vom 6.–11. Jh. vorbei, die einen einmaligen Überblick über die Motive geben.
Den Clogás Mór, den vom König von Breifne in der Mitte des 10. Jh. erbauten Rundturm, traf 1134 der Blitz – seither ist er nur noch halb so hoch wie anfangs. Östlich davon steht das größte Klostergebäude, die unzählige Male restaurierte Kathedrale von Clonmacnois.
Zur Linken erhebt sich das Cros na Screaptra, das Bibelkreuz alias König Flanns Kreuz, was die schwer entzifferbare Inschrift auf dem Sockel kundtut. Flann starb 915. Die Westseite erzählt von der Passion Christi – Gefangennahme, Judaskuß – Soldaten bewachen das Grab. In der Mitte eine starre Kreuzigung, typisch für frühe Darstellungen. Auf der Ostseite hilft u. a. der bärtige König Diarmaid St. Ciarán, im Mönchsgewand, beim Einsetzen der Eckpfosten. Die Mitte beherrscht das Jüngste Gericht – Christus als Weltenrichter. Südlich der Kathedrale steht das Südkreuz (9./10. Jh.) mit einer Kreuzigung auf der Westseite. Der Rest ist mit keltischen Mustern verziert. Das Nordkreuz ist ein stark verwittertes Fragment. Südlich der Kathedrale befindet sich das Dowling-(Doolin-) Mausoleum (1689) in einer viel älteren Kirche mit Anten und einem Rundbogenfenster. Die Kapelle Teampull Hurpan gehört vermutlich auch ins 17. Jh. Die Kirche der Könige, Teampull Ri, östlich davon, von 1200, besitzt schöne Spitzbogenfenster; das Südportal kam im 16. Jh. hinzu.
Der Brennpunkt von Clonmacnois ist Teampull Kieran, St. Ciaráns winziges Gebetshaus, das so viele Restaurationen hinter sich hat, daß sich die Mauern nicht mehr datieren lassen. In der Nordostecke wurde der Heilige zur letzen Ruhe gebettet – sie gilt seit Jahrhunderten als heilig. Seit einiger Zeit versucht eine Betondecke, die Frommen davon abzuhalten, die Erde mit nach Hause zu nehmen, mit dem Erfolg, daß heute Steinchen aus der Mauer gebrochen werden. Daß sich hier die Äbte von Clonmacnois in Nachfolge St. Ciaráns bestatten ließen, ist durch die er-

wähnten Krummstäbe bewiesen, die hier zum Vorschein kamen.
Links verbleibt nur noch ein Fragment von Teampull Kelly. Etwas weiter nordwestlich steht Teampull Connor von 1010 – Westeingang und Südfenster sind Originale. Teampull Finghin bzw. MaCarthy's Church gleicht »St. Kevin's Kitchen« in Glendalough darin, daß auch dieses Kirchlein einen kleinen Rundturm besitzt. Das romanische Südportal, der Chorbogen und das Westfenster zeugen von vergangenem Glanz.
Als Anhang zum Kloster liegt die Nuns' Church (Nonnenkloster), 1,5 km weiter östlich. Sie stammt aus dem 12. Jh. und gehört zu den Schaustücken der hiberno-romanischen Architektur und Steinmetzkunst.

COLMÁN MAC DUACH (7. JH.)

29. Oktober

Für die Volksüberlieferung ist historische Exaktheit oft Nebensache; was zählt, ist Stolz auf die ortsansässigen Helden, und die Liebe und Verehrung für sie. Colmán Mac Duachs Legende ist ein Musterbeispiel dafür, läßt sie doch den sagenumwobenen König Guaire von Connacht (gest. 663/8), von dem es hieß, seine Rechte sei vom vielen Schenken größer als seine Linke, als Bruder des Heiligen auftreten, wobei es niemanden störte, daß zwischen den beiden ein etwa 50jähriger Altersunterschied bestanden haben mußte.

Sie berichtet, wie Colmán lange Jahre als Einsiedler weltabgeschieden im Burrengebirge, in der heutigen Grafschaft Clare, zusammen mit einem Laien lebte, der ihm bei der Messe diente. Als Ostern kam, hatten Colmán und sein Gefährte keine Krume mehr zu essen, worauf der Heilige ernsthaft darum betete, daß sie nicht Hungers sterben müßten.

In der Burg von König Guaire in Kinvara bog sich unterdessen der Tisch unter auserlesenen Gerichten, und der Hof versammelte sich eben zum Ostermahl, als sich das Fenster öffnete, und eine Schüssel nach der anderen Burren-wärts schwebte. Nachdem sich der Hof vom Staunen erholt hatte, ritt eine ganze Kavalkade hinter der letzten fliegenden Platte her, bis der König auf den, von noch dampfenden Gerichten umgebenen, Einsiedler stieß und in ihm seinen verlorengeglaubten Bruder erkannte. Gerührt bot er ihm Land für ein Kloster an, Colmán schlug ein, aber überließ der göttlichen Führung die Bestimmung des Ortes. Als er einst durch den Wald ritt und sich sein Gürtel löste und zu Boden fiel, nahm er dies als Zeichen und gründete dort Kilmacduagh, dessen Ruinen 5 km südwestlich von Gort, Grafschaft Galway – mit vollem Namen Gort Inse Guaire, nach König

Guaires zweiter königlicher Festung –, zu sehen sind – denn mit dieser Geschichte befinden wir uns in seiner wirklichen Biographie.
Colmán, Sohn des Duach, wurde in Corker, einige Kilometer westlich von Gort geboren. Mutter Rinagh brachte das Kind in aller Stille zur Welt, weil sie der Prophezeiung wegen, es würde einst die Nachkommen des Königshauses übertreffen, den Zorn des Königs fürchtete. Als junger Mann wählte Colmán die geistliche Laufbahn und ging, da die beste Ausbildungsstätte praktisch vor der Haustür lag, zu St. Enda nach Aran. Vermutlich bestimmte seines Lehrers asketischer Einfluß seinen Wunsch sich als Einsiedler im Burren niederzulassen. Dem Ruf zum Abt-Bischof folgte er nur mit großen, innerlichen Vorbehalten. Zwar gründete und betreute er Kilmacduagh, legte aber sein Amt nieder, sobald er jüngere Kräfte nachgezogen hatte, um in den Bergen, in Oughtmama, ein bescheideneres Kloster zu gründen, in dem er bis zu seinem Tod verblieb.
Die Orte, die die Überlieferung mit Colmán Mac Duach verbindet, sind sehr interessant und landschaftlich überdurchschnittlich schön. Außerhalb des hübschen Dorfes Kinvara, Grafschaft Galway, an der Galway Bay, erhebt sich das stolze Dungory Castle aus dem 16. Jh. (in dem heutzutage den Touristen mittelalterliche Bankette serviert werden) im Ringwall von König Guaires Festung aus dem 6./7. Jh.
Vierhundert Meter nordöstlich davon, auf der Westseite der Straße, liegt Tobermacduagh, St. Colmáns heilige Quelle.
11 km süd-südöstlich breitet sich die Klosterstadt von *Kilmacduagh* aus und bildet eine malerische Silhouette vor dem grauen Kalksteinrücken des Burren. Sie besteht aus sieben Ruinen:

1.) die Kathedrale alias Templemore mac Duagh, aus dem 10. bis 15. Jh., mit einem geraden Türsturz im Westgiebel und einer Darstellung von St. Colmán im Nordtransept.

2.) der 35 m hohe Rundturm aus dem 11./12. Jh., der fast so schief steht wie der Turm von Pisa,

3.) Temple mac Duagh, von dem nur noch Fragmente stehen,

4.) die einfache winzige Kirche von Johannes dem Täufer,

5.) das »Haus des Abts«, ein Turmhaus aus dem 14./15. Jh.,

6.) »O'Hyneskloster«, das die Augustiner im 12./13. Jh. hinstellten,

7.) Templemurray, die Muttergottes-Kirche, aus dem frühen 13. Jh. auf der anderen Straßenseite.

Das Gründergrab, Labbamacduagh, das heute das Grab eines Bischof French (1852) besetzt, befindet sich südwestlich der Kathedrale.
In *Keelhilla,* direkt unter dem steilen Abbruch des höchsten Hügelzuges des Burren, dem Slievecarrin, befindet sich St. Colmáns Einsiedelei. »St. Mac Duach's Bed«, eine »Höhle« aus heruntergerutschten Felsbrocken, »Cill mac Duagh«, ein einfaches Kirchlein, und die heilige Quelle ziehen noch immer die Frommen an. Am Festtag des Heiligen herrscht gewöhnlich ein Verkehrschaos im Burren, weil so viele Menschen an der Wallfahrt teilnehmen. Unter dem Steinhaufen (*cairn*), ca. 400 m südöstlich davon, liegt Colmáns Diener begraben.
Die halbmondförmigen Auswaschungen im Karst, »Bóthar na Mias«, »Der Weg der Schüsseln«, werden seit Menschengedenken als Hufspuren von König Guaires Kavalkade gedeutet, als Beweis für die Wahrheit der Legende!
Zu *Oughtmama,* über dem Weiler Burren, führt ein schmales Sträßchen, das die letzten paar hundert Meter zum Pfad über eine Viehweide wird. Die prächtige Sicht über die weite Bucht von

Kilmacduagh (Clare)

Galway entschädigt für den Aufstieg. Drei kleine einfache Kirchenruinen sind von St. Colmáns Alterssitz übrig. Auf dem Taufstein in der größten werden zwei verschlungene Fabelwesen dargestellt. Hier starb der Heilige und wurde zur Beerdigung nach Kilmacduagh gebracht. St. Colmán Mac Duachs Bischofsstab gehört heute zur Sammlung des *Nationalmuseums, Dublin.*

COLMÁN VON CLOYNE, MAC LÉNÉNÉ (530–606)

24. November

Colmán, Sohn des Lénéné, gehörte zur Königssippe von Munster und war ein Barde höchsten Ranges, Haupthistoriker und -genealoge des Königs von Cashel. Auf welche Art er Bekanntschaft mit St. Brendan, dem Seefahrer, machte, dessen Schüler er in der Mitte, wenn nicht gegen Ende seines Lebens wurde, erzählen mindestens drei Versionen:

a) er lernte ihn durch professionellen Kontakt kennen: sowohl der Barde, als auch der Heilige wurden bei der Nachfolge und Krönung des Königs von Cashel zugezogen;

b) beim Bergen von Diebesgut: Räuber waren mit St. Ailbes Schrein auf einem Schiff geflohen, das unterging. Colmán packte mit an, um ihn heben zu helfen, worauf St. Brendan geltend machte, daß Hände, die eine solch heilige Reliquie berührt hätten, nicht mehr heidnisch bleiben dürften;

c) durch Zufall – wenigstens auf Seiten Colmáns, da St. Ita Brendan das Zusammentreffen vorausgesagt hatte. Brendan begegnete auf dem Weg zu St. Jarlath dem aristokratischen Krieger und Dichter und mag ihn wohl dahin mitgenommen haben. Jedenfalls überzeugte er ihn vom Christentum und taufte ihn. Colmán ließ sich zum Priester ausbilden und gründete in relativ kurzer Zeit einige Klöster.

Cloyne, Grafschaft Cork, zwischen Midleton und Ballycotton, wo heute noch ein Rundturm 30 m hoch aufragt, war seine Hauptgründung. Im 18. Jh. zerschmetterte der Blitz die steinerne Turmkappe; seither trägt er die häßlichen neogotischen Zinnen. Das »Feuerhaus« in seinem Schatten war ein Gebäude im Stil eines *oratory*, in dem, wie in Kildare und Saighir, ein ewiges Feuer brannte.

Colmán blieb ein Wortgewaltiger, der seine Kunst und Bega-

bung auf christliche Hymnen übertrug. Er war der erste irische Kleriker, der mit lateinischen Reimmustern experimentierte – Fragmente sind noch erhalten.
Im 12. Jh. wurde Cloyne Bischofssitz, daher die heute protestantische Kathedrale, die aber durch unsachgemäße Restaurierung und unüberlegte Modernisierung gelitten hat.
4 km südlich von Buttevant, in derselben Grafschaft, zwischen Cork und Limerick findet sich die frühe Ruine von Kilmaclenine, die »Kirche des Sohns von Lénéné«, also von St. Colmán.
Der Hügel von *Killiney*, Grafschaft Dublin, über dem prächtigen halbmondförmigen gleichnamigen Sandstrand sowie das Dorf, haben indirekt mit St. Colmán zu tun. Seine fünf Schwestern, die Inghean Léinín (»die Töchter von Lénéné«) hatten sich am Hügel in ein kleines Kloster zurückgezogen. Auf dem Dorffriedhof steht eine Kirche, deren Hauptschiff und Altarplatz vom Original aus dem 7. Jh. stammen. Der eine Türsturz ist, wie bei ganz alten Kirchen üblich, gerade und besteht aus einem Block, auf dessen Unterseite ein Kreuz eingemeißelt ist. Der Rest gehört ins 12. bis 16. Jh. Das Panorama vom Hügel von Killiney aus über die ganze Bucht von Dublin, zur Halbinsel Howth, und bei gutem Wetter bis zu den blauen Bergen von Mourne in Nordirland, gehört zum besten, was Süd-Dublin zu bieten hat. Es ist leicht nachvollziehbar, warum sich die heiligen Frauen hier niederließen.

COLMÁN VON LINDISFARNE (GEST. UM 672)

8. August

Es ist heute schwer zu verstehen, wie sehr die Osterkontroverse die Gemüter irischer, englischer und römischer Kleriker mehr als hundert Jahre lang erhitzte und wieviel Bitterkeit, Kräfteverschleiß und persönliches Leid damit einhergingen.

Colmán war der Abt, der auf der Synode von Whitby 664, die Interessen von Lindisfarne bzw. der kolumbanischen Klöster zu vertreten hatte, und ihn traf ihr Entscheid besonders hart. In Iona war er auf die nordhumbrische Mission vorbereitet und dann, als Bischof, nach Lindisfarne geschickt worden. Beda Venerabilis betont ausdrücklich, er sei ein fähiger, frommer Mann und guter Abt gewesen, der sich mit Volk und König verstand. Jetzt, nach dreijähriger Tätigkeit, sah er sich gezwungen, seine Ämter niederzulegen.

Zweifellos war die Berechnung des Osterfestes von Bedeutung: das Kirchenjahr baute darauf auf. Die Frage war aber im Laufe der Zeit immer mehr zu einem Politikum geworden, zu einem Machtmittel der römischen Kirche, die die keltische nicht dulden wollte. Rom hatte zu Beginn des 6. Jh.s die reformierte alexandrinische Berechnung angenommen, von der sich der Süden Irlands ab ca. 630 überzeugen ließ. Nur der Norden, unter Führung von Iona hing weiter der alten an. König Oswy hatte persönliche Gründe, die Berechnung zu vereinheitlichen, feierte doch seine Gemahlin aus dem römisch orientierten Kent Palmsonntag, wenn er das Osterfest beging! Ihm war an einer schnellen und endgültigen Regelung gelegen und er lud 664 zu einer Synode, auf der der ehemalige Schüler von Lindisfarne, Wilfrid, eine entscheidende Rolle – gegen sein altes Kloster – spielen sollte.

Wohl war Wilfrid, wie alle Sachsen, nach St. Aidans Prinzip gratis ausgebildet, gekleidet und verköstigt worden, kam aber eben nach längerem Aufenthalt von Rom, wo er alles Keltische als rückständig verachten gelernt hatte. Er warf sich mit der Vehemenz des Neubekehrten in die Debatte, wobei er vor allem mit den Behauptungen operierte, die neue Berechnung sei von Petrus eingesetzt und von der ganzen Christenheit, außer diesen Inseln am Rande Europa, angenommen. Er pochte auf Roms absolute Autorität, die sich vom Christuswort »Du bist der Fels« herleitete.

An dieser Stelle fragte König Oswy, ob Iona eine gleiche Machtfülle vorzuweisen habe, was natürlich verneint werden mußte. Nachdrücklich ließ er sich versichern, daß beide Seiten Petrus als Wahrer der Himmelsschlüssel anerkannten, um dann zu bekennen, daß er nicht wage, sich dem Hüter des Himmelstores entgegenzustellen, aus Furcht, dereinst von ihm ausgeschlossen zu werden. Mit diesem Argument, das mit der Prüfung der Methode der Osterberechnung nun wirklich nichts mehr zu tun hatte, setzte er sich, als Laie, über den Einspruch zweier Bischöfe hinweg – die Annahme der römischen Berechnung war beschlossen.

Ironischerweise unterschied sich die kolumbanische Osterberechnung, ein direkter Import aus dem Vorderen Orient, der keinerlei Reform mitgemacht hatte, am wenigsten von derjenigen der ersten Päpste!

Mit einem irischen Kontingent und dreißig englischen Mönchen, die sich mit der neuen Berechnung auch nicht befreunden konnten, zog Colmán in den hintersten Westen Irlands, weitab von der Einflußphäre Roms, und gründete auf Inishbofin ein Kloster. Eine weitere Enttäuschung sollte ihm nicht erspart bleiben – die Iren und die Sachsen gerieten sich in die Haare bzw. in die kolumbanischen Tonsuren. Die aus England beklagten sich, daß die »Scoti« nur lernten und beteten, während sie sich auf den Äkkern abrackerten, um die Lebensmittel für den Winter zu beschaffen, und die Iren ihnen mangelnde Spiritualität und zuwenig Gottvertrauen vorwarfen. Ein klassischer Fall von aktiver versus kontemplativer Kirche! Colmán war klug genug, die Unvereinbarkeit der beiden Haltungen einzusehen und zog zum zweiten Mal aus. Weiter nördlich gründete er für die Engländer das Kloster Mayo, »Mag nEo na Sachsa«, das auf dem Kontinent ein Begriff wurde und bis zur Reformation überdauerte. Colmán kümmerte sich bis zu seinem Tod, 670, um die Leitung beider Häuser.

Inishbofin, in der malerischen Bucht von Cleggan, Grafschaft Mayo, verschwindet nach 900 aus den Annalen. Am Strand, einige Schritte vom Hafen, finden sich die Reste von St. Colmáns irischem Kloster: eine formlose Kirchenruine, ein *bullaun* (Klostermühle) und ein paar verfallene Bienenkorbhütten in den Dünen.

Auf *Caher Island,* in derselben Bucht, stehen zwei Steinplatten mit ungewöhnlichen Kreuzverzierungen, wie sie für Lindisfarne typisch sind.

Die erfolgreiche englische Enklave von *Mayo* dehnte ihren Namen auf die ganze Grafschaft aus. Heute sind 5 km südlich von Balla zwischen Castlebar und Claremorris die Häuser eines gleichnamigen, ärmlichen Weilers über den alten Klostergrund verteilt, den noch wenigstens andeutungsweise die alten Klosterwälle umfassen. Zwischen den Gebäuden stehen allerlei Fragmente des Augustinerklosters herum, das 1370 St. Colmáns englische Gründung übernahm.

COLMCILLE/COLUMCILLE/COLUMBA VON IONA
(7. DEZEMBER 521–9. JUNI 597)

9. Juni

St. Columcille steht, zusammen mit St. Patrick und St. Brigid, im Rang eines Nationalheiligen, genießt aber seiner Gründung Iona wegen auch große Verehrung in Schottland. Er ist ein Heiliger nach dem Herzen der keltischen Völker, denn, obwohl Adamnán die Güte und Milde des alten Columcille besonders betont, verkörpert er im Jugend- und Mannesalter hauptsächlich das Ideal des keltischen Krieger-Aristokraten, das er, wie kein zweiter, mit der Rolle des christlichen Gottesstreiters verband.

Die Ankündigung seiner Geburt hat etwas von einem triumphalen Fanfarenstoß; die Vita von Lismore bemüht keine geringeren als St. Patrick, St. Mochta, St. Búithe, Bischof Eoghan von Ardstraw und sicherheitshalber auch den königlichen Druiden Béc Mac Dé von Kells, um die Ankunft des »Kindes aus dem Norden« und seine Wundertaten vorauszusagen.

Columcille stammt aus dem Hochadel, ein Umstand, den die Heiligenleben dem Leser nicht oft genug unter die Nase reiben können. Sein Vater Fedhlimid war der Urgroßenkel des sagenhaften Kriegerkönigs Niall Nóigiallach, »Niall der Neun Geiseln« (um 379 n. Chr.), der Tara für die O'Neill besetzte und die walisische Küste mit seinen Raubzügen terrorisierte. Die Mutter, Eithne, war Nachfahrin elften Ranges der Könige von Leinster und blutsverwandt mit den Regenten der Irenkolonie von Schottland, Dalriada.

Vor der Geburt wurde ihr folgende Vision zuteil: Ein Engel schenkte ihr einen in allen Regenbogenfarben schimmernden Mantel, nahm ihn ihr aber zu ihrem großen Kummer sogleich wieder weg. Während eine himmlische Stimme sie tröstete, wirbelte der Mantel hoch in die Lüfte, dehnte sich unermeßich und

senkte sich Länder, Flüsse und Berge bedeckend wieder zur Erde.
Eithne vermochte wohl, dank ihrer druidischen Schulung, den Traum als Hinweis auf die Größe ihres Sohnes vor Gott und den Menschen zu deuten; er würde ein riesiges Territorium beherrschen. Am 7. Dezember 521 kam Columcille in Gartan, Grafschaft Donegal, zur Welt. So wie ein, zwei Generationen zuvor ganz allgemein junge Adlige von Druiden erzogen wurden, so bekam er einen Nachfolger der Druiden, den Priester Cruithnechán zum Ziehvater, der sich um seine Erziehung zu kümmern hatte.
Aber auch der Christenpriester kam nicht ganz ohne den Stand der Professionellen aus: Er suchte den berühmtesten Wahrsager auf, um sich den günstigsten Augenblick für den Beginn des Unterrichts geben zu lassen. Nachdem dieser den Himmel nach Zeichen abgesucht hatte, empfahl er, sogleich anzufangen, und dem Kind ein mit einem Alphabet verziertes Kuchenbrot zu geben. Der Kleine verzehrte es mit Begeisterung »halb östlich vom Wasser, halb westlich vom Wasser«, d. h. vermutlich, von der einen Seite eines Bächleins auf die andere hüpfend. Daraus schloß der Seher auf sein zukünftiges Territorium, das zur Hälfte östlich der See (in Schottland) und zur Hälfte westlich davon (in Irland) liegen werde.
Columcille muß ein aufgeweckter Junge gewesen sein, dem das Lernen leicht fiel. Als sein Lehrer einen Bischof beim Gottesdienst vertreten sollte und vor lauter Scheu kein Wort herausbrachte, sang das Kind, zur Verwunderung aller, den Psalm für ihn.
Er muß noch sehr jung gewesen sein, als er seinen Ziehvater auf einem Krankenbesuch begleitete, dieser ausrutschte, hinschlug und tot liegenblieb, weil er gar nicht begriff, daß der Mann nicht nur schlief. Er legte ihm seinen Mantel als Kopfkissen unter und wartete auf sein Erwachen, indem er mit klarer Stimme seine Lektionen aufsagte. Das konnten die frommen Frauen im 2,5 km ent-

fernten Kloster hören; ihnen war die Situation sofort klar. Bekümmert baten sie das Kind, Cruithnechán zu erwecken, was dieses in aller Selbstverständlichkeit tat, indem es ihn beim Namen rief.
Die *Vita* schließt mit diesem Wunder die Kindheit Columcilles ab, denn jetzt »stellt er sich in den Dienst des Herrn der Elemente«, Christus, wobei er sich, wie der Adlige, der sich seinem König unterstellt, drei Begehren, Keuschheit, Weisheit und die Pilgerschaft um Christi Willen, erfüllen läßt.
St. Finian von Moville, der in seinem Leben noch eine entscheidende Rolle spielen sollte, wird sein nächster Lehrer, in dessen Kloster er mit der gleichen Selbstverständlichkeit des geborenen Heiligen Wasser in Meßwein verwandelte.
Darauf studierte er in Leinster beim alten Barden Gemmán, einem Mitglied der Druidenklasse also, was heute Geschichts- und Literaturwissenschaft entspräche, womit er sein Interesse am überlieferten Wissen, an Mythologie und Genealogie bewies. Die *Vita* erwähnt aus dieser Zeit nur eine, aber eine sehr charakteristische Episode. Ein Wüstling verfolgt ein junges Mädchen, das sich zu den beiden Barden flüchtet. Schutz zu gewähren gehörte zu den Vorrechten der Druiden, die die Heiligen übernahmen. Sie werfen die Mäntel über die Verfolgte, aber ihr Verfolger kümmert sich nicht um das Asylrecht, und tötet das Mädchen zu ihren Füßen. Columcille reagiert, wie jeder mißachtete Druide, und verflucht den Mann derart, daß er tot umfällt. Dieses Gebaren behält er das ganze Heiligenleben bei: Missetäter, Räuber, Mörder, habgierige Könige, »Verfolger der Unschuld und der Christenheit«, Uneinsichtige und Undankbare, sogar ein wilder Eber, bekommen auf diese Art seinen heiligen Zorn zu spüren.
Bei St. Finian von Clonard bildete er sich als einer der »12 Apostel Irlands« weiter, wobei er mit Brendan von Birr, Brendan von Clonfert, Ciarán von Clonmacnois und Cainnech von Aghaboe in besonders enge Beziehung trat.

Die Studenten wohnten auf dem mauerumzogenen Klosterareal in selbsterrichteten Flechtwerkhütten – den Standort bestimmte der Abt. Finian hieß Columcille die seine neben den Kircheneingang stellen; wie er sie jedoch inspizieren wollte, fand er sie ein gutes Stück abgerückt. Ungehalten stellte ihn der Abt zur Rede, aber Columcille versicherte ihm, daß das Kloster so wachsen würde, daß der Ort in kurzer Zeit der Tür der vergrößerten Klosterkirche entspräche.

Columcille war der einzige, der keinen Grund hatte, Ciarán von Clonmacnois, dem St. Finian die Herrschaft über halb Irland versprochen hatte, zu beneiden, denn der Abt sah in einer Vision einen goldenen und einen silbernen Mond aus Clonard aufsteigen – der eine blieb über dem Süden Irlands, Clonmacnois, der andere über dem Norden, Iona, stehen.

Columcille, Prinz von königlichem Blut, außerdem aus dem Kreis der zum Hochkönig Wählbaren, gehörte in seiner Jugend nicht zu den Bescheidenen. Laut *Vita* nahmen sogar die Engel Rücksicht auf seine vornehme Abstammung, denn, wenn die Reihe an ihn kam, das Korn für seine Mitstudenten zu mahlen, vertraten sie ihn »seiner adligen Abkunft wegen«. Bei Ciarán von Clonmacnois taten sie es wenigstens um seiner Tugenden willen! Adamnán berichtet zwar, daß der Heilige auf Iona Mönchen und Fremden persönlich die Füße gewaschen habe, und viele Episoden handeln von seinem liebevollen Engagement für die Armen, Einfachen, Kranken und Schwachen, aber das müssen bewußte Übungen in Demut und Bescheidenheit gewesen sein, denn als junger Mann war er ein Snob.

Als ihn Finian von Clonard zur Ordination zu Bischof Etchen von Clonfad schickte, fand er den Kirchenmann auf dem Acker, beim Pflügen mit den Ochsen. Columcille war wenig erbaut davon, von einem Bauern zum Priester geweiht zu werden. Er hätte es auch angebrachter gefunden, diese Stufe zu überspringen und gleich zum Bischof aufzusteigen!

Die nächste Station machte Columcille mit Comgall von Bangor,

Ciarán von Clonmacnois und Cainnech von Aghaboe bei Mobhi in Glasnevin im heutigen Dublin. Der Aufenthalt sollte kurz werden: die Furcht vor dem »gelben Fieber«, das um 545 Europa und Britannien entvölkerte, zerstreute die Freunde bald darauf in alle Winde. Kurz davor bewunderten sie Mobhis neue Kirche und unterhielten sich darüber, womit sie sie am liebsten angefüllt sähen. Die Antworten sind typisch: Ciarán wünschte sich den Raum voller Gläubigen, Cainnech voller Bücher, Comgall, in seinem übersteigerten Hang zur Askese, voller Krankheiten, um seinen Körper zu züchtigen, und Columcille voller Gold und Silber, um Reliquienschreine anzufertigen.

Sein ganzes Tun und Trachten war damals also schon auf die Tätigkeit gerichtet, die ihn die nächsten 15 Jahre beschäftigen sollte: das Gründen von Klöstern und Kirchen in einem geschlossenen Netz durchs ganze O'Neill-Territorium, von Derry bis Durrow.

Dabei war ihm seine königliche Abstammung allerdings eine unschätzbare Hilfe: er wußte, wie er die größeren und kleineren Territorialherren zu behandeln hatte, um ihre Unterstützung, Land und die nötigen Mittel zu gewinnen. *Das Buch von Lismore* spricht von 300 Kirchen, die er mit 300 selbstgefertigten Evangelienbüchern versorgt haben soll. Das dürfte zwar dieselbe dichterische Freiheit sein, die die Patriarchen Hunderte von Jahren leben läßt, aber noch heute stehen in Irland und Schottland die Reste von gut drei Dutzend Gründungen.

Dann, plötzlich, im Alter von 42 Jahren, verließ dieser erfolgreiche Kleriker seine Heimat und wandte sich der Mission von Schottland und Piktland zu. Adamnán und mit ihm die meisten Heiligenleben, schreiben dies dem schon früher geäußerten Wunsch zur Pilgerschaft zu, aber andere Quellen machen klar, daß diesem Wunsch von den Umständen nachgeholfen wurde. Was Adamnán verschweigt, ist, daß der Heilige sich etwa um diese Zeit, mit dem Hochkönig Diarmaid Mac Cerbhaill überwarf. Die Episode aus Gémmans Zeiten wiederholt sich: Curnán, der Sohn des Königs von Connacht hatte beim Hockeyspiel den Sohn des hochköniglichen Verwalters erschlagen und floh zu Columcille, aber auch Diarmaid respektierte das Asylrecht nicht – der Junge wurde weggeschleppt und hingerichtet. Columcille war außer sich.

Um 560 besuchte er seinen alten Lehrer, den Abt von Moville, der als großen Schatz von der Romreise die Psalmen in Hieronymus' Übersetzung mitgebracht hatte. Bücher waren in Irland eine Seltenheit und übten auf die Kelten, die bis vor wenigen Generationen alles der mündlichen Überlieferung anvertraut hatten, einen ungeheuren Zauber aus. Sie stellten eine direkte Verbindung zu den Augenzeugen Christi und den Kirchenvätern her, die jeder, der lesen konnte, für sich allein, beliebig oft und an jedem Ort herstellen konnte! Alle Heiligen waren Büchersammler und -kopierer. Oft war eine solche Abschrift die erste Reliquie, um die sich ein neues Kloster bildete. Für Columcille waren Bücher direkt eine Leidenschaft. Sofort bat er St. Finian, den Psalter abschreiben zu dürfen – was dieser ihm jedoch abschlug. So schrieb er das Buch eben nächtlicherweile heimlich ab, wobei ihn der Abt ertappte, und streng die Herausgabe der Kopie forderte. Darauf ging Columcille nicht ein, und die beiden sahen sich vor dem Hochkönig wieder – Diarmaid Mac Cerbhaill, derselbe, der den Heiligen unlängst beleidigt hatte. Nach keltischem Recht, das mit Analogien arbeitete, war sein Spruch klug und gerecht: »Zu jeder Kuh das Kalb, zu jedem Buch das Büchlein.« Columcille müsse die Kopie zurückgeben. Columcille soll ihm, nicht eben beherrscht, an Ort und Stelle Rache geschworen haben. Und dann, nicht lange danach, fand die Schlacht von Cul Dreimne statt, bei der die gesammelten Streitkräfte der nördlichen O' Neill, wie es heißt, auf Columcilles Anstiften, auf die Truppen des Hochkönigs losgingen, und der Sieg, wie die Annalen von Ulster notieren, Columcilles Gebet zu verdanken war. Aber was für ein Sieg! – 3000 Tote auf seiten Diarmaids!

Adamnán erwähnt, verständlicherweise, die Schlacht mit keinem Wort. Es ist aber anzunehmen, daß die von ihm angedeutete Exkommunikation des Heiligen in Teltown, deren Ursache der Biograph mit soviel Vehemenz zu verharmlosen sucht, damit in Zusammenhang steht.

Die nächsten zwei Jahre suchte Columcille jedenfalls ruhelos einen Heiligen nach dem anderen auf, vermutlich um herauszufinden, wie er seine Schuld sühnen könne. Der Legende nach machte ihm ein Engel schließlich das Angebot, daß ihm verziehen würde, wenn er ebenso viele Seelen für Christus gewinnen könne, wie Gefallene auf dem Schlachtfeld blieben. Columcille hätte daher zur Buße seine geliebte grüne Insel verlassen.

Eine Rolle spielte sicher auch, daß die Irenkolonie von Dalriada zu dieser Zeit von den heidnischen Pikten hart bedrängt wurde – ein Mann von Columcilles Fähigkeiten und Prestige konnte ihre Zukunft entscheidend beeinflussen.

So setzte Columcille um 563 die Segel von Derry nach Schottland, nach dem Muster der Apostel, mit zwölf Gefährten, sagen die einen *Viten*, mit der Belegschaft eines ganzen Klosters die anderen. Sein Cousin Conaill, König der Irenkolonie, soll ihm die Insel Iona geschenkt haben, bei seiner schwindenden Macht ein eher theoretischer Akt. Opposition bei der Landung kommt von zwei Klerikern, aber durch göttliche Eingebung weiß Columcille, daß sie »keine echten Bischöfe« sind und wirft sie seinerseits hinaus.

Der Mann, der auf den schottischen Inseln das Sagen hatte, war der Piktenkönig Bruide: Columcille, zusammen mit St. Comgall und Cainnech, die beide piktisch sprachen, und einigen Mönchen suchten ihn, sobald sie sich eingelebt hatten, in seiner Festung in Inverness auf. Die Reise führte durch wildes Gebirge, hervorragend geeignet für Hinterhalte jeder Art, aber dem Trüppchen Kleriker geschah nichts. Vor der Festung sammelte Columcille seine Brüder um sich und hieß sie die Vesper singen, während Bruides Druiden ihr Bestes taten, sie zum Schweigen zu bringen. So provoziert, erhob sich Columcille zu seiner vollen Größe, und donnerte den 46. Psalm mit so viel Kraft, daß die Pikten erschraken und Bruide sich verbarrikadierte. Auf das Kreuzzeichen hin taten sich jedoch die schweren Türflügel von selbst auf, was den Piktenkönig so beeindruckte, daß er Columcille höflich anhörte. Daß er sich bekehren ließ und dem Heiligen in lebenslanger Freundschaft ergeben war, wie Adamnán berichtet, entspringt eher dem Wunschdenken des Biographen. Piktland blieb gefährlich; Columcille mußte auf Mordanschläge gefaßt sein. Einmal bewahrte ihn nur ein Wunder und die Treue eines Gefährten vor einer Piktenlanze. Raub, Totschlag, Körperverletzung, Seuchen und Krankheiten gehörten zur Tagesordnung. Wilde Tiere gab es auch, u. a. das Loch-Ness-Monster, das dem Heiligen gehorcht und von seinem Mönch abläßt, »obwohl nicht einmal mehr die Strecke eines Ruders zwischen ihm und dem Untier war«. Columcilles beste Politik blieb, den Adel, speziell die Druiden, und den König durch Wunder in Atem zu halten.

Eine spezielle Auseinandersetzung stand ihm mit Broichan, König Bruides Pflegevater und Druide bevor. Der dachte nicht daran, auf Columcilles Geheiß seine irische Sklavin frei zu lassen. Der Heilige bedroht den Widerspenstigen vor dem König mit einem plötzlichen schlimmen Tod, dreht sich auf dem Absatz um, und verläßt die Festung. Am Fluß wartet er mit seinen Gefährten die Ereignisse ab, die er ihnen hellsichtig beschreibt. Ein Engel hat soeben den halsstarrigen Druiden geschlagen, so daß sein Glaskelch zerspringt, und er röchelnd, halbtot zurückbleibt. Wie der Heilige voraussagt, erscheinen auch schon Bruides Boten, denen Columcille einen kleinen gesegneten Stein mitgibt. Sobald die junge Frau frei ist, schwimmt dieser »gegen die Naturgesetze ... wie eine Nuß, oder ein Apfel im Wasser«. Dieses heilt den Druiden sofort.

Unbelehrbar fordert Broichan später den Heiligen heraus, indem er ihn durch Sturm und Dunkelheit an der Abfahrt hindern will. Schon frohlockt er, wie der Himmel immer dräuender, der Wind immer heftiger wird, und die Wellen höher schlagen, aber Columcille setzt sich voll Gottvertrauen, in Christi Namen, in sein kleines Boot, das dann bei angenehmer Brise den Hafen ansteuert.

Die nur stellenweise fruchtbare sturmgepeitschte Insel Iona verlangte von den Mönchen harten Einsatz, wollten sie das Kloster, inklusive Studenten, Armen und Kranken, ernähren und kleiden. Columcille handelte nach dem Prinzip der Hilfe zur Selbsthilfe – ein Räuber wurde mit Nahrungsmitteln versorgt, so daß er nicht-mehr zu rauben brauchte, und für einen Bettler spitzte er eigenhändig einen Pfahl zu, den sein Segen für Menschen und Haustiere ungefährlich machte, wilde Tiere dagegen anzog, so daß der Mann sich und seine Familie vom Verkauf des Wildbrets ernähren konnte.

Wie hoch Columcilles Prestige in diesen Jahren gestiegen war, zeigt sich darin, daß er sich nach dem Tod von König Conaill in die Nachfolge von Dalriada einmischen und sogar aus Staatsraison einen unbeliebteren, ihm weniger sympathischen Kandidaten auf den Thron setzen konnte. Adamnán wälzt die Verantwortung für diesen Schritt auf die göttliche Vorsehung ab. Dreimal erscheint Columba ein Engel und läßt ihn im »gläsernen Buch der Königsnachfolge« lesen. Darinnen stand statt Logenans Name derjenige seines Bruders Aidan. Columcille zögerte angeblich, worauf der Engel die Hand ausstreckte und ihn schlug, so daß das Brandmal bis an sein Lebensende an seiner Seite sichtbar blieb. Er persönlich krönte den neuen König von Dalriada auf seiner Insel Iona, womit er seine Rolle als graue Eminenz betonte.

Entgegen populärer Auffassung galt für ihn kein Verbot, irischen Boden zu betreten. Mindestens zehnmal hielt er sich in Irland auf, um bei seinen Klöstern nach dem Rechten zu sehen oder Konferenzen mit Fürsten und Königen zu besuchen. Bei der »Zusammenkunft der Könige« von Drum Ceatt, im heutigen Nordir-

land, ging es unter anderem auch um die Barden Irlands. Seit die Kirche die Priester- und Magierfunktion der Druiden nicht mehr duldete, war die Klasse der Dichter (*fili*) und Historiker/Genealogen (*bardi*) enorm angeschwollen und hatte viel vom Wissen und Ansehen der obersten Druidenklasse übernommen. Ihr Einfluß hing allein von ihren Lobgedichten oder Satiren ab. Was ehemals ein Mittel war, den Adel positiv zu beeinflussen, war im Begriff, in Erpressung auszuarten.
König Aedh Mac Anmire vom irischen Dalriada war für die radikale Abschaffung der Barden und all ihrer übersetzten Privilegien. Columcille, der nicht nur über eigene Erfahrung verfügte, sondern die Wichtigkeit der Überlieferung richtig einschätzte, machte ihn darauf aufmerksam, daß die Schätze, die die Dichter einheimsten, nur materiell, die Produkte ihrer Kunst hingegen unvergänglich seien. Aedh ließ sich überzeugen; die Bardenklasse als Institution war gerettet. Allerdings sah Columcille zu, daß die gröbsten Auswüchse beseitigt wurden. Dallan Forgaill, *Ollamh*, Oberdichter Irlands, komponierte zum Dank eine Lobeshymne auf den Heiligen, die eine komplizierte dunkle unübersetzbare Sprache ausgezeichnet, und die noch erhalten ist.
Der Abt von Iona wurde 76 Jahre alt. Adamnán übertrifft sich selbst beim Schildern seiner letzten Tage. Columcille gehörte wohl zu den Menschen, die plötzlich altern. Vier Jahre zuvor hatten ihm Engel das Ende angekündigt, sich aber von den Gebeten von Columcilles Freunden und Verehrern erweichen lassen. Sie schoben seinen Todestag auf, und versprachen ihm, ihn ohne Krankheit zu sich zu nehmen.
Jetzt, im Mai, brachten die Brüder den alten Mann im Wagen auf die andere Inselseite, wo die Felder bestellt wurden. Er gestand ihnen, daß er eigentlich gern an Ostern von ihnen gegangen wäre, ihnen aber das Fest der Auferstehung nicht verderben wollte. Von jetzt an sah er öfter, und jedesmal in aufgeregter Freude, Engel, die ihm Botschaften brachten. Am Samstag dieser Woche

machte er noch einmal die Runde im Kloster, und segnete besonders die Scheune, erleichtert darüber, daß der Kornvorrat für ein Jahr reichte. Allein seinem Diener Diarmaid vertraute er an, daß dieser Sabbat wortwörtlich sein Tag der Ruhe sei, denn er werde zur ewigen Ruhe eingehen.

Zwischen Scheune und Kloster setzte sich der vom Alter Gebeugte an den Wegrand, um ein bißchen zu verschnaufen, als sein altes, weißes Packpferd, das seit Jahren die Milch vom Stall zum Kloster gebracht hatte, erbärmlich wiehernd den Kopf an seine Brust legte und die Tunika des Heiligen mit Tränen und Schaum volltropfte. Diarmaid wollte es verscheuchen, aber Columcille gab ihm zu bedenken, daß er, ein denkender Mensch, nichts wissen könne von seinem bevorstehenden Tod, während dieses unvernünftige Tier durch seinen Schöpfer vom Ableben seines Meisters erfahren habe! Er segnete das alte Pferd, das sich traurig abwandte. Mit Mühe erstieg er ein Hügelchen, um das Kloster noch einmal zu überschauen, segnete es mit ausgebreiteten Armen und prophezeite, daß es sowohl von irischen Königen und Völkern, als auch von fremden und barbarischen Nationen und den Heiligen anderer Kirchen in hohen Ehren gehalten werden würde. In seine Zelle zurückgekehrt, beschäftigte er sich mit dem Abschreiben des 34. Psalms. Beim Vers »Wer aber den Herrn suchet, dem mangelt kein Gut« hielt er inne mit den Worten »hier, am Ende der Seite muß ich aufhören. Baithne soll weiterfahren« – Baithne war sein Nachfolger. Am Sonnabend machte er die Vigilien, die den Sonntag einleiten, mit, und legte sich dann für den Rest der Nacht auf sein Lager – eine nackte Steinplatte mit einem Stein als Kopfkissen, seinem zukünftigen Grabstein.

Einzig sein Diener hörte seine letzten Worte, die an die ganze Gemeinde gerichtet waren. Er beschwor die Mönche, in Frieden und Liebe zusammenzubleiben, und sich so Gottes Hilfe und eine Fürbitte zu sichern. Bis zum Mitternachtsläuten schwieg er. Dann erhob er sich hastig, lief in die Kirche, »schneller als die anderen«, traf als erster ein und kniete am Altar nieder. Diarmaid sah aus einiger Entfernung die Kirche von einem himmlischen Licht erfüllt, das schnell abnahm. Im Dunkeln tastete er sich zu dem alten Mann, den er ausgestreckt vor dem Altar liegend fand und bettete dessen Haupt an seine Brust. Während die Mönche klagend Licht herbrachten, öffnete Columcille mit einem Ausdruck der Freude und des Staunens noch einmal die Augen weit, und segnete seine Gemeinde mit einer schwachen Geste, bevor er den letzten Atemzug tat.

In dieser Nacht wurden, sowohl in Irland als auch in Schottland, hellglänzende Lichter und Feuersäulen am Himmel beobachtet.

Heute wird kaum mehr bezweifelt, daß das Psalmenfragment, das die O'Donnell in einem kostbaren Schrein als Talisman in die Schlacht mitführten, der sog. »Cathach«, aus Columcilles Feder stammt – es könnte mit der fatalen Abschrift von Moville identisch sein. Das Manuskript befindet sich in der *Royal Irish Academy/Dublin.*

Die Gründungen des Heiligen können nur auswahlweise vorgestellt werden.

Seine Kindheits- und Jugendjahre spielten sich um das romantische *Lough Gartan,* 9,5 km südwestlich von Kilmacrenan in der Grafschaft Donegal ab. Gartan selbst war sein Geburtsort. Die Steinplatte, 4 km von Church Hill, auf dem Westufer, soll den genauen Punkt festlegen. Das moderne Kreuz hat dieselbe Funktion.

Die Gegend um Kilmacrenan hieß »Doire Eithne«, nach den ausgedehnten Eichenwäldern seiner Mutter. Hier stand ein sehr frühes Kloster, in dem Columcille beim Priester Cruithnechán das Abc lernte. Vielleicht war es das Klosterkirchlein, das ihm, weil er es so häufig besuchte, bei seinen Altergenossen den Spitznamen »Colum-cille«, »Taube der Kirche« einbrachte.

Die Kirchenruine über dem See steht inmitten des alten Friedhofs, der Columcilles erste Gründung markiert, und die sich die O'Donnell von Tyrconnel zum Begräbnisplatz erkoren. Das alte schiefe Granitkreuz dürfte vom ursprünglichen Kloster stammen. Viele Auswanderer besuchen diesen Ort und die heilige Quelle weiter unten am Hang, da sie in Columcille, der das Exil um Christi Willen auf sich nahm, ihren Schutzpatron verehren.

Derry (Grafschaft Derry) von 546, in Nordirland, war das erste Kloster außerhalb der engeren Heimat. Cousin Aedh Mac Anmire stellte ihm eine seiner königlichen Festungen zur Verfügung, an deren Hang »Doire Calgaich«, der »Eichenwald des Calgach« lag. Vielleicht war dies der letzte residierende Druide – der Überlieferung nach war der Wald jedenfalls ein heiliger Hain. Für Columcille war es ganz natürlich, eine Stätte des alten Wissens im Gewand des neuen Glaubens auferstehen zu lassen. Ein solcher Gedanke muß seiner Handlungsweise zu Grunde gelegen haben: er brannte die Festung, das von Menschenhand Geschaffene, mit allem Drum und Dran nieder – inklusive Lebensmitteln – d.h., er reinigte sie durch Feuer, dämmte dieses aber mit einem mächtigen Zauberspruch ein, so daß es nicht auf die Eichen, die von der göttlichen Schöpfung zeugten, übergreifen konnte.

Der Straßenname »Long Tower Street« in Derry, südwestlich von Bishop's Gate, erinnert an den Rundturm, der einst auf dem Klosterareal stand. Heute breiten sich die St. Columba Kirche und ein Friedhof darauf aus. Ein doppelter *bullaun*, eine Handmühle, das einzige Überbleibsel des Klosters, dient einem Grabmal als Fuß. Derry wurde das wichtigste Kloster auf dem Festland des nördlichen Irland, an dem Columcille mit großer Liebe hing:

> Der Grund warum ich Derry liebe
> ist sein Friede, seine Reinheit,
> Denn angefüllt ist es, voll heller Engel
> von einem End' zum andern.

Drumceatt, wo Columcille die Partei der Dichter ergriff, ist mit dem *Hügel von Mullagh* alias *Daisy Hill,* im heutigen Roe Valley County Park, ca .1,5 km südlich von Limavady, Grafschaft Derry, identifiziert worden. Es handelt sich um einen auffallenden, aber natürlichen Hügel.

Weitere topographische Punkte wurden nach dem Heiligen benannt; z. B. »Columcilles Lough«, der See, 2,5 km östlich von Milford, Grafschaft Donegal, oder »Columcilles Seat«, der Felsensitz auf dessen Nordufer. Ein ganzes Tal inklusive Dorf im äußersten Südwesten Donegals trägt den Namen des Heiligen. *Glencolumcille,* das bis vor wenigen Jahrzehnten ganz weltabgeschieden lag, ist allein schon landschaftlich empfehlenswert.

Der Heilige zog sich hierher, der Ortslegende nach, in die Einsamkeit zurück, nicht ohne jedoch jene Dämonen aus dem Tal zu vertreiben, die sich vor St. Patrick versteckt hatten. Diese Dämonen gleichen verdächtig dem Feindbild der Druiden, das christliche Schreiber sehr viel später zu entwerfen pflegten. Sie hüllten sich nämlich in undurchdringlichen Nebel, und produzierten einen feurigen Grenzfluß. Außerdem warf einer von ihnen mit einer Lanze nach Columcille, wie man aus der *Vita* weiß, eine beliebte Art unter den Heiden, einen Heiligen aus der Welt zu schaffen. Obendrein bestand die Lanze aus Stechpalmenholz, das den Druiden heilig war.

Ein Engel brachte Columcille einen grünen Stein, der noch immer im Tal aufbewahrt wird, und gebot ihm, diesen, nebst seiner Glocke, den fliehenden Dämonen nachzuwerfen, worauf sie sich in Fische verwandelten, eine rotgetupfte, einäugige Flunderart, die sich noch heute in der Bucht tummeln soll.

Es heißt, der Heilige habe das ganze Tal zum Asyl erklärt, noch ehe sein Kloster im heutigen Dorf entstand. In diesem landschaftlich reizvollen Bergtal verteilen sich 15 Pilgerstätten, die ein Pfad von gut 5,5 km miteinander verbindet. Noch heute begehen ihn Menschenmengen am 9. Juni, dem Festtag des Heiligen.

Die wichtigsten Stationen sind:

a) westlich vom Kirchhof der St. Columcille-Kirche, die auf dem alten Klostergrund steht, ein vorchristliches Steinhaufengrab;
b) weiter westlich, ein sehr schön behauener Kreuzstein;
c) am Hügelhang, auf einem kleinen Absatz, »Mullach na Croise« (Kreuzeshöhe), ein aufrechtstehender Kreuzstein und »St. Columcille's Chapel«, die Ruine einer winzigen frühen Kirche. Die Felsplatte in der Nordwestecke ist »St. Columcille's Bed«;
d) der Fels weiter oben am Hang, in der Form eines Thronsessels heißt »St. Columcille's Chair«;
e) auf dem kleinen Sattel weiter oben türmt sich ein riesiger rechteckiger Steinhaufen um die heilige Quelle, das jahrhundertalte Resultat der drei Steine, die jeder bußeshalber während der Prozession den Berg hochschleppen muß. Ein ansässiger Künstler hat aus einfachsten, modernen Materialien einen Schrein mit einer eindrücklichen Figur Columcilles gestaltet. Es ist eine originelle Darstellung, eine Wohltat im Vergleich zu den üblichen genormten Heiligen aus Gips.

In *Ray*, 4 km nordöstlich von Gortahork (Grafschaft Donegal), auf dem Boden vor der spätmittelalterlichen Kirchenruine, die das kolumbanische Kloster Moyrat bezeichnet, liegt ein großes massiges halbfertiges Hochkreuz, das der Heilige eigenhändig aus dem Muckish herausgehauen haben soll.
Das irischsprachige *Tory Island*, die man vom Pier von Magheraroarty per Postschiff erreichen kann, rühmt sich eines frühen kolumbanischen Klosters mit Rundturm, Kirch- und Hochkreuzfragmenten. Das 2 m hohe T-Kreuz (Tau-Kreuz) ist eine Seltenheit. Tory Island war ein druidischer Außenposten. Vermutlich hat das Kloster die Verwünschungssteine, die hier aufbewahrt werden, oberflächlich christianisiert. Verwünschungssteine, zusammen mit den richtigen Gebeten, konnten Unheil

auf Gegner herabrufen, denen sonst nicht beizukommen war. In die Geschichte eingegangen ist der Fall, als sie gegen das britische Marineboot »Wasp« »gedreht« wurden. Polizei und Truppen sollten landen, weil die Inselbewohner seit langem weder Pacht noch Steuern bezahlt hatten: aus heiterem Himmel erhob sich ein höllischer Sturm, und die »Wasp« war binnen Stunden ein Wrack!

Drumcliffe ist das berühmteste kolumbanische Kloster in der Grafschaft Sligo, da William Butler Yeats (1865–1939), der größte Dichter der keltischen Renaissance, auf dem Friedhof begraben liegt. Sein Großvater war hier protestantischer Pfarrer gewesen, und Yeats wünschte, nach eigener Formulierung, unter »bare Ben Bulben's Head«, »dem kahlen Haupt Ben Bulbens« beerdigt zu werden, jenem Berg, an dessen Abhang die Schlacht von Cul Dreimne stattfand, die Columcille in Gang gesetzt haben sollte, letztlich eines verletzten Copyrights wegen!

Auf dem Friedhof erhebt sich ein frühes bebildertes Hochkreuz. Besonders beachtenswert ist der Sündenfall und eine der seltenen Darstellungen einer Madonna mit Kind. Der kappenlose Rundturm an der Straße vorne gehörte auch zum alten Kloster.

Der Name des Hügels von *Skreen* (»Schrein«), 6,5 km östlich von Tara, bezieht sich auf Columcilles Reliquien, die die Mönche 875 vor den Wikingern in der Vorgängerin der jetzigen Kirche in Sicherheit brachten. 1127 raubten die Nordmänner den kostbaren Behälter doch, aber durch ein Wunder, und vermutlich ein entsprechendes Lösegeld, kam er innerhalb eines Monats zurück. Der älteste Gegenstand auf dem ehemaligen Klostergrund ist das Steinkreuz mit der stilisierten Kreuzigung, nordöstlich der beturmten mittelalterlichen Kirchenruine.

Drei Orte um Dublin sind eng mit Columcille verknüpft: von der Halbinsel *Howth*, diesem seltsamen Felskopf nördlich der Stadt, der einen phantastischen Rundblick über die Bucht von Dublin und die Ostküste bis zu den Bergen von Mourne in Nordirland gestattet, verabschiedete er sich mit einem Gedicht, das in einer Abschrift des 12. Jh.s erhalten ist: »Angenehm, in der Tat, ist der Hügel von Howth . . .«, ihn zu verlassen ist »ein Schritt, der [ihm] das Herz bricht«. Es endet mit den berühmten Zeilen, die sehnsüchtiges Heimweh ausdrücken, noch ehe der Dichter-Heilige seine geliebte Insel verlassen hat:

> Ein graues Auge
> schaut zurück nach Erin –
> nie wird es mehr sehen
> Männer und Frauen Irlands.

Vom »Summit« von Howth, dem Gipfel, kann man die Insel Lambay sehen, ein »Mini-Iona«, auf der das Kloster stand, das »Columcille dem Dekan Colmán schenkte«. Schon die Wikinger sorgten dafür, daß davon allein die heilige Quelle am Abhang des Knockbane übrigblieb.

Swords ist schon fast ein nördlicher Vorort von Dublin. Von der »Reinen Quelle Columcilles«, der »Sord Cholaim Chille«, die dem Dorf den Namen gab, steht am Südeingang wohl noch das hübsche mittelalterliche Quellhaus – das »reine Wasser« ersetzen heutzutage leere Coca-Cola-Dosen! Vom Kloster, das Columcille St. Fionan, dem Aussätzigen, zusammen mit einem selbstgeschriebenen Evangelienbuch übergab, steht noch ein Rundturm mit vorromanischem Eingang. Im 14. Jh. wurde er in den Turm der heute protestantischen Kirche miteinbezogen. Das kleine einfache Kreuz östlich davon gehört zum ursprünglichen Kloster. Swords entwickelte sich bereits im 10. Jh. zum Bischofssitz und die weitläufigen, wenig gepflegten Ruinen des bischöflichen Palastes, breiten sich am Nordeingang des Dorfes aus.

Die Gründung von *Kells*, Grafschaft Meath, zwischen Navan und Virginia, verlief nach ähnlichem Muster wie Derry und Durrow. Diarmaid Mac Cerbhaill, eben jener Hochkönig, mit dem Columcille in Konflikt geraten sollte, übereignete ihm eine königliche Festung, ein »Dun«, und auch hier stand noch lange Jahre eine damals schon uralte heilige Eiche. Wir kennen aus der *Vita* den Moment der Festungsübergabe. Wie Columcille nach »Ceannanus Mór« kam, hielt Béc Mac Dé, der königliche Oberdruide, darinnen eben eine Art Seminar ab: er übte mit seinen Studenten eine Hymne auf den Königssohn und übersah den Heiligen geflissentlich. Columcille war nun nicht gerade der Mann, der sich ignorieren ließ, und er fragte in höflichen, aber bestimmten Versen aus dem Stegreif, was den Druiden gebührend beeindruckte, wann er und die Seinen abzuziehen gedächten.

Groß wurde Kells als »Auffangkloster« der Mönche von Iona, denn nachdem die Wikinger die schottische Insel 795, 801 und 806 mit übelstem Resultat geplündert hatten, machte es ihr Abt Cellach zur neuen Metropole des kolumbanischen Klosterverbandes. Die Brüder hatten die Reliquien des ersten Abts von Iona mitgebracht, und vermutlich auch das *Book of Kells,* in ganz- oder halbfertigem Zustand, das Manuskript, das nicht umsonst »das schönste Buch der Welt« genannt worden ist.

Es handelt sich um ein bebildertes Evangelienbuch, dessen Text mit einer unglaublichen Liebe zum Detail verziert wurde. Kapitelanfänge und Anfangsbuchstaben stehen in durchgezogenen Linien, abgesetzt in einem farbigen Gewebe keltischer Symbole aus graziös verschlungenen geometrischen Figuren, die plötzlich in Tier- oder Menschenköpfen, Füßen, Händen, Zehen, Pfoten, Krallen, Klauen, Schweifen und Schwänzen, Armen und Beinen, Flügeln und Haaren enden, wodurch, wie durch Zauber, Menschen, Engel, Vögel – mit Vorliebe Kraniche und Reiher – Dämonen, Drachen, Ungeheuer entstehen. Hier geht das keltische Weltbild der immerwechselnden Kräfteverhältnisse mit den klaren Linien der ewigen christlichen Wahrheiten eine Ehe ein. Das Buch muß in jahrelanger Arbeit entstanden sein und gehört zu denen, die man ein Leben lang

studieren kann. Es ist in der *Bibliothek des Trinity College Dublin* ausgestellt und in den Buchgeschäften Dublins in einer Faksimileausgabe erhältlich.
Das Buch wurde 1006 gestohlen und kam »20 Tage und 2 Monate« später, unter einer Erdscholle, wieder zum Vorschein, allerdings ohne die kostbare, edelsteinbesetzte Goldhülle.
Eine weitere Goldschmiedearbeit aus Kells, ein feingearbeiteter Bischofsstab, hat überlebt – in der bronzenen Hülle steckt der hölzerne Stab, den Columcille sein eigen nannte (*Nationalmuseum, Dublin*). Es ist erstaunlich, daß überhaupt etwas von Kells' Kunstschätzen übriggeblieben ist. Die Mönche waren noch kein Jahr in Kells, als die Wikinger ihren ersten Überfall auf dieses Kloster lancierten. Bis zum 14. Jh. dürften die religiösen Einrichtungen und das Städtchen, das in ihrem Schutz heranwuchs, über 30mal von Dänen, Norwegern, Iren, Schotten und Normannen geplündert worden sein.
Vom Kloster steht noch der 30 m hohe Rundturm, der vor 1076 errichtet worden sein muß, weil in jenem Jahr Murchadh Mac Flainn, ein Anwärter auf das Hochkönigtum, darinnen ermordet wurde. Der Turm besitzt, statt der üblichen vier, fünf Fensterchen, da fünf alte Hauptstraßen auf Kells zuführten. Über den Friedhof sind vier Hochkreuze verteilt: vom Nordkreuz ist nur die, mit geometrischen Mustern verzierte, Basis übrig. Das Ostkreuz ist unvollendet, was Einblick in die Arbeitsweise der Steinmetze gibt, die das Kreuz formten, glätteten und in Panele unterteilten, aus denen sie die Szenen herausmeißelten. Das Westkreuz ist ein mit biblischen Szenen geschmücktes Fragment. Das Südkreuz gehört zu Irlands besten Exemplaren. Es zeigt neben neu- auch alttestamentarische Bilder – Präfigurationen Christi:
Ostseite: Nach einem Fries sorgfältig gezeichneter Tiere – Hirsch, Reh mit Kitz, Kranich, Eichhörnchen – folgt ein kompliziert verschlungenes Spiralband. Darüber der Sündenfall, der die Erlösung bedingt; Kain und Abel – Abel nimmt als Unschul-

Market Cross, Kells (Meath)

diger Christus voraus; drei Kinder im Feuerofen – die beiden Gestalten, die links und rechts mit langen Stangen Holz anlegen, sind bewußt wie Schwamm- und Lanzenträger in der Kreuzigung angeordnet; Daniel in der Löwengrube wurde schon immer als Vorgänger Christi angesehen. Geometrische Motive, für uns nicht mehr zu entziffernde Symbole, füllen das Zentrum. Entsprächen sie den Elementen, könnten sie für den »Herrn der Elemente«, Christus, stehen.
Links: Opfer Abrahams – eine offensichtliche Parallele zum (Gott-)Vater, der seinen Sohn hingibt. Darüber: Speisung der 5000; David als Prophet Christi; rechts St. Antonius und Paulus in der Wüste, am Leben erhalten durch Brot, das der Vogel vom Himmel bringt, eine Anspielung auf die Eucharistie. Westseite: Kreuzigung auf der einen Seite. Mitte: Triumphierender Christus aus der Apokalypse, umgeben von den Zeichen der vier Evangelisten.
Das »Marktkreuz« ist seit je ein Treffpunkt für jung und alt. Die Szenen sind erstaunlich frisch, trotz Schmutz und Abgasen des Straßenverkehrs. Ostseite: bewaffnete Reiter; Grabwache Christi; Goliath(?); Sündenfall; Kain und Abel. Zentrum: Daniel in der Löwengrube – Arme ausgestreckt, wie der Gekreuzigte (vgl. Südkreuz!). Links Abrahams Opfer; auf der Westseite mußte ein Gutsherr im 17. Jh. einer langen, unwichtigen Inschrift wegen ganze Szenen löschen. Was blieb ist: Hochzeit von Kanaan(?) ; Speisung der 5000; Kreuzigung.
»St. Columcilles House«, gleich hinter dem Friedhof, ist eine Steinkirche mit Spitzdach aus dem frühen 9. Jh. Sie dürfte mit der Kirche identisch sein, die die Mönche zum Dank für die glückliche Ankunft in Kells erbauten. Sie entstand nach den damals neuesten Erkenntnissen: ein aus sorgfältig verkeilten Steinen bestehendes Tonnengewölbe hilft das Gewicht des Steindachs tragen und verhindert das Durchsacken. Zudem bildet es kleine, bewohnbare Kämmerchen.
Das ehemalige Klosterareal von *Durrow* liegt 7 km nordöstlich

»Columcille's House«, Kells (Meath)

von Tullamore, Grafschaft Offaly, auf Privatgrund mit öffentlichem Zugang. Columcille verdankte den Baugrund in »Daire Magh«, »der Ebene der Eichen« dem Unterkönig Aed Mac Breannain. Mit Gewißheit blieben auch hier die Eichen stehen, wie damals in Derry. Columcille, der in jedem Eichenblatt die himmlischen Engel erblickte, drückte seinen Horror vor dem Fällen dieser Bäume in einem Gedicht aus:

obwohl ich echt fürchte
Tod und Hölle;
Mehr noch fürcht' ich, rund heraus,
den Klang der Axt, im Derry des Westens.

Er unterscheidet sich von den Druiden nur dadurch, daß er das Göttliche schlechthin, nicht aber einen bestimmten Gott aus dem keltischen Pantheon in der Eiche verehrt.
Heute liegen die Klosterüberreste – eine Kirchenruine undefinierbaren Alters und ein dem Kreuz von Clonmacnois ähnliches Bibelkreuz – noch immer im Schatten von Bäumen; wenn das Sonnenlicht durch die Zweige fällt und Licht und Schatten ineinanderwebt, scheinen sich die Szenen zu beleben. Das Jüngste Gericht beherrscht die Ostseite: Christus steht auf einem gewundenen Wurm, über ihm, im Lichtkreis, das Lamm; Flötenspieler und David mit der Harfe spielen auf die Musik an, die ihn umtönt. Der Menschenkopf darunter symbolisiert die ganze Menschheit. Die Westseite ist der Passion überlassen. Auf der Südseite drängt sich ein spindeldürres Sünderpaar unter den Apfelbaum. Besonders schön ist die »Flucht nach Ägypten« auf der Nordseite – Maria trägt ihr Kind im Tragetuch auf dem Rücken.
Die Motive der fünf alten Grabsteine ähneln denen von Clonmacnois. St. Columcilles Quell, nordöstlich der Ruine, wird speziell am 9. Juni besucht; vom Sockel eines Kreuzes, dem »headache«-Stein, heißt es, er vermöge Kopfschmerzen zu heilen.
Aus Durrow stammt eines der frühesten Manuskripte, das *Book*

of Durrow (Bibliothek des Trinity College, Dublin). Es ist ein formenstrengeres Evangelienbuch als das *Book of Kells*; es handelt sich hier um Kopien kontinentaler und koptischer Vorlagen, aus einer Zeit, als irische Künstler ihren eigenen Stil erst finden mußten.

Völlig anders ist St. Columcilles Kreuz alias Moone-Kreuz von *Moone*, 4 km südlich von Ballitore im Osten der Grafschaft Kildare: ein schlankes, fast 5 m hohes Kreuz aus Granit, aus dem 9. Jh. mit scharfen, kantig gehauenen Bildern. Zusammen mit einer schlecht zu schätzenden Kirchenruine repräsentiert es Columcilles Kloster. Am eindrücklichsten sind die zwölf Apostel auf dem Sockel: drei Reihen stämmiger armloser Figuren (ehemals wohl ausgemalt), die geballte Kraft ausdrücken. Da stehen sie, die christlichen Streiter! Das Kreuz zeigt zwar den Sündenfall, betont aber Gottes wunderbare vielfältige Hilfe. Ostseite: Kreuzigung = Errettung der Menschheit; Daniel mit sieben schrecklichen Löwen; Opfer Abrahams, das nicht ausgeführt werden muß; Maria und Johannes(?); Nordseite: St. Antonius und Paulus in der Wüste, das Himmelsbrot teilend; Versuchung des Antonius. Südseite: Kinder im Feuerofen; Flucht nach Ägypten – diesmal reitet Maria mit dem Kind auf einem freundlichen Esel, den Joseph zielstrebig führt; die Speisung der 5000, symbolisiert durch die ursprünglichen Nahrungsmittel: zwei Fische und fünf Brote. Zuletzt: ein wilder Kampf zwischen Löwen und Schlangen. Das Kreuz lag bis 1835 in Stücken unter der Erde. Erst 1893 war es völlig zusammengesetzt und zur Wiederaufstellung bereit.

Auf *Iona*, der kleinen Insel vor Mull an der Westküste Schottlands, zu Columcille Zeiten irisches Territorium, ist vom Originalkloster nichts erhalten; die große Abtei, die sich kaum in Farbe und Stein von den umliegenden Felsen unterscheidet, geht aufs Jahr 1500 zurück. St. Martins Hochkreuz, St. Olans Gebetshaus und die behauenen Grabsteine wurden lang nach Columcilles Tod angefertigt. Einige von Columcilles Hymnen und Gedichte haben überlebt, darunter eines, in dem er das Leben auf der Insel beschreibt. Das fast überirdische Licht, die intensiven Farben, der Klang der Wellen, die Gezeiten, Möwen, Wind, Wetterumschläge, Strand, sogar der Tang auf den Steinen, all das hat sich seither nicht verändert.

COLUMBAN(US) VON LUXEUIL UND BOBBIO (GEST. 615)

23. November

Columbanus ist der am besten dokumentierte irische Heilige – Briefe, Predigten, Mönchsregeln und Gedichte aus seiner Hand sind erhalten, und sein Leben erschien schon 28 Jahre nach seinem Tod. Trotzdem kann ihm dieses Buch nur wenig Platz einräumen, denn Columbans Spuren führen aus Irland hinaus, auf das europäische Festland, nach Frankreich, der Schweiz und Italien.

Jonas von Bobbio, der Biograph, ein junger Zeitgenosse, war nie in Irland gewesen, so daß alles, was mit der Heimat zusammenhängt, vage bleibt. Schrieb Columban selbst darüber, so immer vom christlich-doktrinären Gesichtspunkt aus. So wissen wir nur, daß Columban aus der Provinz Leinster stammte – nicht einmal die Namen der Eltern sind bekannt. Jonas berichtet, was der alte Abt – er muß um die 90 gewesen sein, als er starb – wohl nicht ohne einen Anflug von Humor seinen Mitbrüdern und Schülern zur Erbauung aus seiner Jugend erzählte: daß er ein ausgesprochen gutaussehender junger Mann gewesen sei, hinter dem alle jungen Mädchen her waren, was ihn damals alles andere als kaltließ und mit sich selbst in Konflikt brachte, da er eigentlich ernsthafte Studien anstrebte. In seiner Not suchte er eine fromme Einsiedlerin auf, die ihm, alle Helden des alten Testaments aufzählend, die wegen Frauen schwach geworden waren, kompromißlos riet, Evas Töchter zu fliehen. Die Logik war bestechend – die einzige Art, zu verhüten, in einen Fluß zu fallen, in dem andere ertranken, war doch sicherlich, sich davon abzuwenden.

Gegen die Bitten und Tränen seiner Mutter – offensichtlich übte er bereits, gegen das weibliche Geschlecht hart zu bleiben – verließ er das Elternhaus und ließ sich von St. Sinell, einem Schüler von St. Finian von Clonard, als Laienschüler in dessen Kloster auf Cluain Inish im Lough Erne, im jetzigen Nordirland, aufnehmen. Sein Lehrer konnte mit ihm zufrieden sein, denn er lernte schnell Bücher kopieren, versuchte sich sogar in eigenen Kommentaren zu den Texten und komponierte Gedichte.

Bangor, unter St. Comgall, einem Freund Columcilles und Cainnechs von Aghaboe, bereits eine bekannte Stätte der Gelehrsamkeit und mönchischen Disziplin, war seine nächste Station. Priesterweihe und Mönchsgelübde machten ihn zu einem vollwertigen Mitglied des Lehrkörpers. In diese Zeit fällt Columcilles schottische Mission, wobei ihm Abt Comgall, der eben so fließend piktisch sprach wie Cainnech, behilflich war. Das Beispiel muß den Jugendwunsch Columbans, alles um Christi Willen zu verlassen, wieder hochgebracht haben, denn, obwohl ihn sein Abt nur ungern ziehen ließ, setzte er um 568 mit 12 Gefährten, darunter St. Gallus, die Segel nach dem, von der Völkerwanderung erschütterten, Kontinent.

Wohin er auch ging, er blieb durch und durch Ire, ganz den Regeln der irischen Mönchskirche verpflichtet. Im Gegensatz zu den Klöstern und Klerikern auf dem Festland interessierte ihn das Materielle, auch in Form von Ämtern und Ehren, nicht. Nur allzu oft schuf er sich Feinde, indem er die sozial Hochstehenden mit der gleichen Strenge behandelte wie alle anderen Sünder. Er lebte vor, was er predigte, nämlich ein Leben in Armut, christlicher Moral, Demut und tätiger Nächstenliebe, was ihm je nach Temperament des Territorialfürsten Bewunderung oder Haß einbrachte.

Wie alle Iren betonte er das persönliche Verhältnis zu Gott, privates Gebet, Meditation, am liebsten in der Einsiedelei, weitab von der Welt . . .

Und dann diese ungewöhnlich starke, vom Biographen immer wieder als etwas Besonderes erwähnte Naturverbundenheit! Sie entsprach der bereits druidischen Einsicht, daß sich das Göttliche in der Natur manifestiert. »Wer den Schöpfer kennenlernen will, lerne seine Schöpfung kennen«, formulierte Columban in seiner ersten Predigt und erprobte diesen Punkt, indem er sich eine Höhle, die ihm eine Bärin abgetreten hatte, als Einsiedelei einrichtete. Seine Mönche beobachteten oft, wie ein Eichhörnchen furchtlos auf dem heiligen Mann herumturnte und sich das Wild ohne Scheu von ihm streicheln ließ.

Einst, als er in der Wildnis darüber nachdachte, daß es vom christlichen Standpunkt aus besser sei, von wilden Tieren, als von Räubern, angefallen zu werden, da dabei niemandes Seele zu Schaden käme, umringte ihn ein Wolfsrudel, schnüffelte an dem furchtlos Stehengebliebenen herum, und trollte sich wieder.

All die Jahre auf dem Kontinent blieb Columban der irischen Osterberechnung treu, und als er zu seinen eigenen Gründungen, Annegray, Luxeuil, Fontaines und Bobbio schritt, ließ er sich vom Muster seines alten Klosters, Bangor (s. Comgall) leiten.

COMGALL MOCCU ARIDI ALIAS MO-CHOMA, VON BANGOR (CA. 517–601/2)

10. Mai

Comgall war Pikte, vom Volke der irischen Dalriada, das grundsätzlich die Sprache mit den schottischen Pikten gemeinsam hatte, wenn auch in einem abweichenden Dialekt. Läßt sich seine Abstammung aus dieser kriegerischen, leicht erregbaren Minderheit Irlands für seinen Charakter verantwortlich machen? Zeitlebens war er ein Kämpfer, erkannte den Wert strenger Disziplin und tendierte zum Extremen, was körperliche Abhärtung betraf. Als einziger Sohn ältlicher Eltern kam er in der Gegend von Larne, im jetzigen Nordirland, zur Welt. Sein Vater scheint von jenem Feldwebeltyp gewesen zu sein, der seinen Sohn unbedingt als Soldaten sehen wollte, aber ein Feldzug, den er in Vertretung des Vaters mitmachte – und bei dem es schließlich nicht einmal zum Gefecht kam –, genügte Comgall für den Rest seines Lebens. Seine kämpferische Begabung sollte er auf einer anderen Ebene einsetzen.

Vorerst war davon aber nichts zu spüren. Das Studium unter St. Finian vom Moville, Columcilles altem Lehrer, ödete ihn an. Heimweh und Zweifel an der geistlichen Laufbahn plagten ihn unablässig, und nur das liebevolle Verständnis seines Abts und eine bittere Krise vor einem der klösterlichen Kreuzsteine ließen seine Einstellung ins Gegenteil umschlagen. Der Schwung reichte so weit aus, daß er, Priester geworden, gleich in die Mission gegangen wäre, aber sein Bischof gab ihm einen Dämpfer: die Mission sei nichts für ihn – aber zukünftige Missionare unterrichten, das dürfe er! Es sieht so aus, als ob die ganze unterdrückte Energie in die Gründung seiner ersten Klostergemeinschaft auf Ely-Island im Lough Erne floß, mit dem Resultat, daß die jungen Kleriker ihre Askese übertrieben: sieben sollen an den Folgen extremer Selbstkasteiung gestorben sein. Auf bischöflichen Tadel hin mußte Comgall die Regeln für die Mönche mildern. Für sich behielt er sie bei: er soll z. B., weiterhin bis zum Hals im eiskalten Wasser stehend, stundenlang gebetet haben.

Sein zweites Kloster, Ben-chor, Bangor, auf dem Südufer des Belfast Lough, war noch immer streng genug, was die Schüler aber nicht davon abhielt, ihm von allen Seiten zuzuströmen. »4000 Mönche in Gottes Gnaden unter dem Joch von Comgall von Ben-chor«, heißt es in einer irischen Litanei.

Sieben Jahre nach der Gründung, also 562, bekam Comgall doch noch die Chance zur Mission: Neben seinen organisatorischen Fähigkeiten und seiner Gelehrsamkeit waren Columcille seine Piktischkenntnisse auf jenem Vorstoß zu König Bruide von Inverness hochwillkommen. Ohne seine Unterstützung wäre die Mission in Piktland undurchführbar gewesen.

Comgall sollte die Befriedigung erfahren, ein eigenes kleines Kloster auf der Insel Tiree, der Kornkammer Ionas, gründen zu dürfen. Prompt wurde es von den Pikten überfallen, die alles, was nicht niet- und nagelfest war, inklusive Mönche, mitnahmen. Comgall arbeitete eben auf dem Acker, als die Räuber heranstürmten, aber der metallene Hostienbehälter des Abts, von dem sie annahmen, der Christengott säße leibhaftig drin, ließ sie vor dem Heiligen zurückschrecken. Dafür brachten sie um so schneller ihre Beute zum Strand. Comgall verfolgte sie und legte seine ganze Tendenz zum Extremen in Wort, Ton und Lautstärke seiner Verfluchung, so daß die Heiden das kalte Grausen überkam; sie ließen alles stehen und flohen.

Dies scheint die dem Charakter Comgalls entsprechendere Version zu sein, als die Variante, die erzählt, Comgalls weißer Kapuzenmantel habe die Heiden eingeschüchtert, weil sie darin Comgalls Gott sahen, und ein auf des Heiligen Gebet erfolgter Sturm hätte sie zur Umkehr im physischen und spirituellen Sinn gezwungen. Vielleicht wußte der damalige Schreiber nicht mehr, daß die Hostienbehälter die Form eines irischen Hauses mit spitzzulaufendem Dach hatten – dieselbe Form, wie die allerersten Steinkirchen Irlands! Abgesehen davon, daß die Heiden einen ehrwürdigen Herrn im weißen Kapuzenmantel eher für einen Druiden gehalten hätten!

Als »Kinderstube der Heiligen Irlands«, wie Benedikt von Nursia sich ausdrückte, konnte es Bangor mit Clonard aufnehmen – nur ist das Bild nicht allzu passend – Bangor war, um beim Vergleich zu bleiben, eher eine Kadettenschule. Zwar war die Liebe zu Gott, die die Nächstenliebe miteinbezog, die Grundlage der Regel, aber strikteste Disziplin, Gehorsam, Demut, Selbstverleugnung waren ihre Eckpfeiler. Fasten, Beten, Nachtwachen, Arbeiten bestimmten den Rhythmus des Klosterlebens. Über allem stand der Entscheid des Abts, auch wenn dem Individuum dadurch Unrecht geschah.

Die besten Geister der Zeit, wie z. B. Columban von Luxeuil und Bobbio, Gallus von St. Gallen, Mo-lua von Clonfertmulloe, Columcille von Iona, Cainnech von Aghaboe, später Malachy von Armagh, waren als Schüler oder Freunde mit Bangor verbunden. Zwar durfte Comgall, weit über 80jährig, sein 50. Jubiläum als Abt feiern, war jedoch zu dieser Zeit ein schwerkranker, von Schmerzen geplagter, gänzlich tauber alter Mann. Seine lange schwere Krankheit, vermutlich eine Folge der unbarmherzigen Selbstkasteiung, ertrug er geduldig und klaglos, seine eigene Regel befolgend »Auch wenn dich großes Unrecht trifft, beklag dich nicht darüber, es ist nicht größer als das dem König angetane, der es schickt.«

Bangor, Grafschaft Down, Nordirlands größtes Seebad, mit allen Sport- und Vergnügungsmöglichkeiten, dem lebhaften Verkehr und dem recht entwickelten Kommerzialismus, könnte nicht weiter vom Bangor der Mönche entfernt sein, dem Ort der Stille, Gelehrsamkeit und Askese. Die Holzhütten und Steinkirchen des frühen Klosters sind spurlos verschwunden. Eine auf dem Friedhof gefundene, bronzene Handglocke, ein Altarkreuz aus dem 12. Jh., im Museum des Bangor Castle, dem heutigen Rat-

haus, und ein Hochkreuzfragment in der Kapelle vom Gut Clandeboye sind die einzigen Zeugen.
Und doch, schaut man von der Promenade über Belfast Lough, dem großartigen Hafen, ist es nicht schwierig, sich vorzustellen, daß hier Schiffe von und zu allen wichtigen Punkten der damaligen Welt ein- und ausliefen: Kontinent, Britannien, Irland, Irenkolonien und Piktenreich in Schottland. Man kann unschwer verstehen, daß gerade hier dieses große Missionszentrum heranwuchs.
Bangor erfüllte seine Mission jedoch noch in einer anderen Weise; es blieb eine Hochburg der keltischen Tradition. Schon vor 610 ließ der damalige Abt die erste irische Chronik aufschreiben. Auch »Brans Seereise«, ein mythologisches Vorbild für St. Brendan von Clonfert, wurde hier zum erstenmal in Versform schriftlich festgehalten, nachdem die Geschichte jahrhundertelang zum bardischen Repertoire gehört hatte.
Auf der Synode von Whitby war es nicht unerwarteterweise der Abt von Bangor, der sich bemühte, die irische Osterberechnung und die Belange der keltischen Kirche zu verteidigen.
Der größte noch erhaltene Schatz des Skriptoriums ist das sog. *Bangor Antiphonar*, eigentlich eine Hymnen- und Gebetssammlung mit liturgischen Anweisungen. Es wurde 680–691 für Columbans Kloster Bobbio zusammengestellt und befindet sich in der Ambrosianischen Bibliothek, Mailand. Es enthält einen Lobsang zu Ehren des Klosters und seines Gründers, ein Gedicht, das, um Columcilles Worte von Drumceatt frei darauf anzuwenden, mehr als jedes materielle Überbleibsel den Ruhm St. Comgalls unsterblich machte

Benchuir bona regula	Gut ist Bangors Regel
recta atque divina	richtig und göttlich
stricta, sancta, sedula	streng, heilig, beständig
summa, justa, ac mira . ..	hervorragend, gerecht, bewundernswert . ..

Die alte Gründung *Rathmichael*, 2 km südwestlich von Loughlinstown, dem Vorort Süd-Dublins, wird ebenfalls St. Comgall von Bangor zugeschrieben. Hier umgibt der alte Klosterwall aus Erde und Stein einen Rundturmstumpf und eine Kirche aus dem 16. Jh. mit Fragmenten aus dem 12./13. Jh. An der Südwand sind interessante frühe Grabsteinplatten angebracht. Ein paar hundert Meter weiter südlich vom Shankhill House steht ein Granitkreuz mit einer Kreuzigung auf jeder Seite.

CRISPIN (3. JH.)

25. Oktober

St. Crispin, der Patron der Klosterkirche von *Kilclispeen* (= Cill Crispeen), in Aheny, 5,5 km nördlich von Carrick-on-Suir, Grafschaft Tipperary, ist wahrscheinlich gar kein Ire, sondern jener etwas obskure römische Märtyrer des 3. Jh.s, der zusammen mit seinem Märtyrerbruder (falls es sich nicht um ein und dieselbe Persönlichkeit handelt) durchs ganze Mittelalter hindurch in halb Europa als Schutzpatron der Schuhmacher galt.

Wie auch immer, die Hochkreuze auf dem ehemaligen Klosterareal sind irische Arbeit und gehören zum Besten, was das 8. Jh. zu bieten hat. Françoise Henry, die Expertin für frühe irische Kirchenkunst, setzt sie um diese Zeit an, weil die geometrischen Figuren, die entgegengesetzt rollenden Spiralen, Durchbruchs- und Flechtmuster, Buckel und Verschlingungen in ihrer gehaltenen Energie sehr stark den Verzierungen und Symbolen im *Book of Kells* gleichen. Außerdem tragen sie jene seltsamen »Steinhüte«, wie sie bei frühen Kreuzen zuweilen vorkommen. Nur die Sockel sind bebildert, derjenige des Südkreuzes ist stark verwittert, wohingegen derjenige des Nordkreuzes gut erhalten ist.

Die Gestalt mit dem Buch auf dem Nordpaneel ist als Christus gesehen worden, der sechs als mittelalterliche Pilger gekleideten Aposteln – komplett mit Pellerine und Wanderstab – den Missionsbefehl erteilt. Die zwei Figuren auf dem Rennwagen auf der Westseite, denen zwei Reiter voransprengen, sollen Geschwindigkeit andeuten – die Geschwindigkeit, mit der sich der neue Glaube ausbreitete.

Die Ostszene könnte aus der Heiligenlegende stammen: Kleriker, mit Kreuz und Bischofsstab, führen eine, über ein Pferd gelegte, kopflose Leiche mit; der letzte trägt das Haupt nach. St. Crispin wurde enthauptet, da Ertränken und Verbrennen

nichts fruchtete; er soll zum Begräbnis von Rom nach Soissons, Frankreich, überführt worden sein.
Es könnte sich auch um eine irische Begebenheit handeln – genügend solche Vorfälle gab es schließlich – nur kann dann der Geköpfte kein Heiliger, sondern muß ein König oder sonstwie eine hochstehende Persönlichkeit gewesen sein. Die frühe irische Kirche kennt keine Blutzeugen – das war der Zeit der Reformation vorbehalten.
Die Südseite ist noch schwieriger zu deuten. Eine Gestalt, hinter einem Palmenbaum, beobachtet wilde Tiere und Vögel, die sich zum Teil von ihr abwenden, zum Teil kämpfen oder miteinander spielen. Ein Einsiedler in der Wüste, der allen menschlichen Begierden nur noch von ferne zusieht? Adam, mit den Tieren im Paradies, bevor Eva erschaffen wurde?
Vom dritten Kreuz ist nur noch der Sockel übrig – es wurde um 1800 entführt und in ein Bootsunglück verwickelt, so daß es nun irgendwo vor Passage East, Grafschaft Waterford, auf dem Meeresgrund liegt.

CRÓNÁN MAC ODRAIN VON ROSCREA (7. JH.?)

28. April

Das einzige, was von St. Crónán wirklich fest steht, ist, daß er die irische Tugend der Gastfreundschaft, die bereits in der vorchristlichen Gesellschaft eine große Rolle spielte, fast im Übermaß praktizierte. Die Heiligen wie die Druiden sahen im Fremden das Göttliche. Bier, das er durch ein Wunder für die Gäste besorgte, mundete so vortrefflich, daß nachher allesamt betrunken waren!

Eigentlich stammte sein Vater Odran aus der Provinz Munster, aber eines Streites mit dem Territorialfürsten wegen zogen er und seine Frau Coemri nach der Provinz Connacht zu ihrer Familie. Der Sohn kam in der Grafschaft Clare, heute Munster, zur Welt. Der Junge wuchs mit zwei Cousins auf, die ebenfalls Heilige werden sollten St. Mo-Choinne und St. Mobhi. Mit letzterem verband ihn eine besondere Freundschaft, die sich noch auf Studienfahrten nach Scattery Island und Clonmacnois bewährte.

Bereits als junger Kleriker war er für seine Großzügigkeit bekannt: fünfzig Holz- und Flechtwerkhütten soll er errichtet haben, um sie an obdachlose Einsiedler zu verschenken.

Sein erstes Kloster gründete er in Sean Ross am ehemaligen Ufer des Lough Cré, wo heute eine wenig lohnende Kirchenruine steht. Damals sagten sich dort Fuchs und Hase gute Nacht, mit dem Erfolg, daß sich Reisende verirrten und die Nacht höchst ungemütlich im Sumpf verbringen mußten. Crónán war am Boden zerstört und konnte sich seine Fehleinschätzung kaum verzeihen, hatte er doch, wenn auch unwillentlich, das heilige Gesetz der Gastfreundschaft gebrochen. Bewußt wandte er sich vom Einsiedlerleben ab und verlegte sein Kloster nach Roscrea an die Hauptstraße, damit ihn alle Armen und alle Reisenden un-

verzüglich finden konnten. Auf diese Weise wollte er »seinem Herrn, Christus, dem König der Könige, dienen«.
Periodisch zog er sich zum spirituellen Auftanken auf die Insel Monahincha zurück, wo 60 Jahre vor ihm Cainnech von Aghaboe das heute verlorene Evangelienbuch »Glas Cainnigh« schrieb. Aus Roscrea jedoch ist ein solches bebildertes und verziertes erhalten, das sog. *Book of Dimma.* Es gehört nicht zu den großformatigen Kodizes vom Stil des *Book of Kells* – es hat Form und Gewicht eines Taschenbuches, das in einem sorgfältig gearbeiteten *cumdach,* einem Buchschrein, der auf Reisen mitgetragen werden konnte. Der prächtige Schrein, der heute zusammen mit dem Manuskript in der *Bibliothek des Trinity College, Dublin,* aufbewahrt wird, ist nicht das Original, sondern wurde 1152 für einen Thaddeus O'Carrol gefertigt. Seither erfuhr er weitere Veränderungen. Die Durchbruchs- und tierköpfigen Flechtmuster sind am ältesten. Das Kruzifix mit der Mutter Gottes und Johannes, der große Kristall und die Lapislazuli stammen aus dem 15. Jh., während die Inschrift im 19. dazukam. St. Crónáns *Vita* verknüpft dieses Buch mit einem seiner Wunder: Als der Heilige einen reisenden Schreiber bat, für ihn das Manuskript anzufertigen, war dieser ausgebucht und hatte nur einen Tag, von Sonnenaufgang bis Sonnenuntergang zur Verfügung. Auf Crónáns Gebet hin blieb die Sonne 40 Tage und Nächte ununterbrochen am Himmel, bis der Schreiber fertig war. Wen kümmert's, daß in Wirklichkeit mindestens drei Schreiber, nicht einmal Zeitgenossen Crónáns, an der Abschrift beteiligt waren?
Noch immer liegt *Roscrea,* Grafschaft Tipperary, das Städtchen, das aus dem Kloster entstand, »an der Hauptstraße« – die N 7, Dublin–Limerick, schneidet das alte Klostergelände mitten durch! Der Rundturm, dem das obere Stück mit der Kappe fehlt, steht links hinter der Tankstelle auf der Westseite – die Kathedrale, zu der die Klosterkirche im 12. Jh. aufstieg, samt Hochkreuz, auf der Westseite.

Das einzig Besondere am Turm ist der Stein mit dem eingeritzten Kreuz und Schiff am Fenster, ca. 7,5 cm über dem Boden. Es erinnert an die Zeit, in der Loch Cré den Hügelfuß umspülte, bevor es durch Trockenlegung im 18. Jh. auf einen größeren Tümpel im Moor zusammenschrumpfte.
Die protestantische Kirche trug die Kathedralruine bis auf die Fassade mit dem feinen, reichverzierten hiberno-romanischen Westportal ab. Im spitzen Giebelfeld steht die verwitterte Figur des gastfreundlichen Heiligen. Das Hochkreuz, etwas nördlich davon, hat in den sieben Jahrhunderten seines Bestehens gelitten. Teile mußten ersetzt werden, aber eine Kreuzigung auf der Westseite, Muster und eine Bischofsfigur – St. Crónán – auf der Ostseite sind noch zu erkennen. Auf den beiden Schmalseiten ist je eine menschliche Figur herausgearbeitet – Maria und Johannes? Bis ins 18. Jh., als der protestantische Grundbesitzer die Prozession verbot, zog »St. Crónáns Schrein«, ein großer Steinblock mit eingemeißelter Kreuzigung, große Pilgerscharen an.
Für Monahincha, 2,5 km südöstlich von Roscrea im ehemaligen Lough Cré siehe St. Cainnech von Aghaboe.

DAIRBHILE/DERIVLA/DERVLA

1. August

St. Derivla ist nur eine Lokalheilige von Mayo, aber die Überreste ihres Hauptklosters in *Fallmore*, an der äußersten Spitze der Mullet-Halbinsel im Westen der Grafschaft, liegen landschaftlich so schön, daß sie einen Besuch wert sind. Die gegenüberliegende Küste der Achill-Insel ist besonders bei Sonnenuntergang unvergeßlich.

Auf dem Friedhof, dem alten Klostergrund, steht die Ruine einer einfachen Kirche aus dem 12. Jh. mit einem verzierten, rundbogigen Westeingang. Ein Steinmäuerchen nördlich davon umgibt »St. Derivla's Bed«, das von einem Kreuzstein bezeichnete Gründerinnengrab.

275 m nördlich davon füllt St. Derivlas heilige Quelle noch immer den »Dabhach«, das »Faß« der Heiligen.

DARERCA, MO-NINNE, MONENNA, MODWENNA, BLINNE (GEST. 517/518)

25. Juni

Eigentlich hieß die Heilige Darerca – »Mo-Ninne". Dies war ein Kosename, den die *Vita* so erklärt: Darerca heilte einen stummen Dichter. Die erste Silbe, die er nach langen Jahren wieder hervorbrachte, war »nin-nin«. Voll Glück nannte er sie zum Andenken »Mo-Ninne«. Ihre anderen Namen sind zärtliche Abwandlungen oder Verkleinerungen davon – ein Beweis für die Liebe, mit der die Bevölkerung an ihrer Heiligen hing.

Als Zeitgenossin von Brigid von Kildare und Äbtissin Bronách von Kilbroney teilte sie mit letzterer das Patronat über Fischer und Seefahrer. Kompliziert werden die Verhältnisse erst im 11. Jh. durch ihren Vitenschreiber, Conchobhar, latinisiert Conchubranus, von Kildare. Er war zwar ein eifriger Forscher – mehrmals nahm er die 6- bis 7tägige Fußreise von Kildare nach Killevy in Kauf, um die Reliquien zu besichtigen und mit den Nonnen zu plaudern –, aber er blähte das erste einfache heute verlorene Leben aus dem 9. Jh. mit allerlei Anekdoten, pseudo-historischen Ereignissen, englischen und schottischen Legenden, und allgemeinen Wundergeschichten auf und brachte die Chronologie durcheinander.

Ein dritter Vitenschreiber benützte später das Gemisch, um die englische St. Modwenna von Burton-on-Trent mit irischen Wurzeln zu versorgen.

Aus Chonchubranus *Vita* lassen sich nur wenige Fakten gewinnen: Darerca war Piktin und gehörte dem kleinen Stamm der Conaill Murthemne an, die in Südarmagh und Nordlouth, an der Bucht von Dundalk, nördlich und südlich der heutigen inneririschen Grenze saßen.

Ihre Eltern müssen wohlhabend und eher fortschrittlich gewesen sein, ließen sie sie doch von einem christlichen Priester unterrichten. St. Patrick verlieh ihr den Schleier. Mit neun Gleichgesinnten, acht jungen Frauen und einer Witwe mit einem Säugling, lebte sie in einer religiösen Gemeinschaft, die sich die frühen Einsiedler in der Wüste und die Kirchenväter zum Vorbild nahm. Bald fanden die frommen Frauen, daß eine Lebensform, bei der Beten, Fasten und Wachen die Hauptrolle spielten, sich in der alltäglichen Welt nicht verwirklichen ließ. Viel zu viele hatten die Möglichkeit, ihnen dreinzureden, und sie wurden beständig in weltliche Probleme hineingezogen und abgelenkt. Konsequent verlegten sie ihr Kloster in eine menschenleerere Gegend, aber mit seinem Ruhm wuchsen auch die Menschenmengen, die es aufsuchten.

Schließlich entschloß sich Darerca mit wenigen Getreuen zu einem zweiten Auszug: In den Ausläufern des Slieve Gullion, dem 600 m hohen imposanten Hügelrücken – heutzutage ein beliebtes Naturschutz- und Wandergebiet –, gründete sie »Cell-Sléibhe-Cuillin«, »Killevy«, die »Kirche des Cuilenn-Berges«, das bis zur Reformation eines der großen Frauenkloster Irlands blieb. Zwar fehlte nicht viel und es wäre an den Folgen der Wikingereinfälle im frühen 10. Jh. eingegangen, erlebte aber im 11. Jh. eine Renaissance. Das Klosterleben war streng geregelt. Die Frauen hielten etwas Vieh und bemühten sich, ihren Lebensunterhalt selbst zu bestreiten. Die wirtschaftliche Lage war oft prekär; holte sich der Wolf ein Kalb, war das eine Katastrophe – eines kam heil wieder nach Hause, was dankbar als Wunder gefeiert wurde.

Darerca starb 517 und wirkte über ihren Tod hinaus Wunder. Eine ihrer Nachfolgerinnen baute Darerca zu Ehren eine Holzkirche – vielleicht war es auch der Wiederaufbau nach der Wikingerzeit – und hatte Mühe, einen geeigneten Firstbalken zu finden. Am Hang des Slieve Gullion stand ein prächtiger, gerader hoher Baum, aber an einem solch unzugänglichen Ort, daß er kaum zu fällen, geschweige denn zu transportieren war. »Keine von Menschen erfundene Maschine, noch die Kraft von Ochsen« vermochten ihn von der Stelle zu bewegen. Die Äbtissin ging voll Vertrauen mit ihrem Problem zu Darerca – anderntags lag der Stamm auf einer Lichtung beim Kloster. Abgebrochene Äste der höchsten Bäume verrieten, wie der Transport erfolgt war: Engel hatten ihn über den Wipfeln durch die Lüfte getragen.

Der Firstbalken genoß von da an die Verehrung einer Reliquie. Die beiden Seite an Seite stehenden Kirchenruinen am nordöstlichen Fuß des Slieve Gullion, Grafschaft Armagh, die das Nonnenkloster *Killevy* bezeichnen, sind in ihrer Einfachheit und Anpassung an die karge Landschaft beeindruckend. Die eine ist vorromanisch und besitzt einen jener massigen Türstürze aus Granit, wie sie für frühe Kirchen typisch sind. Dieser hier dürfte an die 10 Tonnen wiegen. Die andere, aus dem 13.–16. Jh., ist mit einem einfachen Spitzbogenfenster, an dem zwei steinerne Köpfe zur Dekoration sitzen, ausgestattet.

Detail, Ardmore (Waterford)

DÉAGLAN/DECLAN VON ARDMORE (5. JH.)

24. Juli

Mit Ailbe, Ibar, Ciarán von Saighir zählt Déaglan von Ardmore der Überlieferung nach zu den Bischöfen, die *vor* St. Patrick in Irland missionierten.

Wie üblich hatten Handelskontakte mit Britannien und dem Kontinent mehr als nur materielle Güter gebracht – im 5. Jh. fingen Menschen im Süden Irlands an, sich mit dem neuen Glauben auseinanderzusetzen. Christenimporte in Form von Sklaven spielen dabei keine kleine Rolle. Kleine isolierte Gemeinden entstanden hier und dort.

Déaglan kam im Königreich der Déisi, an der Südostküste Irlands als Kind Adliger zur Welt. Dort gab es schon Christen, sogar schon Heilige, denn einer der 200, namens Colmán, überzeugte die Eltern davon, sie sollten das Kind taufen und später von einem guten Christen, Dioma, erziehen lassen. Noch gab es eine höhere christliche Ausbildung in Irland nicht. Déaglan mußte sich auf dem Festland zum Priester ausbilden lassen. Er soll dabei, wie sein Kollege Ciarán von Saighir, mit St. Patrick in Rom zusammengetroffen sein. Wo er die Bischofsweihe empfing, in Rom oder Wales, ist ungeklärt. Auf der Rückreise wurde ihm seine Glocke, »Duibhin Déclain«, die Ardmores wichtigste Reliquie werden sollte, vom Himmel gesendet. In der Eile der Abreise ließ sie Déaglan zusammen mit seinem Meßgewand auf einem Stein am Strand von Wales liegen. Er war schon fast in Irland, als er beides vermißte, aber nach einem Gebet kam der Stein, samt den Gegenständen, in großer Geschwindigkeit nachgeschwommen. Er überholte das Schiff und übernahm die Führung, bis zum Ort, wo Déaglans Kloster entstehen sollte: *Ardmore,* in der heutigen Grafschaft Waterford.

Nach der *Vita* soll die jetzige Landzunge eine Insel gewesen sein,

Rundturm, Ardmore (Waterford)

die Déaglan durch ein Wunder mit dem Festland verband – links und rechts rollte er einfach das Meer zur Seite.
In seinem Kloster am Hügel, über dem Strand, regierte er als echter Abt-Bischof, was sich anhand seines Streites mit dem König der Déisi, der um keinen Preis Christ werden wollte, verfolgen läßt. Déaglan brachte die öffentliche Meinung bis zur Revolte gegen ihn auf – und besetzte dann kurzerhand den Thron mit einem genehmeren Kandidaten, seinem Verwandten Feargal.
Das Königshaus der Déisi sollte 200 Jahre später St. Carthach von Rahan in Lismore willkommen heißen.
Déaglan führte ein derart aktives Leben, organisierte seine Gemeinde, missionierte, heilte Kranke, kümmerte sich um Scharen von Armen, tat Wunder und politisierte, so daß ihn im Alter das Bedürfnis überkam, sich in eine Einsiedelei zurückzuziehen. Kurz vor seinem Tod ließ er sich jedoch zum Sterben in den Kreis seiner Brüder zurückbringen. Er wurde im Klosterfriedhof beigesetzt. Noch heute wird er als »der Patrick der Déisi« verehrt; die Prozession an seinem Festtag hat in den letzten Jahren wieder stark an Beliebtheit gewonnen.
Ardmores Ruinen, eingebettet in die abwechslungsreiche Küstenlandschaft, lohnen einen Besuch. Der 30 m hohe, dreistökkige Rundturm, mit der renovierten Steinkappe ist einer der jüngsten und besterhaltensten Irlands. Die Kathedrale aus dem frühen 13. Jh. bezog Teile einer älteren Kirche mit ein. Ganz einmalig sind die zwei Reihen blinder Arkaden an der äußeren Westwand – leider der Wetterseite –, denn sie sind, wie die Hochkreuze, mit biblischen Figuren und Szenen ausgeschmückt. Die oberen sind stärker verwittert als die unteren. Die graziös ausgeführten Themen wie »Adam und Eva unterm Baum«, »Urteil Salomos«, »Anbetung der Heiligen Drei Könige« und »Erzengel Michael, der die Seelen wägt« sind gut zu erkennen.
»St. Déaglan's House«, wenige Schritte davon, ist ein winziges, keltisches Kirchlein mit Spitzdach, das schon oft restauriert wur-

de. Es ist sehr alt und muß in den Grundzügen mit St. Déaglans Original übereinstimmen; es besitzt die typischen Stilmerkmale der frühen Kirche, die ausgestellten Türpfosten und den schweren Türsturz aus einem Block. Vom Gründergrab ist nur die mit Platten ausgelegte Grube erhalten – der Rest ist, über Jahrhunderte, Reliquiensammlern zum Opfer gefallen!

Am Südende des halbmondförmigen Strandes liegt St. Déaglans Stein, der laut *Vita* seine Glocke und Priestergewänder von Wales hierher transportierte. Der Stein ist einer der Konglomeratfindlinge, die Gletscher hierher brachten – die meisten anderen haben sich jedoch bereits in ihre Bestandteile aufgelöst, so daß der Strand von bunten Kieseln übersät ist.

Wer reinen Herzens unter St. Déaglans Stein durchkriecht, wird vom Rheuma befreit.

Zum Auffinden von St. Déaglans Einsiedelei »Teampall Dísirt«, 800 m südöstlich des Dorfes, könnte man die *Vita* als Reiseführer benützen:

> ». . . eine verehrungswürdige kleine Zelle, die er zwischen dem Hügel Ardmore Declain und dem Meer, auf einem engen Absatz über den Klippen, bauen ließ, wo vom Hügel ein kleiner, glänzender Bach herunterkommt, den Bäume und Büsche umstehen.«

Büsche sind heute noch einige da, Bäume keine mehr; dafür die Ruine der Kirche, die die Klause ersetzte. Die heilige Quelle rinnt in einen flachen Trog, über dem drei Kreuze stehen. Das Wasser ist, wie der Stein, wirksam gegen Rheuma. Pilger pflegen die schmerzenden Glieder im Trog zu baden.

DÍARMAID/DERMOT, VON INCHCLERAUN (6. JH.)

10. Januar

DÍARMAID/DERMOT VON CASTLEDERMOT (9. JH.)

21. Juni

Es gibt zwei St. Díarmaid in Irland, die einerseits Ort und Zeit klar voneinander scheiden, die aber fast alle der spärlichen Angaben miteinander teilen.

Díarmaid der Ältere, angeblich ein Lehrer von St. Ciarán von Clonmacnois, gründete im 6. Jh. ein Kloster auf einer Insel im Lough Ree, während Díarmaid der Jüngere sich im 9. Jh. nach Castledermot in eine Einsiedelei absetzte: beide flohen sie also diese Welt, so gut es sich machen ließ. Nicht nur den Namen, auch die soziale Stellung haben sie gemein: beide sind Prinzen von königlichem Blut.

Díarmaid von Inchcleraun stammt väterlicherseits vom König Lughna der Ui Fiachrach, mütterlicherseits von den Königen von Connacht ab, Díarmaid von Castledermot zählt die Könige von Ulster zu seinen Vorfahren.

Beider Gründungen sollten berühmt werden, und von beiden sind sehenswerte Überreste erhalten:

Auf *Inchcleraun*, im nördlichen Teil des Lough Ree, Grafschaft Longford (im Sommer kann man sich von Fischerbooten übersetzen lassen), stand einst eine blühende Klosterstadt in einer starken Umwallung. Die älteste Kirche darin ist Teampall Dhiarmada (»Dermots Kirche«), eine jener winzigen Kirchen mit vorspringenden Giebelenden, ausgestellten Türpfosten und einem flachen Türsturz. Das Steindach ist seit langem eingestürzt. Nordöstlich davon erhebt sich Teampall Mór (»die große Kirche«) aus dem 13. Jh. In ihrer Westwand sitzen zwei schön ge-

schwungene Fenster im Übergangsstil; Sakristei und Gemeinderaum stammen aus dem 15. Jh.
Die Kirche daneben ist eine mit einseitig angebautem Schiff! Teampall Mhuire (»die Muttergotteskirche«) besteht aus einem Rechteck mit ausgeweitetem Chor. Von »Teampall na Marbh« (»Totenkirche«) sind nur noch Fragmente erhalten.
Der »Clogás an Oileaín« (»Glockenturm der Insel«), auf der höchsten Erhebung, sorgt für eine interessante Silhouette, denn er ist eigentlich eine hiberno-romanische Kirche mit einem unüblichen Viereckturm. Ebenso ungewöhnlich ist die Steinstiege an der Nordseite, zu der zwei Pforten Zugang gewähren.
Die Ummauerung, die zum Teil noch steht, wurde durch einen romanischen Torbogen durchbrochen. Drinnen stehen noch ein paar alte Grabsteine, wovon einer die Inschrift trägt: »OR [OIT] DO LAITHB [ER] TAÇH«, »Ein Gebet für Fiaithbertach«.
Das Kloster war vor den Wikingern verhältnismäßig geschützt, dafür plünderten es im 11./12. Jh. die Iren von Munster wiederholt – alles gute Christen. Die Augustiner reparierten das Kloster im 12. Jh. und führten es bis zur Aufhebung während der Reformation.
Es ist nicht ausgeschlossen, daß das Kloster ein keltisches Heiligtum ersetzte. Die Insel ist mit der mythologischen Königin Maeve von Connacht verknüpft, ursprünglich einer vermutlich schon vorkeltischen Göttin. Weil sie ihre Schwester getötet hatte, starb sie hier durch die Hand ihres Neffen. Südöstlich vom Kloster sind die Reste von »Maeves Griánan«, ihrem »Sonnenhaus«, einem vorchristlichen kreisrunden Steingebäude erhalten.
Castledermot, Grafschaft Kildare, eigentlich »Dísert Díarmada«, zwischen Carlow und Kilcullen (N 9) entwickelte sich aus der bescheidenen Eremitage des 9. Jh.s zu einem wichtigen Kloster. Erhalten sind dessen Rundturm, das hiberno-romanische Portal einer verschwundenen Kirche, zwei gut erhaltene Granit-Hochkreuze und der Fuß eines dritten. Der »Schwörstein«, ein Granit-

Kreuzstein mit einem Loch in der Mitte, der dazu diente, Eide zu bekräftigen, dürfte heidnischen Ursprungs sein.
Die beiden Radkreuze auf dem baumumstandenen, romantischen alten Klostergelände sind Prunkstücke:
Das oberste Feld des Südkreuzes zeigt die Gefangennahme Christi. Die drei Figuren darunter: Christus mit den zwei Verbrechern? Christus mit Maria und Johannes? Das Zentrum ist einer stilisierten Kreuzigung vorbehalten. Im linken Kreuzesarm: David, Harfe spielend; im rechten Abrahams Opfer. Das Paneel darunter ist beschädigt. Dann: St. Paulus und Antonius in der Wüste, der Vogel mit dem Himmelsbrot dazwischen. Adam und Eva unterm Apfelbaum. Als Parallele die Versuchung des Antonius. Daniel in der Löwengrube umgeben von vier mehr bären- als löwenähnlichen Bestien. Auf dem Sockel hüten Hirten allerlei Tiere, darunter Gänse. Die Rückseite bedecken komplizierte geometrische Muster.
Das Nordkreuz zeigt fast die gleichen Szenen in anderer Abfolge. Am auffallendsten: hier steht der Sündenfall in der Mitte. Adam und Eva stehen unter einem riesigen Apfelbaum, der zwei Zweige wie Kreuzesarme wegstreckt. Überhaupt gleicht die ganze Anordnung der traditionellen Kreuzigung: Die Parallele Sündenfall – Erlösung wurde hier bewußt angestrebt. Die Szene darüber deutet den bethlehemitischen Kindermord an: zwei Männer mit langen Mordwaffen; das Kind, so groß wie sie, steht auf dem Kopf dazwischen. Daniel ist von vier ihn anscheinend leckenden Löwen umgeben.
Die Kreuzigung ist auf der »falschen Seite« und auch sonst ungewöhnlich, denn je drei Apostel bilden in vier Feldern einen Kranz um den Christus.
Speziell interessant sind die Sockelseiten: Christus, der fünf Brote und zwei Fische zur Speisung der Fünftausend bereithält und eine unidentifizierbare kauernde spitzbärtige Figur, die ihre Knie mit den Armen umschlungen hält.

DOULAGH/DOLOUGH (UM 600)

Doulagh, ein Heiliger und Einsiedler, baute sich um 600 eine Klause 5,5 km südwestlich von *Portmarnock*, 13 km nordöstlich von Dublin, auf einer leichten Bodenwelle im damals versumpften Küstengebiet. Er wurde in seiner Zelle beigesetzt.
Heute steht dort eine der ältesten und interessantesten Kirchen Irlands, in der seit des Heiligen Zeiten ununterbrochen Gottesdienst abgehalten worden ist, auch wenn die Konfession dazwischen einmal wechselte.
Im frühen 13. Jh. war die »Anchorite's Cell« (Klause) in eine damals imposante Kirche mit spitzzulaufendem Steindach und einem massigen, viereckigen Glockenturm einbezogen worden. Ein sorgfältig konstruiertes Steingewölbe stützt das Steildach ab, wobei eine Kammer, die als Wohnraum dienen konnte, entstand. Auch der Turm ist in Kämmerchen unterteilt. Ein heute sehr ausgetretenes Treppensystem verbindet die verschiedenen Wohnbereiche mit der Kirche.
Im 19. Jh. brachen die Protestanten die anschließende, und damals baufällige, mittelalterliche Gemeindekirche ab und fügten den Teil hinzu, durch den man heute die Kirche betritt.
Die kleine Steinkuppel auf dem Acker, rechts neben der Kirche, gehört zu einem achteckigen Baptisterium über St. Doulaghs Quelle aus dem 17. Jh., das mit Fresken ausgemalt war. St. Catherines Quelle, am Ende des Kirchengeländes, zu der einige Stufen in ein Kämmerchen hinunterführen, ist kaum mehr auszumachen. Das Wasser floß in ein niedriges Becken, in dem die Kranken baden konnten.
Das einfache Granitkreuz in der Auffahrt könnte zur ersten Eremitage gehört haben.

EANNA/ENDA/EANY (5. JH.)

21. März

Darf man der *Vita* glauben, so wurde St. Enda als Opfer eines Tricks ein Heiliger.

Eanna, der Sohn von Conal Dearg von Ulster und Briga, der Tochter von Anmire, Territorialkönig der Archienachta, war einer von fünf Prinzen und Prinzessinnen und kam einige Jahre vor St. Patricks Tod zur Welt.

Seine Geschwister waren alle zum Christenglauben übergetreten – seine Schwester Fanchea, die einen bedeutenden Einfluß auf ihn ausüben sollte, hatte bereits ihr erstes Kloster gegründet. Nur Eanna wollte nichts davon wissen, sondern lebte, als er dem Vater als Territorialkönig nachfolgte, das traditionelle Leben eines keltischen Fürsten. Er verbrachte seine Zeit im Kampf, auf der Jagd, oder den Festgelagen, an denen Barden seinen Ruhm besangen, und ließ sich von Druiden beraten.

Nach dem Sieg über einen Gegner kam er einst erhitzt, stolz und vermutlich nicht ganz nüchtern im Kloster seiner Schwester an und verlangte die Herausgabe einer Novizin, auf die er ein Auge geworfen hatte. Fanchea kannte ihren Bruder gut genug, um zu wissen, daß er ihr in dieser Verfassung eher das Kloster über dem Kopf anzünden würde, als auf seinen Wunsch zu verzichten. Damit wären alle Nonnen gefährdet gewesen, denn Eannas Gefährten befanden sich in einem ähnlichen Zustand.

Hastig benachrichtigte sie das junge Mädchen von der drohenden Gefahr und hieß es, sich auf seinem Lager ausstrecken, während sie ein Laken darüber breitete.

Den Bruder führte sie in die spärlich beleuchtete Kammer und flüsterte die Worte »Tot. Sie gehörte Gott, jetzt ist sie bei Gott.« Zum Beweis zog sie den Schleier von der vor Schreck ohnehin totenblassen jungen Frau, die reglos dalag. Dieses Beispiel der plötzlichen Vergänglichkeit erschütterte Eanna im Innersten. Fanchea schmiedete das Eisen, so lange es heiß war, und schilderte ihm beredt die christliche Ewigkeit und Dauer. Eanna beschloß, Mönch zu werden. Sein erstes Kloster war kein Erfolg, seine Führungsbegabung für junge Krieger reichte nicht aus, um als Abt einer Mönchsgemeinde vorzustehen.

Auf Anraten Fancheas ging er zum Studium zu St. Ninnian nach Candida Casa, Schottland. Nach einer gründlichen Ausbildung trat er die Pilgerfahrt nach Rom an, wobei er, irgendwo in Italien, eine zweite Mönchsgemeinde auf die Beine gestellt haben soll, noch bevor er die Priesterweihe empfing.

Zurück kam er über Drogheda im Boyne Tal, seinem alten Territorium, wo er, westwärts ziehend, eine Reihe von Kirchen gründete. Inzwischen war der König von Cashel sein Schwager geworden und von ihm, der ihm gutes, fruchtbares Land schenken wollte, erbat er sich die steinigen Aran-Inseln in der Bucht von Galway. Es heißt, Aengus von Cashel habe nicht einmal gewußt, daß diese Inseln zu seinem Besitz gehörten.

Der alte, ehrwürdige Bischof Ailbe von Emly unterstützte Eannas Begehren, dort ein Kloster zu errichten und sagte ihm eine große Zukunft voraus. Er sollte recht behalten. Die abgelegenen Inseln wurden, in einer Zeit, als der Seeweg leichter als der Landweg war, zur Drehscheibe zwischen den Völkern: Briten, Angeln und Sachsen, Gallier, Franken und Römer traten zum Studium ein, und natürlich Iren zu Hunderten.

Alle großen Heiligen, wie Brendan von Clonfert, Brendan von Birr, Ciarán von Clonmacnois, Columcille von Iona, Kevin von Glendalough, Jarlath von Tuam, Finian von Moville, Colmán Mac Duach, besuchten Eanna und ließen sich von ihm inspirieren, oder sie lernten unter ihm, allen voran Finian von Clonard, der ihm als einziger mit seiner Ausbildungsstätte ernsthafte Konkurrenz machen sollte.

Eanna war ein enthusiastischer Lehrer und hervorragender Organisator. Er paßte als erster die Klosteridee irischen Verhältnis-

sen an und schuf so den Anfang der Mönchskirche, die jahrhundertelang bestehen sollte.
So autokratisch wie er über die Inseln herrschte, so herrschte er als Abt über das Kloster. Grundlage der Disziplin war absoluter Gehorsam gegenüber dem Klostervorstand.
Das Leben spielte sich in strengem Rhythmus von Beten, Studieren, Arbeiten ab. Nahrung und Kleidung war Ergebnis der Mönchsarbeit und reichte auf diesen kargen Inseln gerade zum Überleben. Die Brüder arbeiteten, wohnten, aßen und schliefen, auch im Winter, in ungeheizten Steinhütten – ihre glühende Liebe zu Gott mußte ausreichen, sie zu erwärmen! Die Nachtstunden, die nicht Beten und Wachen in Anspruch nahmen, verschliefen sie, in ihre groben Wollmäntel gewickelt auf Steinplatten.
Es heißt, Eanna habe seine Mönche – und sich selber – strengen Prüfungen unterworfen, um den Stand der Gnade jedes einzelnen zu erkennen. Eine bestand darin, ein auf den Wellen tanzendes Boot, einen unfertigen *curragh* zu besteigen, der nur aus Holzrippen bestand. Wer trocken blieb, war frei von Sünde. Nur einmal soll ein Mönch naß geworden sein. Es war der Koch, der etwas Suppe für sich zurückbehalten hatte! Eanna schickte ihn fort – er duldete keine Diebe in seinem Kloster!
Eanna verstarb im hohen Alter nach 66jähriger Amtszeit und wurde in einer Grabkapelle am Strand beigesetzt.
Die *Aran-Inseln*, in der Bucht von Galway, erreicht man heute entweder zu Schiff oder per Flugzeug (Aer Árann). Noch abenteuerlicher ist die Überfahrt in den kleinen Schiffen von Rosaveel in Connemara, westlich von Galway.
Eannas Kloster auf der größten der drei Inseln, *Inishmore*, gab dem Dorf Killeany, 2,5 km südöstlich vom Hafen von Kilronan, und der Bucht den Namen.
Ein Rundturmstumpf, ein verziertes Kreuzfragment und ein grober Steinaltar sowie St. Eannas Quelle unweit der Grundmauern eines Franziskanerklosters aus dem 15. Jh. ist alles, was vom Klo-

ster übrigblieb. Vier der Kirchen, inklusive Rundturm, wurden von Cromwells Soldaten in den Turm, das Arkin-Castle, verbaut, das die Insel sichern sollte!
800 m ostsüdöstlich von Killeany, in den Dünen, liegt der Friedhof der Klostergemeinde, »Teaghlach Einne« = »Eannas Haushalt«. 127 Heilige sollen im Umkreis von Eannas Grabkapelle, unter dem Sand, begraben liegen. Die kleine Kirchenruine mit ausgestellten Giebelwänden ist das Original, das aber im 15. Jh. teilweise rekonstruiert wurde.
Das Grab, das in Abständen von Sand freigeschaufelt werden muß, genießt noch immer größte Verehrung. Der Kreuzstamm daneben besteht aus interessanten verzierten, aber schlecht zusammengesetzten Paneelen. Im Kirchenraum sind noch einige sehr alte, teilweise beschriftete Grabsteine erhalten.
Auf diesen seltsamen steinernen grauen Rücken im immerbewegten blauen Meer scheint die Zeit stillgestanden zu haben. Schon ein paar Minuten abseits der kleinen Dörfer und Weiler reichen, um die Stille in der unberührten Landschaft zu finden, die auch Eanna und seine Mönche suchten. Sogar in der Hochsaison trifft man selten größere Menschengruppen bei den vielen, über die Inseln verstreuten, vorchristlichen und christlichen historischen Denkmälern, die sich an den landschaftlich dankbarsten Orten befinden.

ERC/EARC VON SLANE (GEST. 512/514)

2. November

Der Missionsbischof Erc, auf seinem isolierten Außenposten von Ardfert, Grafschaft Kerry, ist als Pflegevater und Lehrer von St. Brendan von Clonfert berühmt geworden. Zu dieser Zeit bereits ein ehrwürdiger alter Mann, war es ihm vergönnt, seinen Schützling nach abgeschlossener Ausbildung zum Priester zu weihen. Es gibt nirgends einen Hinweis, daß er Brendans Rückkehr von der ersten Seefahrt noch erlebte – die *Vita* erwähnt nur Brendans Besuch bei der Ziehmutter Ita –, was mit dem traditionellen Sterbedatum St. Ercs, um 512, zusammenpaßte.

In St. Patricks Heiligenleben taucht ein Erc an ganz anderer Stelle auf. Nach dem Entzünden des Osterfeuers auf dem Hügel von Slane, wird auf Anraten der Druiden St. Patrick von König Laoghaires Vertrauten wie Luft behandelt, bis auf einen, der sich, beeindruckt von des Heiligen Persönlichkeit, spontan erhebt, um ihn zu begrüßen. Es ist der adelige Barde Erc, ein Geschichtsgelehrter und vielversprechendes Talent, der trotz seiner Jugend zum engeren Kreis des Königs gehörte. Er schloß sich als einer der ersten St. Patrick an, der ihn zum Priester und Bischof ausbildete. Folgerichtig wählte er den Hügel von Slane für sein erstes Kloster, dem er als Abt-Bischof vorstand, bis er für St. Patrick missionarische Vorstöße in Kerry unternahm. Wie lange er dort blieb, ob er in Kerry verstarb, oder im Alter nach *Slane* zurückkehrte, ist nicht bekannt. Fest steht, daß er im Friedhof seiner Gründung begraben wurde. Das Kloster stand auf dem Hügel von Slane, über dem gleichnamigen Städtchen zwischen Drogheda und Navan in der Grafschaft Meath, von dem man eine großartige Aussicht über das Boyne-Tal genießt. Hier oben wird einem erst bewußt, wie wirkungsvoll St. Patricks Osterfeuer plaziert war – ganz Meath muß es gesehen haben!

St. Ercs Kloster besaß einiges an Kirchenschätzen, was die Wikinger wiederholt anzog. Mitte des 10. Jh.s steckten sie den Rundturm an, in dem die wichtigsten Reliquien, St. Ercs kostbarer Bischofsstab und »die beste aller Glocken«, in Sicherheit gebracht worden waren. Trotzdem lohnte es Ende des 12. Jh.s noch immer für Dermot Mac Murrough, König von Leinster, und seinen unseligen Alliierten, Strongbow, Earl of Pembroke, der die Normanneninvasion in Gang setzte, einen Raubzug auf das Kloster zu unternehmen. In diesen Wirren gingen die Schätze der klösterlichen Schreibstube unter, wie z. B. das berühmte *Yellow Book of Slane*, einer der ersten großangelegten Zusammenstellungen der irischen Literatur.

Noch immer stehen Klosterruinen auf dem Hügel. Sie stammen von dem 1512 neu erbauten Kollegiatstift, das Sir Christopher Fleming und seine Gemahlin Elisabeth Stuckley für vier Priester, vier Meßdiener und vier Chorherren einrichteten. Vom Turm läßt sich der Boyne bis zum Meer verfolgen.

Auf der Südseite des, neuerdings peinlich aufgeräumten, Friedhofs sind nur noch die Giebelwände des alten Schreines übrig, der wie ein kleines Haus St. Ercs Reliquien umschloß. Bis vor kurzem wurde jeder Sarg, bevor er in die Erde kam, ehrfürchtig vor des Heiligen Grab abgesetzt. St. Patricks Quelle auf der Nordseite soll sich nach dem Wasserstand des Boyne richten.

Es gibt noch eine zweite Verbindung zum Fluß. Auf dessen Nordufer, in einem Wäldchen in der Domäne von Slane Castle, befindet sich die durch die Reste eines Franziskanerkirchleins mit interessanter Steinmetzarbeit bezeichnete Einsiedelei von St. Erc.

FACHTNA/FACHTNAN MAC MONGAGH VON ROSS CARBERY (VOR 600)

14. August

Wie Ciarán von Clonmacnois, so soll auch Fachtna »eines Zimmermanns Sohn«, und, wie St. Brendan von Clonfert, Ita von Killeedys Pflegekind gewesen sein. Sein Vater hieß Mongach; Fachtna kam in Westcork zur Welt. Der Legende nach verlor Fachtna sein Augenlicht und wurde durch seinen Glauben wieder sehend. Er muß um 600 gestorben sein.
Diese vagen Angaben stehen im Gegensatz zur Geschichte seines Hauptklosters in »Ross Ailither«, heutzutage »Ross Carbery«, in der Grafschaft Cork. Bis zum Normanneneinfall gehörte es zu Irlands gelehrtesten Häusern, das nicht nur religiöse Manuskripte, sondern auch literarische und naturwissenschaftliche Werke auf irisch verfaßte oder zusammenstellte.
Die Wikinger plünderten und zerstörten das Kloster mehrmals; 991 kidnappten die Dänen den berühmten Kleriker und Professor Airbertach Mac Coisse. Das Lösegeld muß der Mühe wert gewesen sein. Hochkönig Brian Ború griff für diesen *ferlegind,* diesen Mann von höchstem wissenschaftlichem Rang, dessen Weltgeographie in 136 Versen erhalten ist, persönlich in den Säckel.
Die protestantische St. Fachtnas Kathedrale von *Ross Carbery,* dem hübsch gelegenen Dorf an der gleichnamigen Bucht, 16 km südwestlich von Clonakilty, bewahrt Fragmente der vorreformatorischen Vorgängerin; das Nordtransept ist zum Großteil mittelalterlich.
Am Hügelhang, oben, in Burgatia, sitzt das winzige Kirchlein Teampaillin Fachtna, entweder St. Fachtnas Einsiedelei oder seine erste Kirche am Ort.
Eine zweite katholische Kathedrale von ca. 1200 in Kilfenora in

der Grafschaft Clare, zwischen Lisdoonvarna und Corrofin, trägt den Namen des Heiligen. Das Hauptschiff ist als protestantische Gemeindekirche vom Rest der Kirche abgetrennt worden. Der dachlose Chor, im Übergangsstil, besitzt ein schön proportioniertes dreiteiliges von zwei mittelalterlichen Skulpturen flankiertes Ostfenster: der Bischof links, mit dem Krummstab und der zum Segen erhobenen Hand, soll St. Fachtna darstellen. Eine zart gearbeitete Sedilia, eine Reihe von Sitzen für Kleriker, ist in der Nordwand eingelassen. Über den Friedhof sind drei Kreuze aus dem 12. Jh. verteilt, die es wert sind, im Detail angeschaut zu werden.

Das Fragment gegenüber dem Kircheingang besteht aus einem mit geometrischen Mustern verzierten Stamm; westlich der Kirche steht das berühmte, allen Deutungsversuchen trotzende »Doorty-Kreuz«. Der Bischof auf dem oberen Teil der Westseite ist klar genug erkennbar. Wer aber sind die beiden barhäuptigen Gestalten, die eine mit einem Abtstab, die andere mit einem Tau-Stab, zu seinen Füßen? Unter diesen sitzt ein seltsamer, doppelköpfiger Vogel, der an Köpfen herumzupicken scheint. Die Westseite könnte den »Einzug in Jerusalem« darstellen; der Rest ist mit geometrischen Mustern angefüllt. Auf der südlichen Schmalseite sind weitere Köpfe angebracht. Die Felder des Nordkreuzes sind mit verschiedenen Mustern verziert.

Circa 30 m weiter vom Kirchhof entfernt, auf dem Feld, erhebt sich ein schlankes Holzkreuz mit einer Kreuzigung und geometrischen Motiven. Ein fünftes, ähnliches Kreuz vom alten Klostergrund von St. Fachtna landete in der St. Flannan-Kathedrale in Killaloe.

FIACH/FIACC FINN VON SLEATY (5. JH.)

12. Oktober

Wie sorgfältig St. Patrick seine ersten Bischöfe aussuchte, zeigt sich am Beispiel von Fiach, dem Dichter.
Der Legende nach gelangte »der Apostel der Iren« an den, von ihm bekehrten, obersten Dichter Dubthach mit der Bitte, er möge ihm einen gelehrten jungen Mann aus guter Familie mit nur einer Frau und einem Sohn finden, der gewillt wäre, das Amt des Bischofs auf sich zu nehmen.
Die Beschreibung paßte auf dessen ehemaligen Schüler Fiach, der trotz seiner Jugend nur einen Rang unter dem Meister stand und sich gerne in den christlichen Dienst stellen wollte. Patrick unterwies ihn in einem Schnellverfahren und machte ihn zum Bischof von Sleaty. Großzügig stattete er ihn mit allem Nötigen aus: einer Handglocke, zwei Handbüchern für christliche Doktrin und Liturgie, einem Bischofsstab und einer ledernen Umhängetasche zum Transport der Bücher. Sieben seiner eigenen Gefährten wurden abgeordnet, Fiach beim Klosterbau zu helfen und den Kern einer neuen Mönchsgemeinde zu bilden.
Die Überreste von St. Fiachs Kloster, bestehend aus der Ruine einer Kirche, vorwiegend vom 12. Jh. und zwei einfachen frühen Kreuzen, befinden sich 1,5 km nordnordwestlich von *Carlow*, auf dem Westufer des Barrow. Hier soll Fiach die »Hymne« verfaßt haben, eine Biographie St. Patricks in Versform. Sie ist in einer Version des 8. Jh.s erhalten. Es heißt, Fiach und sein Sohn seien auf dem Friedhof begraben; daß die beiden Kreuze die beiden Gräber bezeichnen, ist umstritten.

FEICHIN/FECHIN VON FORE UND CONG (GEST. 664/5)

20. Januar

Feichins Einzugsgebiet erstreckte sich von der Westküste zur Ostküste, quer durch Irland, von Sligo nach Louth und von Galway nach Westmeath. Er war und ist noch immer ein populärer Heiliger.

Die eine der beiden irischen *Viten* überhäuft ihn in Versform mit allen möglichen guten Eigenschaften: enthaltsam, gefällig, barmherzig, mächtig, ausgemergelt, gerecht im Sprechen, ehrlich, fromm, voll gesundem Menschenverstand, gottgefällig, liebevoll, verschwiegen ... praktisch begabt und, als letzte Steigerung, im Besitz von bebilderten Büchern. Trotzdem entsteht, mit Abstrich einer gewissen Idealisierung, eher das Bild eines wirklichen Menschen, als durch andere *Viten* mit extravaganten Wundern.

Feichins Eltern stammten vermutlich aus Connacht, denn in der Grafschaft Sligo, bei Ballysadare kam der Junge zur Welt. Der asketisch veranlagte St. Nathy war sein Lehrer, – Feichin behielt den Hang zur Selbstkasteiung ein Leben lang bei. Beten im eisigen Wasser oder bis zur Erschöpfung, Entzug von Nahrung und Schlaf, Ertragen größter Kälte, waren Prüfungen, die er sich und seinen Mönchen regelmäßig auferlegte. Während der Pestepidemie in den sechziger Jahren des 7. Jh.s steckte er sich bei der Krankenpflege an und verstarb 665.

Die Ruinen des Klosters von *Ballysadere*, Grafschaft Sligo, an der gleichnamigen Bucht, am Westufer des Owenmore, unterhalb der Wasserfälle, wirken schlichtweg malerisch. Die interessanteste ist diejenige von Teampall Mór Féichín (»Feichins großer Kirche«), einer vorromanischen rechteckigen Kirche mit hiberno-romanischem Südeingang. Im Rundbogen sitzen Köpfe und geometrische Muster.

Fore (Westmeath)

Im 12./13. Jh. übernahmen die Mönche die Augustinerregel und verlegten das Kloster ca. 300 m nach Westen. Die Kirchenruine mit dem Turm aus dem 15. Jh., »The Abbey«, erinnert daran.

Das Hauptkloster *Fore*, 4 km östlich von Castlepollard, gründete Feichin in der anmutigen Hügellandschaft von Westmeath, in einem romantischen Tälchen. Er war von Anfang an erfolgreich: 300 Mönche dienten unter ihm. Im Laufe der Zeit entwickelte es sich zu einer richtigen Klosterstadt; eines der Tore ist noch erhalten. Die Stadt bestand aus zwei getrennten Komplexen, dem keltischen am Hang und dem normannischen auf dem sumpfigen Talboden.

St. Feichins Kirche, oberhalb des Parkplatzes, könnte das Original aus dem 7. Jh. sein: ein einfaches, rechteckiges Gebäude mit Anten, d. h. ausgestellten Giebelenden. Der Chor kam um 1200 dazu – beachtenswert ist der kleine Mönchskopf, an der Nordseite des Chorbogens. Das Taufbecken und der einfache Steinaltar sind sehr alt. Das Westportal aus massigen Quadern, die ein Türsturz aus einem ca. 2,5 t schweren Block verbindet, trägt ein eingemeißeltes Ringkreuz und hat die Tendenz, Archäologen zu Vergleichen mit koptischen oder syrischen Kirchen herauszufordern. Einige Heiligenviten nahmen eine direkte Verbindung zum Nahen Osten ohnehin als Selbstverständlichkeit hin. Schon im 12. Jh. zählte Giraldus »die Wunder von Fore« auf. Mit der Zeit wurden es deren sieben.

Das erste bezog sich auf eben den Türsturz, den beim Kirchenbau alle Mönche zusammen nicht hochzustemmen vermochten. St. Feichins Gebet hob die Schwerkraft auf – der Block schwebte an den richtigen Platz.

Zu den Überresten aus den Klosteranfängen gehört auch das schlichte Ringkreuz auf dem Friedhof.

Fast soviel Verehrung wie die Kirche genoß die Klostermühle, die der Heilige eigenständig konstruierte und zwar nicht mit dem üblichen gelenkten Mühlbach, sondern indem er einen starken Wasserstrom direkt aus dem Berg nutzte. Diese technische Neuerung galt ebenfalls als Wunder. Ein weiteres wurde in St. Feichins Wasserbeschaffungsmethode gesehen: Im Nachbartal fand er den abflußlosen See, Lough Lane. Indem er seinen Bischofsstab tief in die Bergflanke stieß, dirigierte er das Wasser durch den Kalkstein und schon sprudelte am Hang über der Mühle ein Quell und strömte mit so viel Kraft, daß er weitere Mühlräder hätte treiben können. Die Mühle funktionierte bis zur Mitte des 19. Jh.s. Heute sind nur noch brombeerüberwucherte Gemäuer übrig.

Zum vierten segnete der Heilige eine Esche, so daß sie, zur Versinnbildlichung der heiligen Dreifaltigkeit, nie mehr als drei Äste gleichzeitig trug. Jahrzehntelang klopften Pilger einen Penny ins

Holz, und bis vor kurzem stand der alte, tote Baum aufrecht im Sumpf. Die neulich fertiggestellte Anlage berücksichtigt die Reste mit einer eigenen Bucht, wohinein ein neuer Baum gepflanzt worden ist. Unter den Wurzeln des Baumes pflegte St. Feichins heilige Quelle zu murmeln, deren Wasser, ein weiteres Wunder, nicht zum Kochen gebracht werden konnte.
Die zwei letzten Wunder stammen nicht aus der Gründerzeit. Eines betrifft die großartige normannische Benediktinerabtei von St. Taurin und Feichin, »das Kloster-im-Sumpf-das-nicht-sinkt« – archäologische Untersuchungen vor einigen Jahren haben ergeben, daß es sehr geschickt eine natürliche Felsinsel im ehemaligen See nützt –, und das andere dreht sich um »den Mann im Stein«, »Irlands letzten Einsiedler«. Patrick Baglan, der letzte aus einer Reihe von Anchoriten, ließ sich um 1600 im alten Wachtturm einmauern, wobei er das Gelübde tat, ihn nicht lebend zu verlassen. Aber auch im Tode verließ er ihn nicht, denn die Zeit, die ihm zwischen Beten und frommen Übungen verblieb, verbrachte er, indem er mit den Fingernägeln in 16jähriger Arbeit sein Grab im Turmboden aushob. Nicht von ungefähr hat sich dieser strenge Asket im Tal von Feichin niedergelassen. Zum Andenken wurde dem Turm ein Kapellchen angefügt.
Termonfeckin, die alte Bischofsresidenz, sowohl des katholischen, als auch des protestantischen Bischofs, an der Küste von Louth, zwischen Drogheda und Dundalk, bedeutet »Klosterbezirk von St. Feichin«. Diesen überließ im 12. Jh. der König von Uriel den Augustinern, nachdem er ihn mit mehreren Wohngebäuden und Kirchen ausgestattet hatte. Bis auf Fragmente sind sie alle verschwunden. Sehenswert ist das Hochkreuz im protestantischen Kirchhof. Über der Kreuzigung auf der Westseite schwebt ein Engel; auf der Ostseite triumphiert der Auferstandene. Die restlichen Flächen füllen geometrische Muster. Ein früher Grabstein ist im Kircheingang eingelassen – er bittet um ein Gebet für Ultan und Dubthach, »die diesen Ringwall errichteten«.

Feichins Kloster von *Cong,* Grafschaft Galway, sitzt auf der Landbrücke zwischen Lough Corrib und Lough Mask – dieselben Verhältnisse wie im Tal von Fore, unterirdische Wasserläufe in einer Kalklandschaft, nur hier im größeren Maßstab.
Auch hier übernahmen die Augustiner Feichins Gründung. König Turlough O'Connor ließ ihnen ein Kloster nach kontinentalem Muster erbauen. 1123 gab er das elegante, prächtig ausgeführte, skandinavisch beeinflußte Prozessionskreuz von Cong in Auftrag, dessen Mittelpunkt, ein geschliffener Bergkristall, einen Splitter des wahren Kreuzes faßte. Das Kreuz ist heute im *Nationalmuseum, Dublin,* zu bewundern.
Der Chor der Klosterkirche ist am besten erhalten. Der hiberoromanische Eingang stammt ursprünglich von der Südseite. Steinmetzarbeiten, um die drei Pforten in der Ostwand, gehören zum Besten, was Irlands Westen an romanischen und frühgotischen Formen hervorgebracht hat. Die Spielarten sind so auffallend, daß von einem Cong-Stil gesprochen wird.
König Turloughs Sohn Rory, der letzte Hochkönig Irlands, verlebte die 15 Jahre bis zu seinem Tod im Kloster von Cong. 1198 wurde er auf ausdrücklichen Wunsch in Clonmacnois begraben; sein Sohn und seine Enkel fanden ihre letzte Ruhe in Cong, was das Ansehen des Klosters noch weiter förderte.
Die Insel *Omey,* ca. 10 km südwestlich von Cleggan, Grafschaft Galway, in der gleichnamigen Bucht, läßt sich bei Ebbe zu Fuß erreichen. Templefeehan, die Nachfahrin von St. Feichins Klosterkirche auf der Nordseite, ist ständig vom Dünensand bedroht. Auf der Westseite liegt Toberfeehan, St. Feichins Quelle.
Das flache salzige wenig fruchtbare Land kann sehr wohl die Mönchsgemeinde in jene Hungersnot gebracht haben, die die *Vita* schildert. Zwei Brüder waren bereits verhungert und die anderen hätten das gleiche Schicksal erlitten, wenn nicht der immer freigiebige König Guaire von Connacht eine Rettungskolonne mit Lebensmitteln und Tranksame geschickt hätte.
Für *Ardoiléan/ High Island,* die rundum von Klippen geschützte

Insel, 11 km westlich von Cleggan, muß man sich einen guten Tag aussuchen! Zur Überfahrt erkundigt man sich am besten bei den Fischern von Cleggan, vorzüglich in einem der Pubs. Es ist eine lohnende Fahrt zwischen den anderen Inseln hindurch mit der Connemara-Küste im Rücken; und dank der relativen Schwierigkeit, die Insel zu erreichen, blieb St. Feichins Kloster, außer vom Zahn der Zeit, unberührt.

Die Mönche trennten mit einem Wall den nördlichen Teil der Insel vom Profanen ab. Dahinter errichteten sie ihre Bienenkorbhütten, von denen zwei noch leidlich erhalten sind und sicherten sie mit einer zweiten Mauer. Um das 3 × 4 m große Kirchlein und den Friedhof legten sie eine dritte. Einige schöne alte Grabsteine sind erhalten. Bei der heiligen Quelle am Hügelhang steht ein ehrwürdiger verwitterter Kreuzstein.

FINBAR VON CORK (ANFANG 7. JH.)

25. September

Finbars *Vita* ist enttäuschend. Sie fängt vielversprechend an, mit Angaben über den Geburtsort und die Familienverhältnisse des Heiligen, endet aber, nach spärlichen Hinweisen auf Erziehung, Studium und Laufbahn, in einem Rattenschwanz von Wundertaten, die nichts über Finbar, dafür um so mehr über das spätmittelalterliche Kloster von Cork aussagen: sie sind aus anderen *Viten* zusammengeschrieben worden, um dessen Vorherrschaft über andere Klöster geltend zu machen.

Das Vorspiel zu St. Finbar ist reines Melodrama, das jedoch ein interessantes Licht auf die sozialen und ökonomischen Verhältnisse des 6./7. Jh.s wirft: Vater Amairgin, ein Feinschmied aus Connacht, trat in den Dienst des Territorialkönigs Tigernach von Rathlenn, bei Bandon, in der Provinz Munster, ein und avancierte rasch zum Oberschmied. Er gehörte also zur Gruppe der Professionellen, einer Unterabteilung der Druiden, von hohem sozialem Status. Nur so ist es zu erklären, daß er sich über das öffentlich verkündete Verbot seines Brotherrn hinwegsetzte, sich der schönen Sklavin zu nähern, die der König offensichtlich für sich reserviert hatte. Die *Vita* behauptet, Amairgin »habe nichts davon gehört«.

Um ca. 700 wurde Reichtum in Kühen – und Frauen –, meist Kriegsbeute, gemessen. Die Grundeinheit »set« war eine Kuh; »cumal«, eine Leibeigene, war sieben »set«, also sieben Milchkühe, wert. Tigernach geriet in gerechten Zorn, als die geheime Verbindung aufflog, weil ein Kind unterwegs war. Zur Beleidigung durch Ungehorsam kam die finanzielle Einbuße. Er befahl, die beiden ins Feuer zu werfen. Ein Gewitterregen, unter Donner und Blitz, verhinderte das Anzünden des Scheiterhaufens, und das Ungeborene warnte den König vor dieser Tat.

Bald darauf kam ein »großköpfiger, feingliedriger Junge« zur Welt, der seine Eltern gleich nach der Geburt vom König freibat – »dann sprach das Kind nicht mehr, bis zur richtigen Zeit«, beruhigt die *Vita* den Leser.
In der Taufe erhielt er den Namen »Loan« und kam mit sieben Jahren zu den geistigen Pflegevätern, Brendan, Lochán und Fidach. Selten erhält man Einblick in die Gebräuche der frühen Kirche: der Kleine wurde mit dem Eintritt in seine Schulung wie ein Mönch behandelt. Die Haare wurden ihm bis auf einen Schopf abgeschoren, und er bekam einen neuen, zur Gelegenheit passenden Namen »Find Barr«, »Blondschopf«. Er studierte später an verschiedenen Orten, u. a. unter St. Cainnech in Aghaboe, und ließ sich, nach der Priesterweihe, als Einsiedler in Gougane Barra, in den Bergen von West Cork, an der Quelle des Lee, nieder.
Die Legende schildert Finbar als fast menschenscheu, und wie seine Frömmigkeit Bewunderer und Schüler anzog, soll er flußabwärts in den großen Sumpf um die Lee-Mündung geflohen sein. Aber auch hier mußte er nach und nach, der vielen Schüler wegen, seine Einsiedelei zum Kloster ausbauen – zum Grundstein der heutigen Grafschaftshauptstadt Cork. Weitere kleinere Klöster im Umkreis werden ihm zugeschrieben, die er regelmäßig besuchte. Er war ein alter Mann, als er von einer solchen Dienstreise nicht mehr zurückkehrte. Er starb neben dem Kreuz des nicht mehr identifizierbaren Cell na Cluaine. Der gesamte Klosterverband rückte aus, um den Toten nach Cork zurückzuholen. Zwölf Tage, »in denen Gott der Sonne nicht gestattete, unter die Erde zu gehen«, dauerten die Feierlichkeiten seiner Beerdigung.
St. Finbars Geburtsort, Rathlenn, ist mit an Sicherheit grenzender Wahrscheinlichkeit das Ringfort Lisnacaheragh in *Garranes,* 6,5 km südöstlich von Crookstown, Grafschaft Cork, zwischen Cork und Macroom. Die große dreiwallige Festung wurde in den vierziger Jahren archäologisch untersucht, und außer den Pfostenlöchern mehrerer Häuser kamen Werkzeuge, Metallge-

Gougane Barra (Cork)

genstände, und Abfälle, farbige Glasreste und Tonformen aller Art zum Vorschein. Hier waren tatsächlich Feinschmiede am Werk gewesen! Der schönste Fund war eine halbfertige bronzene emaillierte Brosche, die das Museum von Cork aufbewahrt. Sogenannte Tintagel-Tonware, Bruchstücke von Amphoren aus dem Mittelmeergebiet, zum Transport von Öl, Wein und Spezereien, sagen über den Lebensstandard der Bewohner des 5. bis frühen 7. Jh. aus, daß sie reich, mächtig und kultiviert genug waren, um am internationalen europäischen Fernhandel teilzuhaben.

Gougane Barra, 6,5 km südsüdwestlich von Inchigeelagh, Grafschaft Cork, ist das Heiligtum von West Cork und einer der eindrücklichsten Pilgerorte Irlands überhaupt. Inmitten der Steilwände der Shehy Mountains, an einem Ende von Nadelwald umgeben, liegt der dunkle Bergsee mit dem Inselchen, auf dem einst St. Finbars erste Einsiedelei stand. Ein Steg verbindet es heute mit dem Festland; da, wo er beginnt, fließt St. Finbars heilige Quelle. Die Ruine einer Nachfolgekirche enthält ein einfaches großes Holzkreuz und Kreuzwegstationen. Die kleine Kapelle von Samuel Hynes von 1900 ist von der Cormac-Kapelle von Cashel inspiriert.

In der Neuzeit wurden die Pilgerfahrten zu St. Finbar immer mehr zu Volksbelustigungen: schließlich schritten die weltliche und kirchliche Obrigkeit dagegen ein, denn nicht nur Weihwasser, sondern auch Alkohol und, bei den darauffolgenden Schlägereien, Blut, flossen in Strömen. In den letzten Jahrzehnten ist die Wallfahrt in angemessenerer Form wiederaufgenommen worden und zieht Jahr für Jahr mehr Menschen an.

Die Stadt *Cork* besitzt drei Kirchen zu Ehren ihres Schutzpatrons. Der Überlieferung nach stand sein Kloster auf der Erhebung, wo heute St. Finbarre's (sic) Cathedral steht, denn als diese im 18. Jh. errichtet wurde, mußten nicht nur die Ruinen der mittelalterlichen Kathedrale, sondern auch ein Rundturmstumpf weichen. Circa 500 m davon, in Fernhurst Avenue, befindet sich die moderne Universitätskapelle »St. Finn Barr« (sic) mit schönen Kirchenfenstern irischer Heiliger, aus der Glasmalerschule von Dublin. Im Giebel über dem Westeingang steht die Statue des Heiligen von Oliver Sheppard. St. Finbarr's (sic) Church bzw. South Chapel in Dunbar Street ist die katholische Kirche von 1766.

FINIAN/FINNIAN/FINDIAN MOCU TELDUIB VON CLONARD (ENDE DES 5. BIS MITTE DES 6. JH.S)

12. Dezember

Ende des 5. Jh.s war die Missionsarbeit in Irland im groben abgeschlossen. Die junge Kirche, die sich nicht auf die städtische Verwaltung stützen konnte, fand ihre ideale Organisationsgrundlage nicht in der Diözese, sondern im Kloster.
Finian schuf als einer der ersten eine solche Institution, mit allgemein verbindlichen Regeln, für das Zentrum Irlands in Clonard (heute Grafschaft Westmeath, zu seiner Zeit Grafschaft Louth), in der damaligen Provinz Leinster.
Hier zog er jüngere Kräfte heran, die das Netz der Klöster mit ausbauen helfen sollten. Irland feiert ihn deshalb als »Lehrer der Heiligen, Pflegevater der 12 Apostel Irlands«, und macht praktisch alle großen Heiligen des 6. Jh.s und einige überragende des 5. Jh.s zu seinen Zöglingen: Ciarán von Saighir, Columcille von Iona, Cainnech von Aghaboe, Brendan von Birr, Brendan von Clonfert, Kevin von Glendalough, Ciarán von Clonmacnois, Mobhi von Glasnevin, Ninnian von Inishmacsaint, Colum von Terryglass, Mo-Laise von Devenish, Rúadán von Lorrha (mit Variationen, je nach *Vita*). Im Schüler-Verhältnis steht Finian selbst zum ersten Klostergründer Irlands, Enda von Aran.
Die *Vita* zeichnet Finian als eine vielseitige harmonische Persönlichkeit, als akkuraten Menschenkenner und erstaunlichen Organisator, der mit freundlicher Festigkeit seine Pläne durchsetzt. Er erhält nicht nur den Respekt eines distanziert verehrten Heiligen, sondern Glanz und Wärme eines von allen geliebten Menschen, auch noch gut 300 Jahre nach seinem Tod, als der erste Biograph aus Leinster die schriftliche und mündliche Überlieferung zusammentrug. Ganz eindeutig führte diesem seine Begeisterung für den großen Landsmann die Feder.

Denn Finian kam in Leinster, als Sohn des adligen Ehepaars Finntan und Telach, zur Welt. Die Mutter träumte während der Schwangerschaft, eine Feuerflamme flöge ihr zum Mund hinein und als Paradiesvogel wieder hinaus. Er setzte sich auf einen Zweig, worauf sich alle Vögel Südirlands um ihn herum niederließen. Dasselbe wiederholte sich in Nordirland.

Beide Eltern sahen darin ein göttliches Zeichen und taten ihr Bestes, die Entwicklung des wunderbaren Kindes nicht zu stören: Mutter Telach verzichtete »auf schwere Fleischgerichte und nahm nur noch leichte Speisen und milde Kräuter zu sich«.

Der Junge ging bei Bischof Fortchern, dem Enkel König Laoghaires in der heutigen Grafschaft Carlow zur Schule.

Die *Vita* behauptet, als 30jähriger habe er St. Martin von Tours aufgesucht. Wahrscheinlicher ist ein Aufenthalt in Wales, wo er von den drei berühmten Heiligen David, Gildas und Cadoc lernte, was er für seine eigene Klostergründung brauchen sollte.

Wunder in Wales beleuchten Züge des Heiligen, die ihm in Irland zum Erfolg verhelfen: Die drei walisischen Heiligen sind in einem Wettstreit um die Oberhoheit begriffen. Cadoc, der die besondere Gnade, die auf dem jungen Iren ruht, erkennt, zieht Finian als Schiedsrichter zu, obwohl er kein Wort Walisisch spricht. Finian macht das Kreuzzeichen über seinen Mund und »spricht Britisch, als ob es seine Muttersprache wäre«; er löst das Problem, indem er St. David auf Grund seines Alters als höchste Instanz anerkennt.

Zu viert bitten sie einen Territorialkönig um Bauland für eine Kirche, was dieser abschlägt, es sei denn, es gelänge ihnen, einen großen See auszutrocknen – den Seeboden würde er ihnen zur Verfügung stellen. Finian erschreckt den See mit einer Brandfakkel, so daß er ins Meer flieht!

Die Mönche sind in den Wald gezogen, um Bauholz zu holen – Finian sitzt zu Hause, da niemand ihn aufgefordert hat, mitzukommen. Der Unterprior schilt ihn deswegen und befiehlt ihm, es den anderen gleichzutun. Sofort gehorcht er dem Vorgesetz-

ten, spannt mangels Pferden zwei junge Hirsche an, und bringt seine Ladung vor den anderen zurück. Nicht ohne Schadenfreude setzt der Vitenschreiber an diesem Punkt hinzu, daß das Ende des Sub-Priors unbekannt sei.
Finian macht mit uneinsichtigen sächsischen Räubern kurzen Prozeß: ein Schlag mit dem Bischofsstab auf die Bergseite und schon begräbt sie der Berg unter sich.
Diese Beispiele porträtieren ihn als überzeugenden Vermittler zwischen Menschen bei Uneinigkeit, als originellen Löser technisch-organisatorischer Probleme beim Klosterbau, aber auch als Anhänger der keltischen Tradition in seiner Beziehung zur Tierwelt und in seiner Ähnlichkeit mit einem zornigen Druiden, der die Elemente gegen seine Feinde in Bewegung setzt. Ein neues Element ist die Betonung des Gehorsams gegenüber dem Klostervorsteher – es ist die Grundlage, auf der die monastische Kirche aufbaut.
Eigentlich wollte St. Finian eine Romreise unternehmen, aber ein Engel bringt ihn davon ab. Statt dessen soll er in Irland »den Glauben erneuern nach St. Patrick«.
Von Wales zurück, heißt ihn Prinz Muiredach von Leinster am Hafen persönlich willkommen und trägt ihn auf seinem königlichen Rücken über drei Felder, was dem Hof unschicklich vorkommt. Finian erklärt, daß die drei Felder drei aufeinanderfolgende Könige von Leinster aus dieser Familie symbolisieren, als Lohn für diese Ehrbezeugung. Tatsächlich war das Verhältnis zum Königshaus grundsätzlich ein freundschaftliches: Aghowle in der Grafschaft Wicklow, Finians erstes Kloster nach seiner Rückkehr, steht auf Land, das ihm Muiredach, König geworden, schenkte.
Mehrere kleinere Gründungen folgten. Einige Zeit soll Finian in St. Brigids Kloster in Kildare unterrichtet haben, und eine hübsche Anekdote illustriert das gute Einvernehmen der beiden Heiligen: St. Brigid möchte St. Finian, dem Verächter allen Reichtums, zum Abschied einen Goldring schenken, was er natürlich

ablehnt. Brigid ist zu weise, ihn zu drängen, und steckt das Kleinod weg mit der Bemerkung »auch wenn du ihn nicht annimmst, brauchen wirst du ihn«. Abends, an einem Wässerchen, wäscht sich der Heilige die Hände – da hält er plötzlich den Ring in der Hand. Der Tag ist noch nicht zu Ende, da tut das Schmuckstück gute Dienste als Lösegeld für einen Leibeigenen, der Mönch werden will.

Finians Hauptgründung, »der Ort seiner Auferstehung«, wie ihm sein Engel verkündigt, ist Clonard, an der Hauptverkehrsachse Ost-West, heute Dublin – Galway. Hierher kam Columcille und baute seine Unterkunft nicht am angewiesenen Ort, hier ließ Ciarán seine berühmte Schwarzbraune und ihr Kälbchen weiden, hier lieh Ninidh Ciaráns Evangelienbuch aus, und hier erschien den Schülern die geheimnisvolle Paradiesblume, der St. Brendan folgte.

Dreitausend Schüler soll Finian unterrichtet haben; keinen ließ er ziehen, ohne ihn großzügig mit einem Buch, einem Stab oder sonst einem Andenken zu beschenken.

Finian ist mit ziemlicher Sicherheit jener Vinnianus, der das erste noch erhaltene irische Handbuch für Beichtväter schrieb. Obwohl es sich um eine Auflistung von Vergehen und Sünden und den dazugehörigen Bußen und Strafen handelt, ist der Ton weder harsch, noch in irgendeiner Weise fanatisch. Der Schreiber versucht mit Geduld und Zähigkeit, im Vertrauen auf Gottes Hilfe, Fehler und Schwächen anzugehen und schlechte Eigenschaften in gute umzuwandeln. Trübsinn wird mehrmals als schlimmes Übel dargestellt: es verschlingt die Seele oder frißt daran.

Eine der Episoden von Clonard verrät offen Sinn für Humor. Der Druide Freachan suchte den Heiligen auf, der herausfinden möchte, ob dessen Wissen von Gott sei oder nicht. Der Zauberer, seiner selbst recht sicher, forderte ihn auf, das selbst herauszubekommen. »Nun denn«, sagte Finian, »sag mir, von welchem Ort werde ich mich nach dem Tod erheben?« Der Druide hatte bereits die fromme Antwort parat: »Im Himmel, nicht auf Erden.«

Das ließ Finian nicht gelten. Er solle es noch einmal probieren. Dem Druiden fiel nichts Besseres ein. Da erhob sich Finian ostentativ von seinem Sitz – endlich ging dem Wahrsager auf, daß ihn der Heilige zum besten hielt: »Von dort, wo du jetzt sitzest, wirst du dich zur großen Versammlung am Jüngsten Tag erheben«, rief er aus.

Dieses Wortspiel hatte jedoch, wie so oft in der keltischen Welt, den Unterton einer Prophezeiung: von Finians Lehrstuhl sollte sich eine neue, auf mönchischer Disziplin und Gelehrsamkeit fußende Kirchenform erheben, während ihr Gründer im Friedhof von Clonard auf die Auferstehung wartete.

Noch ein Vertreter der Druidenklasse, Columcilles Lehrer, der Barde Gemmán, besuchte Finian und brachte ihm ein nach allen Regeln der Kunst verfaßtes Lobgedicht, verlangte aber »weder Gold, noch Silber, noch kostbare Gewänder« dafür. Statt dessen bat er den Heiligen, über seinem unfruchtbaren Land zu beten. Der Heilige rät ihm, das Gedicht ins Wasser zu tauchen und damit die Felder zu besprengen. Von da an gedeiht alles, was in die Erde kommt.

In dieser Geschichte zeigt sich die positive Haltung des Klosters gegenüber der keltischen Überlieferung, die sich in den Schreibstuben niederschlug: neben christlichen Schriften entstanden in Clonard auch Sammelbände früher irischer Texte. Das Fehlen jeder Spannung in der Begegnung zwischen Druiden und Heiligen ist bemerkenswert.

Meinungsverschiedenheiten mit anderen Häusern begegnete Finian mit überlegener Ruhe, vermittelnd in den weniger wichtigen, unverrückbar in den wichtigen Punkten.

Mönche von Clonard laufen in Scharen zu Rúadán von Lorrha über, nicht weil sie dort besserer Unterricht erwartet, sondern weil der Abt dieses Klosters einen Wunderbaum besitzt, der einen Saft von sich gibt, der jedem so schmeckt, wie er ihn sich wünscht. Auf Finians Kreuzzeichen hört der Saft zu fließen auf; Rúadán verwandelt Quellwasser zu Saft. Finian macht daraus wieder klares Wasser, und das Tauziehen hätte unendlich fortgeführt werden können, wenn Finian Rúadán nicht auf seine freundliche, aber bestimmte Art ins Gebet genommen hätte. Schließlich ließ sich dieser von der Notwendigkeit überzeugen, sein Kloster in Einklang zu bringen »mit der Lebensart von allen anderen«.

Offensichtlich ging es hier darum, daß Rúadán, Finians Ex-Schüler, dem Individuellen viel mehr Spielraum ließ, während Finian eine einmal gegebene Regel für alle gleich verbindlich ansah. Bei sich selber machte er am allerwenigsten eine Ausnahme. In der *Vita* ist es sein Schüler Senach, der mit Schrecken feststellt, wie ausgemergelt der Meister ist – »seine Rippen konnte man durchs Untergewand zählen«. Finian trug als persönliche Bußübung sein Leben lang einen Eisengürtel, der bereits bis auf die Knochen eingewachsen war.

Wie David von Wales, »der Wasser-David«, weil er auf Milch und Milchprodukte verzichtete, nahm er nichts anderes zu sich als Gerstenbrot und Wasser. An Sonn- und Feiertagen gönnte er sich etwas Weizenbrot, ein Stück gekochten Lachs und eine Tasse Honigmet oder Bier. Er pflegte auf der bloßen Erde zu schlafen mit einem Stein als Kopfkissen. 549 starb er während einer Seuche – ein Opfer »um der Iren Willen, damit nicht alle an der ›gelben Pest‹ zugrunde gehen möchten«.

Aghowle, Finians Gründung am Südwestende der Wicklow-Mountains, 8 km westnordwestlich von Shillelagh zwischen Tullow und Carnew, wird von einer Kirche aus dem frühen 12. Jh. repräsentiert. Sie besitzt ein interessantes Westportal, das mit dem alten Stilmittel, flacher, gerader Türsturz außen, und dem neuen, dem Rundbogen, innen, gleichzeitig arbeitet. »St. Finians Kreuz« ist ein unfertiges Granitkreuz. Eine Handmühle (*bullaun*), ein Wasserbecken und einige frühe Grabsteine gehörten ebenfalls zum alten Kloster.

Die Kirche in *Newcastle* – Lyons, Grafschaft Dublin, zwischen Cellbridge und Rathcoole, aus dem 15. Jh. besitzt einen zweistöckigen Wohnturm für den Priester. Im frühen 18. Jh. wurde sie für den protestantischen Gottesdienst hergerichtet, d. h. der Chor abgedeckt, der feine Bogen eingefüllt und die Chorfenster in die Verfüllung gesetzt. Auf dem Friedhof steht ein Granit-Ringkreuz mit zwei kaum auszumachenden Figuren. Die Felder am Dorfende heißen noch heute »St. Fintan's Fields«; hier fließt auch noch seine heilige Quelle.

Es ist seltsam, über das Gelände, 6,5 km östlich von Kinnegad, zu schauen, worauf sich einst die große Klosterstadt *Clonard* mit ihren Kirchen, Rundtürmen und Hunderten von Flechtwerkhüttchen ausbreitete. Wo vor ca. 150 Jahren noch Reste einer mittelalterlichen Abtei und ein Rundturm zu sehen waren, neigt sich heute eine Viehweide sanft zum Flüßchen, leer bis auf die protestantische Kirche, die, aus Mangel an Geld und Gläubigen, still vor sich hin bröckelt.

Sie enthält ein achteckiges, mittelalterliches Taufbecken, mit einer »Flucht nach Ägypten«, »Taufe Christi«, einem Petrus, Engel und St. Finian, für die es wert ist, sich den Schlüssel im Pfarrhaus zu besorgen! Über allen Figuren liegt eine stille Heiterkeit – sogar der Esel scheint zu lächeln.

Taufbecken, Clonard (Meath)

FINTAN/MO-FINDU/MUNNU/MOCU MOIE/MOCU-MOIE VON TAGHMON (GEST. 635)

21. Oktober

Fintans *Vita* ist undatierbar, enthält aber so viele historische, topographische und persönliche Einzelheiten, daß der Leser nach der Formulierung von Charles Plummer, dem Herausgeber, »einen Eindruck bekommt von Munnu, als einem wirklichen Menschen, nicht nur als Aufhänger für Wundertaten«.

Ein Choleriker, aufbrausend und kurz angebunden, muß er doch ein liebenswerter Charakter gewesen sein, denn er war sich seiner Mängel sehr wohl bewußt und pflegte sich, jedesmal, wenn sein Temperament mit ihm durchgegangen war, zu entschuldigen: eben sei er nur der »körperliche Sohn Talchans« gewesen. Als »geistiger Sohn Gottes« gab er sich dann doppelt Mühe, sein Vergehen wiedergutzumachen. War er grob zu einem Gast, rührte er keinen Bissen an, bis er sich mit ihm ausgesöhnt hatte!

Er entstammte demselben Klan wie Columcille von Iona, dem er in schwärmerischer Verehrung zugetan war, seit der große Abt von Iona dem Dreikäsehoch eine glänzende Zukunft vorausgesagt hatte. Sein Kindheitstraum war, unter Columcille lernen zu dürfen. Zwar erwähnt die *Vita* von Cainnech von Aghaboe, daß Vater Talchan, ein Druide, zusammen mit seinem Sohn einmal Columcille in Iona besuchte – wann jedoch, wissen wir nicht. Vorerst war sein Erzeuger keineswegs davon erbaut, daß Fintan der Kirche zustrebte. Er schickte ihn nicht in die Schule, sondern zum Viehhüten. Glücklicherweise, für den Jungen, wohnte der Priester Grellan unweit der Weide und nahm den Lerneifrigen als Schüler an. Allerdings mußte während des Unterrichts die Herde ohne Hüterjunge auskommen, worüber sich Talchan aufregte – schließlich gab es wilde Tiere, vor allem Wölfe. Mutter Fedelma besänftigte ihren Gatten, da noch kein Tier abhanden

gekommen war, beobachtete jedoch die Herde heimlich. Sobald der Sohn die Tiere allein ließ, stellten sich zwei ausgewachsene Wölfe ein, die wie zwei brave Hüterhunde die Herde bewachten!
Die Chance für Fintan kam, als Comgall von Bangor die Gegend besuchte: offensichtlich überzeugte er die Eltern, denn sie ließen ihren Buben nach Bangor mitziehen. Wie üblich wechselte Fintan den Ausbildungsort nach einiger Zeit. Bei St. Sinell auf Cleenish lebte und arbeitete er 18 Jahre lang, und noch immer bestand sein Wunsch, unter Columcille zu dienen.
Aber es sollte nicht sein. Adamnán, Columcilles Biograph, räumt der Episode ein ganzes Kapitel ein. Das Material dazu stammte von Oissene, einem Schüler St. Fintans, »einem greisen, frommen Priester und Gottesstreiter, der sich dafür verbürgte, diese Worte direkt aus dessen Mund gehört zu haben«. Fintan weilte bei einem Freund und Kollegen, Columb Crag, um seine Reisepläne zu besprechen, als zwei Mönche aus Iona mit der Todesnachricht des Meisters auftauchten, was große Trauer auslöste. Fintan und Columb »warfen sich mit dem Antlitz zur Erde und weinten bitterlich«. Fintan konnte seinen Wunschtraum nicht ohne weiteres aufgeben und segelte zu Baithne, Columcilles Nachfolger, mit der Bitte, ihn in die Mönchsgemeinde von Iona aufzunehmen. Der neue Abt lehnte ab: Columcille habe ihm vor seinem Tod Fintans Ankunft prophezeit – ihm sei vom Himmel eine eigene Klostergründung in Wexford vorbestimmt.
Fintan kehrt in seine Heimat zurück, nicht ohne ein halbes Dutzend Gründungen in Schottland zu hinterlassen.
Die ersten beiden in Irland gehören ins Reich der keltischen Mythologie: diejenige auf der Insel Coirmirghi, einem der Eingänge zur Unterwelt, verläßt er bald verärgert wieder, weil ihm die verdammten Seelen beständig die Ohren vollschreien, die zweite ist ein Gemeinschaftsprodukt von Cainnech, Brendan und Columcille im »Gelobten Land«.
Realer ist diejenige von Tihelly/Tehelly, in der heutigen Graf-

schaft Offaly, die er der Nonne Cera und ihren fünf Gefährtinnen sozusagen »auf Zeit« schenkt. Nach ihnen wird St. Teille kommen, nach dem sie genannt werden wird: »Teach Telli«, »Haus des Teille«. Außer seinen Kirchenbüchern und -geräten überläßt er die ganze Einrichtung den frommen Frauen.
Als nächstes vertritt er Aedh Gobbain in seiner Anchoritensiedlung in Wexford, da der Einsiedler sich auf eine Pilgerfahrt nach Rom begab. Als Comgall von Bangor starb, wurde ihm die Nachfolge seines berühmten Lehrers angetragen; er schlug sie aber aus. Auch für das Weiterführen der Einsiedelei unter der Oberhoheit von Bangor konnte er sich nicht erwärmen. Columcille zu-folge brauchte er keinem Abt untertan zu sein. Ein Engel führte ihn aus dieser Ungewißheit nach Taghmon in Wexford, »dem Ort, an dem seine Auferstehung stattfinden würde«.
Es ist nicht erstaunlich, daß er sich während seiner Abtszeit nach seinem Vorbild, Columcille, richtete und auf der Synode von Magh Ailbe 630, die sich mit der Osterberechnung auseinandersetzte, mit Vehemenz auf die Seite der Konservativen stellte. Sein Gegenspieler war Mo-Laise von Leighlin, der es nicht leicht hatte, die Position der römischen Kirche zu verteidigen. In diesem Moment muß in Fintan das druidische Erbe des Vaters hochgekommen sein, denn er schlug Mo-Laise einen traditionellen Wettkampf vor. Wer siegte bewies, daß er die richtige Methode der Berechnung anwendete. Die wichtigste Probe bestand darin, daß jeder seine Osterberechnung ins Feuer werfen solle – diejenige, die nicht brannte, war von Gott gewollt.
Mo-Laise winkte von vornherein ab. Wenn Fintan verlangte, die Slieve Margy-Kette solle mit der Magh Ailbe-Ebene den Platz wechseln – Gott würde ihm das erfüllen!
Im Alter wurde Fintan noch stärker verehrt. Schon zu Lebzeiten war es kein Geheimnis, daß der Aussatz, der ihn quälte, eine selbstgewählte Prüfung war, die Antwort auf sein Gebet. Zweimal pro Woche besuchte ihn ein Engel. Der Heilige starb 635 und wurde in Taghmon beigesetzt.

Taghmon, 13 km westlich von Wexford Harbour, leitet sich von »Teach Munny«, »Munnus Haus« bzw. »Kloster« ab. Die einzigen Spuren dieser wichtigen Gründung sind »Tobermunna«, die Quelle des Heiligen und »St. Munnas Kreuz«, auf dem Friedhof, dem ehemaligen Klostergrund.

FIONAN/FÍNÁN CAM VON KINNITTY (6./7. JH.)

7. April

FIONAN/FÍNÁN LOBHAR (6./7. JH.)

16. März

Es gibt mindestens neun heilige »Fionan« und die zwei berühmtesten mit dem Dutzendnamen »Blond-« bzw. »Weißhaariger« gleichen sich auch noch in anderen Bereichen so stark, daß sie im Laufe der Zeit verwechselt wurden. Sie sind ungefähre Zeitgenossen (Ende des 6. bis zur Mitte des 7. Jh.s), litten beide an einem Gebrechen und arbeiteten im Mittelland, so daß bereits im ausgehenden Mittelalter Unklarheit darüber bestand, wer zu welcher Gründung gehörte. Das Faß zum Überlaufen brachte vermutlich der Umstand, daß beide Heiligen mit einer Insel Inishfallen zu tun hatten: Inishfallen bei Killarney im Südwesten von Irland und Ireland's Eye alias Inishfallen, nordöstlich von Dublin, vor der Halbinsel Howth im Osten.
So muß die Verteilung ursprünglich gewesen sein: der Kult von Fionan Cam, dem »Krummen«, hier »Übers Kreuz Blickenden«, war in der Provinz Munster ansässig, derjenige von Fionan »Lobhar«, eigentlich dem »Invaliden«, später ausgeweitet zu dem »Aussätzigen«, in der Provinz Leinster.
Fionan Cam war, neben St. Brendan, dem Seefahrer, zu dem er im Schüler-Lehrer-Verhältnis stand, der berühmteste Heilige Kerrys, so wichtig, daß ihn die Götterlehre in der vorchristlichen Mythologie verankerte. Sein Vater war demnach der rot-goldene Salm aus dem vorchristlichen Heiligtum Lough Leane. In der keltischen Vorstellung verkörperte der Salm die Weisheit. Seine Mutter war eine gewöhnliche Sterbliche, die mit ihrem Mann, Mac Cairge, aus dem Volk der Corcu Duibhe, zusammenlebte.

Fionans Hauptgründung, Kinnitty, in der Grafschaft Offaly, muß der nördlichste Punkt gewesen sein, den er erreichte. Im Süden und Südwesten Kerrys werden ihm an die fünfzig Gründungen zugeschrieben, viele davon Einsiedeleien. Es ist bekannt, daß in Kinnitty ein asketischer Zug herrschte, und mancher Mönch dürfte auf Zeit, oder für immer, im Süden als Anchorit gelebt haben.

Dem Heiligen wird zwar erstaunliche Spiritualität bestätigt, aber er war alles andere als ein Weltflüchtiger, sondern sehr bemüht, die Klöster auf eine solide materielle Grundlage zu stellen. So ist von ihm überliefert, daß er Mo-Chuda von Lismore (damals noch in Rahan) tadelte, der weltlichen Besitz derart verachtete, daß seine Mönche Zug- und Packtiere ersetzen mußten. Fürs erste fand Fionan, daß sich das für gelehrte Kleriker nicht zieme, da sie sich damit auf die Stufe des Viehs stellten, zum zweiten argumentierte er, daß die Kirche der Gesellschaft spirituelle Dienstleistungen erbrachte, die durch Geschenke und Almosen abgegolten werden sollten.

Das *Martyrologium von Oengus* (um 800) bzw. eine Glosse dazu erwähnt, daß Fionan als erster Weizen eingeführt habe, was als solches nicht stimmen kann. Weizen war im Irland des 6./7. Jh. längst bekannt. Vermutlich beschaffte er sich eine neue, verbesserte Sorte – das würde mit seinem Sinn für die praktischen Alltäglichkeiten zusammenpassen.

Von Fionan Lobhar ist, obwohl sein Kult halb Irland überzog, wenig bekannt. Seine Eltern stammten ursprünglich aus Munster; der Junge kam aber in Leinster zur Welt, wo er lebte und später arbeitete. Der Legende nach ließ er sich aus christlicher Nächstenliebe von einem Aussätzigen anstecken, um das Los der Ärmsten und Verachtetsten mittragen zu helfen. Das Leben aus dem *Buch von Lismore* behandelt ihn als »einen guten Mann aus [Columcilles] Haushalt«, dem Columcille von Iona sein Kloster in Swords mitsamt einem selbstgeschriebenen Meßbuch anvertraut.

Heilige in irischer Tracht, Cashel (Tipperary)

Auf Rat seines Lehrers gründete Fínán Cam sein erstes Kloster weit weg von seiner Heimat, in den Ausläufern der Slieve Bloom-Mountains – heute einem der schönsten Erholungs- und Wandergebiete Offalys.
2,5 km nordöstlich von *Kinnitty*, auf der Terrasse von Castle Bernhard (gehört zum Forstdepartment) steht das letzte Überbleibsel seines Klosters: ein Hochkreuz mit den klassischen Szenen, Sündenfall und Kreuzigung. Eine Inschrift besagt, daß der Hochkönig Maelsechnaill (Mitte des 9. Jh.s) das Kreuz errichten ließ. Zwei der verwitterten Figuren sollen St. Patrick und Fionan darstellen. Behauene Steine und mittelalterliche Mauerreste fanden in den alten Stallungen Verwendung.
Während T. J. Barrington, der Kerry-Experte, die meisten südlichen Gründungen mit dem »Übers Kreuz Blickenden« verbindet, stimmt der landläufige fromme Glaube für den »Aussätzigen«. Hier wird gar nicht erst der Versuch unternommen, die beiden auseinanderzuhalten, sondern die schönsten Orte, an denen St. Fionan verehrt wird, sollen aufgelistet werden:
Der heute wieder anmutigste – die Spuren des Brandes vor ca. 20 Jahren sind getilgt – ist die Insel *Inishfallen* im Lough Leane, die die Viktorianer als »Juwel unter den Juwelen *Killarneys*«

(Grafschaft Kerry) besangen. Boote lassen sich am Ross Castle mieten. Das eindrücklichste Gebäude darauf ist das kleine Gebetshaus auf einem Felsen über dem Wasser, mit dem mit Tierköpfen verzierten hiberno-romanischen Westportal. Das kleine Steinkreuz darinnen lag lange Zeit auf dem Grund des Sees.
Die Ruine der Abteikirche von St. Mary besteht aus einem älteren Teil mit Anten (ausgestellten Giebelwänden) und flachem Eingang, und einem jüngeren aus dem 13. Jh. Inishfallen entwickelte sich zu einer Stätte der Gelehrsamkeit, die Wikingereinfällen und irischen Plündereien trotzte. 1009 verstarb hier »der Hauptgelehrte der Westlichen Welt seiner Zeit«, Maelsuthain O'Carroll, und 1215 entstanden in der Schreibstube die berühmten *Annalen von Inishfallen (Bodleian, Library, Oxford)*, die bis heute unübertroffenen Quellen für die frühe irische Geschichte.
Ganz anders geartet ist der alte Klostergrund von *Aghadoe*, auf dem Hügel, 4,5 km westnordwestlich von Killarney, der ein herrliches Panorama sowohl über Seen und Stadt, als auch bis hinunter zur Dingle-Halbinsel bietet. Im Frühjahr, wenn die höchsten Bergketten Irlands, die Mac Guillycuddy Reaks, über den Seen womöglich noch mit etwas Schnee überpudert sind, erinnert die Landschaft an einen Mini-Vierwaldstätter-See.
Auf dem mit Gräbern gepackten Friedhof steht ein ca. 7 m hoher Rundturmstumpf. Er ist ein paar Jahrhunderte älter als die kleine Kathedrale, bzw. ihr ältester Teil, dem Westgiebel mit dem romanischen dreiorderigen, mit geometrischen Mustern verzierten, Portal. Im Chor werden ein Ogham-Stein mit dem Namen »Bruanann« und zwei undatierbare, eindrückliche Stilisierungen einer Kreuzigung und einer Kreuzabnahme aufbewahrt. Für die Gebäude wurde ein Sandstein verwendet, der in den verschiedensten Rot-Violettönen spielt, was bei Sonnenlicht einen einzigartigen Effekt in der grünen Landschaft ergibt.
Die drei nächsten Gründungen lassen sich zu einer Tagestour von großer landschaftlicher Schönheit kombinieren, denn sie liegen am berühmten »*Ring of Kerry*«, um die Iveragh-Halbinsel.

Die Straße von Glenbeigh nach *Caherciveen* läuft am Steilhang des *Drung Hill*, direkt über dem Meer, entlang. Eine sehr alte Pilgerstraße führt auf den Berg, der eine gloriose Aussicht zur Dingle-Halbinsel und weit übers Meer ermöglicht. Nach der einheimischen Überlieferung liegt St. Fionan hier, unter dem 1,5 m hohen, 30 m breiten Steinhaufen, dem »Leach Fhionain«, begraben. Die heilige Quelle, weiter unten, heilt Mensch und Vieh. Es ist noch nicht so lange her, daß eine Wallfahrt den Berg zum 1. August, dem Tag der vorchristlichen Lughnasa-Feier erstieg, die mit einem Jahrmarkt und allerlei Vergnügungen endete.

Einer der beiden Fionan gibt St. Finan's Bay am Westende der Iveragh-Halbinsel den Namen. Die Kirchenruine von Killmelagh in Rathkieran, 7 km nordwestlich von *Ballinskelligs*, steht auf dem alten Klostergrund. Ihr einst schönes romanisches Portal ist heute verfüllt. Das Volk verehrt hier den »Aussätzigen«; Hautkranke aller Art suchten die Kirche auf. Vielleicht wuchs auf dem Kirchhof das Kraut, das der Heilige der Überlieferung nach, selbst benützte, um seine Leiden zu lindern, und das seither Heilkraft besitzt.

Der kleine Anbau ist ein »Meß-Haus«, in dem während der Strafgesetzzeit heimlich, und dann aus Pietät, bis in die sechziger Jahre dieses Jahrhunderts die Messe gelesen wurde. Circa 45 m südlich befindet sich das »Heidengrab« (»Pagan's Grave«), ein Steinzeitgrab, das in die Legende einbezogen wurde. Der Stammeshäuptling Maelmorn dachte nicht daran, sich bekehren zu lassen, vielmehr waren seine Gedanken darauf gerichtet, wie er St. Fionan unschädlich machen könnte. Verschiedene Anschläge mißlangen und schließlich wurde er aus Versehen selbst ermordet. Hier soll er begraben worden sein.

Drei km ostnordöstlich von *Waterville* im gelegentlich von plötzlichen Böen heimgesuchten Lough Currane liegt das flache Church Island. Ein paar Bauernhäuser vermieten im Sommer Boote (dies läßt sich auch von Waterville aus organisieren), so daß man sich die Reste von St. Fionans beträchtlicher Klosteran-

lage ansehen kann. Von einem Wall umgeben, steht hier eine hiberno-romanische Kirche mit einem verzierten, leider ungeschickt zusammengeflickten Portal von vier Ordnungen. Die Clochans, die Wohnstätten der Mönche, westlich davon, sind zerfallen. Am andern Inselende sitzt St. Fionans Cell, ein kleines Steinhaus aus dicken Quadern, vermutlich eine Klosterscheune. Verschiedene alte, zum Teil beschriftete Grabsteine sind auf dem Gelände anzutreffen. Ein Stein in der Kirchenmauer ist besonders interessant: er zeigt einen Musikanten, der ein seltsames Saiteninstrument spielt.
Archäologen spielen mit dem Gedanken, daß diese Überreste das Kloster repräsentieren könnten, das St. Máel Maedóc (Malachy) nach der Vertreibung aus seinem Kloster in Bangor, 1127, in Kerry mit der Hilfe des exilierten Königs von Cashel, Cormac Mac Carthy, wieder aufbaute.
Der spiegelglatte See steht im starken Gegensatz zur schroffen Wildheit des nächsten Ortes.
Circa 11 km von Bolus Head, der Südwestspitze der Halbinsel, ragen die Skellig Rocks als Pyramidengruppen aus dem immer bewegten Meer. Die größte davon, Great Skellig oder *Skellig Michael*, kann nur bei Windstille und gutem Wetter, also recht selten, von Waterville, Ballinskelligs und der Valencia-Insel angelaufen werden. Zwischen den beiden Gipfeln, 168 m und 218 m, sitzt eine Klostersiedlung aus dem 7. Jh., die Fionan erbaut haben soll.
Bis vor kurzem galt sie als besterhaltenste ihrer Art in Irland. Im Moment wird die Anlage einer Generalrestaurierung unterzogen: nicht so sehr der Zahn der Zeit, sondern Vandalen machen dies nötig! Es ist mehr als wahrscheinlich, daß vor der Mönchssiedlung Druiden einen Beobachtungsposten auf dem Fels unterhielten. Wo jeder menschliche Kontakt aufhört, läßt sich das Geistige in der Natur ungehindert studieren. Im Grunde verfolgten die Mönche dasselbe Ziel, indem sie sich in diese nicht mehr zu überbietende Einsamkeit zurückzogen.

Je nach Strömung und Wind ist die Landung in drei verschiedenen kleinen Buchten möglich. Hinauf führen Steintreppen, wahre Himmelsleitern, direkt über dem Meer. Der Aufstieg via Leuchtturm ist noch am harmlosesten. »Christ's Saddle«, der »Sattel Christi«, ist das erste, erstaunlich grüne, kleine Plateau. Hier stehen zwei grobbehauene Steinkreuze. Die Anlage erstreckt sich über mehrere Terrassen: die größte Gebäudeansammlung besteht aus sechs Bienenkorbhütten – sie sind außen rund und innen viereckig – und einem Gebetshaus von Gallarus-Typ. Einige der Wohn-, Schlaf- und Arbeitsstätten müssen zweistöckig gewesen sein; ein paar besitzen steinerne Einbauschränkchen! Über verschiedenen Eingängen steht ein Kreuz aus Quarzsteinen. Weitere Steinhäuser sammeln sich um ein zweites *oratory* und weiter oben steht ein drittes Gebäudegrüppchen.
Die viel jüngere Kirchenruine (12. Jh.?) im kleinen Friedhof mit 22 Grabsteinen auf dem unteren Absatz ist St. Michael geweiht, was den Verdacht bestärkt, daß es sich beim Fels um ein vorchristliches Heiligtum handelt, räumt doch der Erzengel überall mit den zu Dämonen gewordenen alten Göttern auf.
Das ummauerte Stückchen Boden »Monk's Garden«, dessen Erde in Körben auf Booten hergebracht werden mußte, half den Mönchen, den Speisezettel – Fisch, Seevögel, eßbare Algen, Muscheln – um Gemüse und Kräuter zu erweitern. Wasser spendeten zwei Quellen.
Einzelne Eremiten auf dem Fels waren Selbstversorger; die Mönchsgemeinde hing bereits teilweise von Ballinskelligs, dem Kloster auf dem Festland, ab. Drei Wikingerüberfälle, jeweils im Abstand von grob 10 Jahren sind 812, 823 und 838 verzeichnet. Es muß also Lohnenswertes, kostbare Sakralgegenstände z. B., zu holen gewesen sein. Unter dem Einfluß der festländischen Orden wurde das Skellig-Kloster im 12./13. Jh. aufgehoben, blieb aber jahrhundertelang ein beliebter Pilgerort. Die Gläubigen führten mit heiliger Begeisterung die teilweise gefährlichen

Bußübungen aus, wie z. B. das Hochklettern zur höchsten Spitze beim Rezitieren des Vaterunsers, oder das rittlings Hinausrutschen über einen Felsvorsprung, gut 200 m über dem immer schäumenden Meer.

FLANNAN VON KILLALOE

18. Dezember

Mit ziemlicher Sicherheit war es ein Ausländer, der die *Vita* von St. Flannan von Killaloe zusammenstellte, denn im Gegensatz zum zurückhaltenden irischen Vitenschreiber, tut er sein Bestes, durch einen geschwollenen Stil, durch klassische und biblische Anspielungen und unvermittelte Abhandlungen kirchlicher Fragen seine Bildung herauszustreichen. Er schreibt auf die Art, die bei vielen festländischen Klerikern Mode war.
Er dürfte versucht haben, die Aufmerksamkeit des Königshauses der O'Brien von Thomond auf sich zu ziehen, die im 11./12. Jh. dazu beitrugen, die irische Mönchskirche in die Bahnen der kontinentalen Bischofskirche zu lenken. Insbesondere hätte es sich für ihn gelohnt, »Domnal Úa Briaín«, dem die Gründung der Kathedrale von Killaloe zugeschrieben wird, als Schutzherrn zu gewinnen. Die *Vita* kam 1162 zustande; der Herrscher starb 1194.
Jedenfalls verwandte der Verfasser einen beträchtlichen Teil seines Werkes darauf, das Lob der O'Brien im allgemeinen, und von Domnal im besonderen, zu singen. Es ist bekannt, daß dieser Fremden gegenüber wohlgesinnt war und seine Hand über ausländische Orden hielt.
Dementsprechend stilisiert erscheint das Leben Flannans, des Prinzen von Thomond aus dem 7. Jh.: Unbeirrbar steuert er auf das Mönchsleben zu. Wie er Gefahr läuft, die Königsherrschaft übernehmen zu müssen, läßt er sich von Gott ein Gebrechen schicken, was ihn von der Wahl ausschließt, denn nach keltischem Empfinden konnte nur ein körperlich und geistig perfekter Mensch Land und Volk regieren. Seit dem 6. Jh. besaß Killaloe ein Kloster, das ein St. Mó-Lúa bzw. Dó-Lúa gegründet hatte. Die *Vita* macht ihn zu Flannans Lehrer, der seinem illustren Schütz-

ling neben intellektuellen Fähigkeiten auch handgreiflich-praktische beibringt, wie »Pflügen, Säen, Ernten, Mahlen, Worfeln und Brotbacken«.
Später führt er trotz großer Schwierigkeiten die geplante Pilgerfahrt nach Rom durch. Als Schiff dient ihm eine flache Steinplatte, auf der er über die Wellen reitet. Papst Johannes IV. weihte ihn persönlich zum Bischof. Anscheinend erlernte er römische Rhetorik, denn er kam als ausgezeichneter Prediger zurück, der seine Gabe im weiten Umkreis benützte. Die Flannan-Inseln in Schottland sollen sogar nach ihm benannt worden sein. Sein Vater, Torlough, König von Thomond, war so beeindruckt, daß er abdankte und als Mönch ins Kloster von Lismore eintrat. Von St. Flannan ging ein Impuls aus, der das kontinental-römische Element in der irischen Kirche verstärkte.
Es gehört zur Ironie der irischen Geschichte, daß die ihm geweihte Kathedrale heute protestantisch ist. Sie befindet sich am Hügelfuß im hübschen, landschaftlich bevorzugten Städtchen *Killaloe*, Grafschaft Clare. Als eine der wenigen intakten, mittelalterlichen Kathedralen Irlands blieb sie, trotz Änderungen und Umgestaltungen im Verlauf der Jahrhunderte, grundsätzlich die Kirche, die Domnal Mór O'Brien im frühen 12. Jh. als Kreuzform angelegt hatte. Später kam ein zinnenbekrönter Turm über der Vierung hinzu. Sie ist im »Transitional Style« gebaut, dem Übergang zwischen irischer Romanik und Gotik. In der Südwestecke ist das prächtige hiberno-romanische Westportal einer Vorgängerin eingelassen. Es lohnt sich, die vier Ordnungen mit den dazugehörigen feinen Rundbogen im Detail anzusehen. Ähnlich wie beim *Book of Kells* tauchen plötzlich Menschenköpfe und Fabeltiere aus geometrischen Mustern auf, deren Schwänze und Haarlocken sich untereinander verschlingen. 130 verschiedene Verzierungen sind zu unterscheiden, kein Element gleicht gänzlich dem nächsten. Der Überlieferung nach führte die Pforte in Murtagh O'Briens Grabkammer.
Das interessante, späte Radkreuz davor mit der stilisierten Kreu-

zigung ist eins der fünf von Kilfenora, das ein archäologisch interessierter Bischof im 19. Jh. hierher verpflanzte. »Thorgrims Kreuz-Stein« daneben ist ein Unikum, denn er trägt die Inschrift »Thorgrimr schnitt dieses Kreuz« in skandinavischen Runen und »einen Segen für Thorgrimr« in altirischem Ogham! Es dürfte ein bekehrter Wikinger gewesen sein, der ein Sühnekreuz anfertigte, für alles, was er vor der Taufe verbrochen hatte!
Einige Schritte neben der Kathedrale, auf dem Friedhof, ist das guterhaltene Schiff einer hiberno-romanischen Kirche übriggeblieben, dessen beeindruckendes Tonnengewölbe das spitze Steindach am Durchbiegen hindert. Flannans Kirche, im Volksmund »Brian Borús Gewölbe« genannt, soll vom späteren Hochkönig von Irland, und Sieger von Clontarf, gestiftet worden sein.
Auf dem Hügel oben, auf dem Areal, das vermutlich Brian Borús glanzvolle Festung Kincora umschloß, erhebt sich neben der katholischen Kirche St. Mó-Lúas *Oratory*, ein winziges spitzgiebliges steinernes Gebetshaus. Im Gegensatz zu St. Flannans steht hier nur noch der Chor – das Schiff war, wie die Konstruktion verdeutlicht, ein hölzerner Anbau.
Dies und die beiden flachen Türstürze weisen auf das hohe Alter des kleinen Gebäudes hin: ursprünglich stand es auf Friars' Island, wurde aber im Zuge des Shannon-Kraftwerks 1929 abgebrochen und Stein für Stein an der jetzigen Stelle neu errichtet. Trotz dieser Versetzung ist es kein Museumsstück, sondern strahlt, seit über 1000 Jahren ungebrochen, die Atmosphäre eines Gotteshauses aus.
Acht Kilometer südwestlich von *Clifden*, Grafschaft Galway, in Connemara an der Westküste, streckt sich die Landzunge Iorrus Fhlannáin, anglisiert zu »*Errislannan*«, aus dem zerrissenen abwechslungsreichen Küstenabschnitt ins Meer. Am Nordufer von Loughnakilla befinden sich eine mittelalterliche Kirchenruine, die Quelle und das »Bett« St. Flannans.

FURSEY/FURSA (584–652)

16. Januar

In Péronne, in Frankreich, liegt St. Fursa, der Abt und Pilger um Christi Willen, begraben. Das Kloster war noch über 100 Jahre nach seinem Tod eine echte irische Mini-Kolonie unter einer ununterbrochenen Abfolge irischer Äbte.

Fursa kam im Westen Irlands zur Welt, aber seine Vision von Himmel und Hölle sollte ganz Europa beeinflussen und ihre meisterhafte Ausgestaltung in Dantes *Divina Commedia* finden.

Fursa wurde auf der Insel Inchiquin, im Kloster von St. Brendan von Clonfert im Lough Corrib, Grafschaft Galway, geboren. Sein Vater, Aed Brennan, König von West Munster (gest. 619/21), war auf der Flucht, und bat für sich und seine schwangere Frau bei den Mönchen um Asyl. Eine Legende besagt, St. Brendan sei Fursas Onkel gewesen, aber das tönt verdächtig nach Konstruktion. Jedenfalls nahm Brendan das Kind als Schüler an.

Bevor Fursa seine Heimat »als weißer Märtyrer« auf immer verließ, hatte er bereits 12 Jahre Arbeit als Mönch und einige Gründungen hinter sich. Zwei seiner 24 Geschwister begleiteten ihn, zuerst nach England, dann nach Frankreich.

In East Anglia wurde er schwer krank, und in einem Fieber, das ihn bewußtlos werden ließ, wurde ihm die Vision zuteil, oder, wie sich Beda Venerabilis ausdrückt:

»Er fiel in Trance, und während er seinen Körper verließ, vom Abend bis zum ersten Hahnenschrei, wurde er für würdig befunden, den Chor der Engel zu sehen und die Lobgesänge zu hören, die im Himmel gesungen werden.«

Ein Engel befahl ihm, während er ihn in schwindelerregende Höhen trug, hinunterzublicken. Über einem finsteren Tal loderten vier mächtige Feuer, Lüge, Zwist, Begierde, Schlechtigkeit, die zusammen die Welt verbrennen sollten.

Fursa fürchtete sich sehr, aber der Engel beruhigte ihn: da er niemals eines dieser Feuer genährt habe, könne ihm auch keines schaden. Der Engel teilte die Lohen, trug ihn hindurch, und er durfte mit den Seligen sprechen. Auf dem Rückweg durch das Feuer warf ein Teufel mit einer armen Seele nach ihm, die des Heiligen Schulter und Wange streifte. Zeitlebens trug Fursa das Brandmal auf seiner Haut! Er erkannte den Verdammten: er war als Sünder gestorben, hatte Fursa jedoch sein Gewand vererbt. Dafür wollten die »unreinen Geister« den Heiligen büßen lassen, was die Engel verhinderten.

Killursa = Cill Fhursa, Fursa Kirche, die Nachfolgerin von St. Fursas Klosterkirche, befindet sich 3 km westlich von *Headford,* Grafschaft Galway, zwischen Galway und Ballinrobe. Ein Teil stammt aus dem 9./10. Jh. und besitzt einen flachen Türsturz aus einem schweren Block, der andere ist ein Anbau aus dem 15. Jh. mit einem feingeschwungenen Fenster.

6,5 km westlich davon, im Lough Corrib, liegt *Inchiquin* mit Rathmath, dem alten Klostergrund von St. Brendan. Hier kam St. Fursa zur Welt, und hier ging er zur Schule. Fursa soll in seiner Jugend oft die Verwandten väterlicherseits in Munster besucht haben. Noch heute wird er in dieser Provinz verehrt.

Etwas Besonderes ist der alte Pilgerpfad von *Killurly West,* 6 km nordöstlich von *Caherciveen,* Grafschaft Kerry, auf der Iveragh-Halbinsel, die bei der heiligen Quelle von St. Fursa beginnt, und sich dann, den Stationen nach, auf den 697 m hohen Knocknadobar (Berg der Quelle) zieht. Den Aufstieg lohnt ein prächtiges Panorama.

GOBNET/GOBNAIT VON BALLYVOURNEY (6. JH.)

11. Februar

Auf St. Gobnets altem Klostergelände in *Ballyvourney,* 16 km nordwestlich von Macroom, Grafschaft Cork, in den irischsprachigen Derrynasaggart Mountains, ist man werktags selten, und sonntags nie, allein. Die Menschen von Muskerry lieben ihre Heilige und kommen, um »die Runden zu machen«, und an ihrem Haus, ihrem Grab, ihrer Kirche und ihrer Quelle zu beten. Ein Bittgang fängt gewöhnlich mit der schönen, irischen Anrufung an:
»Gott soll Dich grüßen, St. Gobnet. Mary grüße Dich und ich grüß Dich auch. Ich bin gekommen, Dir mein Herz auszuschütten und suche Heilung von Dir, durch Gott.«
Das Ritual, das anschließt, hat sich über Generationen vererbt, genauso wie ihr Leben, das mündlich überliefert wurde. Im Juni findet neben dem Parkplatz vor Seamus Murphys Statue von 1950, die die Heilige, eine passionierte Bienenzüchterin in konzentriertem Gebet, auf einem Bienenkorb stehend, zeigt, eine Messe unter freiem Himmel statt, zu der die Gläubigen, Frauen, Männer, Jugendliche, Kinder, Greise und Babys aus weitem Umkreis, zuweilen in abenteuerlich vollgestopften Vehikeln, herbeikommen.
Zu ihren beiden Festtagen, am 11. Februar und am Pfingstmontag wird ihre hölzerne Statue aus dem 13. Jh. öffentlich aufgestellt – sonst bleibt sie in der Sakristei der Dorfkirche.
Einzig St. Gobnets Abstammung vom Hochkönig Connair ist schriftlich festgehalten worden. Sie dürfte in der Grafschaft Clare zur Welt gekommen sein, denn nach einer Überlieferung floh sie von da vor Feinden auf die Aran-Inseln in der Bucht von Galway. Auf Inisheer, der kleinsten, ist »Cill Ghobnait«, eine Kirchenruine mit schwerem Türsturz, zusammen mit einer verfallenen

Bienenkorbhütte und zwei *bullauns* (Handmühlen) noch von einer umwallten frühen Klostersiedlung übrig.
Einer anderen Überlieferung zufolge soll sie aus Kerry gekommen sein. Ihr Vater, ein Seeräuber, der die britische Küste unsicher machte, nahm anscheinend seine Familie auf Fahrt mit, denn als er Ventry Harbour auf Dingle anlief, begab sich sein Töchterlein an Land, wo ihm ein Engel erschien und die Rückkehr auf das Schiff verbot. Statt dessen sollte das junge Mädchen den Weg unter die Füße nehmen und wandern »bis zum Ort seiner Auferstehung« erkennbar an neun weißen, weidenden Rehen. In der Nähe von Macroom erblickte sie die ersten drei, weitere sechs in Killeen, 800 m nordöstlich von Ballyvourneys Dorfkirche, ein Punkt, den »St. Gobnets Stein« bezeichnet. Darauf ist eine sehr frühe Menschendarstellung, 7. Jh., eingemeißelt: das Figürchen eines Klerikers in glockenförmigem Gewand, mit gescheiteltem gewelltem Haar, das, Krummstab in der Hand, zielstrebig über ein tiefeingegrabenes Radkreuz schreitet, eine Darstellung, wie sie im *Book of Durrow* zu finden ist. Auf einer Lichtung über dem heutigen Dorf Ballyvourney erspähte sie neun weiße Rehe und beschloß, hier ihr Kloster zu gründen.
Die archäologische Untersuchung (1950) der zerfallenen überwucherten, aber seit je als »Tigh Ghobnata« (St. Gobnets Haus) verehrten Rundmauern ergab, daß hier zuerst ein viereckiger Holzbau gestanden hatte. Es ist also möglich, daß St. Gobnet an diesem Ort schon Bewohner fand, die ihr vielleicht sogar das Gelände schenkten. Den Rundbau, ca. 6 m im Durchmesser, deckte vermutlich ein Strohdach – das Pfostenloch für den starken Stützbalken kam in der Mitte des gestampften Fußbodens zum Vorschein. Die Türschwelle war sorgfältig gesetzt, die beiden steinernen Türpfosten sind noch vorhanden. Vor der Haustür rann ein kräftiger, gefaßter Quell. Wer hier wohnte – und die Untersuchungen widersprechen in keiner Weise, daß es St. Gobnet und ihre Frauen waren –, war auf eine praktische

selbstversorgerische Haushaltung, einen typisch keltischen Hof, eingestellt. Sowohl im alten, wie auch im neuen Haus wurde das natürlich im Hügel vorkommende Eisen in kleinen Öfen geschmolzen und, wie die Funde beweisen, zu Messerklingen, Nägeln verschiedener Größen u. ä. verarbeitet. Spinnwirtel, Wetzsteine, Handmühlen zeigen an, daß die Nonnen Garn sponnen, Geräte schliffen und Korn mahlten. Den Knochenfunden zufolge hielten sie sich Schafe und Kühe. Sie bestellten die Felder, fertigten ihre Kleidungsstücke an und errichteten vermutlich um das Haupthaus Flechtwerkhütten, Wohn- und Arbeitsstätten, Gäste- und Krankenhäuser, Scheunen, Ställe und Vorratskammern.
Das Bild, das die Legende von St. Gobnet entwirft, zeigt eine emanzipierte, tatkräftige Frau und begnadete Heilerin. Sie nahm es mit Männern der gefährlichsten Sorte, Dieben und Räubern, auf. Mit zielsicherer Hand pfefferte sie ihre Steinkugel, die wunderbarerweise immer wieder zurückkehrte, so lange in die neuangelegte Festung eines Raubritters am gegenüberliegenden Hügelhang, bis er aufgab und wegzog. Der Stein, ein schwarzer polierter Ball, ist heute noch eine verehrte Reliquie.
Viehdieben, die die Kühe der Gegend wegtrieben, schickte sie ihre Bienen auf den Hals, und erst als die letzten heulend geflohen waren, kehrten diese in den Bienenstock zurück. Den Steinmetz, der beim Kirchenbau die Werkzeuge seines Kollegen stahl, und sich im Schutz der Dunkelheit auf St. Gobnets grauem Pferdchen davonmachen wollte, bannte sie fest, so daß er die ganze Nacht um den Kirchhof ritt und am Morgen gefaßt werden konnte. Zur Strafe und Mahnung setzte sein Kamerad das Porträt des »Schwarzen Diebs« in den Chorbogen, wo es heute noch zu sehen ist.
St. Gobnets Gebet hielt nicht nur die Pest vom Dorf fern. Sie kümmerte sich aktiv um die Krankenpflege im weiten Umkreis, und sie soll besonders erfolgreich bei Pocken gewesen sein. Die Armen folgten ihr in Scharen, und sie verschenkte großzügig, was immer sie besaß.

Auf der anderen Straßenseite befindet sich der Friedhof mit dem Gründerinnengrab, einem kleinen Hügel mit drei *bullauns,* Handmühlen, bei dem viele Besucher kniend ihre Gebete verrichten. »Teampall Ghobnata«, hinter der baufälligen, protestantischen Kirche, ist eine Kirchenruine aus dem 16. Jh., die älteres Material einschließt, wie z.B. die sorgfältig gehauenen, goldbraunen Sandsteinblöcke hie und da in der Mauer, den genannten Kopf im Chorbogen, in Wirklichkeit ein Schlußstein aus einem älteren Gewölbe, und die weibliche Figur über dem Südfenster – in den Augen der Frommen eine Darstellung St. Gobnets.

Ihre Quelle, im Wäldchen, ganz am Ende des Klosterareals, spendet Heilwasser, das Pilger in Flaschen füllen und mit nach Hause nehmen. Wer zu alt oder schwach ist, um sich die Stufen zum Wasser hinunterzubücken, dem steht ein Wasserhahn zur Verfügung.

IARLAITH/JARLATH VON TUAM (6. JH.)

6. Juni

Der katholische Erzbischof und der protestantische Bischof sitzen in ihren jeweiligen Diözesen von Tuam und fühlen sich beide als Nachfolger des Abt-Bischofs St. Jarlath. Von diesem ist keine eigene *Vita* erhalten, aber genügend Material aus anderen deutet seinen Lebenslauf an.

Sein Vater, Lug, war der Sproß der adligen Conmaicne, die große Ländereien im heutigen Galway besaßen. Mutter Mongfinn »mit den scheinigen Flechten« gehörte einer ebenso illustren Familie an. St. Benen, St. Patricks Lieblingsschüler, soll Jarlath unterrichtet haben, und er, seinerseits, unterwies in seiner ersten Gründung, Clonfush, Brendan von Clonfert und den Ex-Barden Colmán Mac Lénéné von Cloyne.

Nach dem *Buch von Lismore* war der Abt-Bischof damals schon ein alter Mann, der sich aber, die besondere Spiritualität des Jüngeren erkennend, demütig seinem Schüler unterordnete. Brendan sagte ihm voraus, daß »seine Auferstehung nicht in Clonfush stattfinden werde«: er solle sich einen Streitwagen machen lassen: dort, wo die Hinterachse bräche, sei der ihm vorbestimmte Ort. Jarlath zögerte nicht, die Empfehlung auszuführen. Er kam nicht weit, genau nach 4 km gaben die Räder nach. Hier entstand das Kloster von Tuam, das sich im 12. Jh., als die Könige von Connacht ihre Hand schützend darüber hielten, zu einem wichtigen kirchlichen und weltlichen Zentrum entwickelte.

Es gab Zeiten, in denen es in der Herstellung bedeutender Kunstgegenstände Clonmacnois Konkurrenz machte. Der Ring, den der Erzbischof heute noch trägt, zeigt eingraviert, auf die Episode anspielend, ein zerbrochenes Wagenrad. Jarlath und Brendan durften sich am Anblick der Engel erfreuen, die über dem neuen

Klosterfriedhof auf- und niederstiegen, und kleideten das Ereignis aus dem Stegreif in Verse.
Jarlath muß kurz nach der Fertigstellung des Klosters gestorben sein. Für den Gold- und Silberschrein, der seine Reliquien enthielt, wurde eine eigene Kirche »Teampall na Scrine«, »die Kirche des Schreins« gebaut. Das feingearbeitete Stück wurde zum letzten Mal um 1830 beschrieben – seither ist es verschwunden.
Vier Kilometer westlich von Tuam, Grafschaft Galway, zwischen Galway und Claremorris, erinnert die Kirchenruine »Temple Jarlath« an Iarlaths erstes Kloster.
Von außen wirkt die protestantische Kathedrale in *Tuam* so wenig inspirierend wie jede andere neogotische aus dem 19. Jh. Im Innern birgt sie jedoch einen der großen Schätze der hibernoromanischen Kunst und Architektur, einen sechsfachen, über und über mit stark skandinavisch beeinflußten Ornamenten überzogenen Chorbogen mit dazu passenden Ordnungen, den Abschluß eines beeindruckenden Tonnengewölbes aus dem 12. Jh. Das elegante dreifache Ostfenster ist ebenfalls ein Original. Das Kirchenschiff ging im 18. Jh. in Flammen auf, so daß der Chorbogen eine Zeitlang als eine, Wind und Wetter ausgesetzte, Eingangspforte fungierte. Daher sind verschiedene Stellen verwittert. Das moderne Südschiff bewahrt den, mit geometrischen Mustern verzierten, Stamm eines Hochkreuzes auf. Die irische Inschrift darauf bittet um ein Gebet für König Turlough O'Connor (1106–56), den Steinmetz Giolla-Christ O'Toole, sowie Jarlaths Nachfolger, den Abt Aedh O Hessian, für den das Kreuz gefertigt wurde.
Im Zentrum des Städtchens steht das aus Stücken zusammengefügte Hochkreuz, das »Market-Cross« – das Gegenstück zum unvollständigen in der Kathedrale. Es wiederholt dieselben Bitten. Im Zentrum der Westseite steht die Kreuzigung. Die Paneele des Schaftes sind teils mit Fabeltieren, teils mit biblischen Szenen gefüllt. Am klarsten sind ein Daniel in der Löwengrube und ein Bischof zu erkennen. Dieses Kreuz gehörte auch zu Jarlaths

Originalgründung, von der nicht sicher ist, ob sie sich auf dem Areal der Kathedrale oder des Prämonstratenserklosters befand. Von dieser Klosterkirche, dem »Temple Jarlath«, nordwestlich der Kathedrale, sind nur noch ein paar Fragmente übrig. Von »Teampall na Scrine« fehlt jede Spur.

IBAR (4./5. JH.)

23. April

Von St. Ibar ist keine Lebensbeschreibungen erhalten, aber er wird in verschiedenen *Viten* anderer Heiliger erwähnt, wobei er durch seine chauvinistische Haltung auffällt. Er gehört der Überlieferung nach zu den 4 Bischöfen: Ailbe von Emly, Ciarán von Saighir und Déaglan von Ardmore, die, um einiges älter als St. Patrick, vor ihm in Irland missionierten.

Persönlich hatte er wohl nichts gegen St. Patrick einzuwenden – was ihn wurmte, war, daß dieser Fremde, dieser Nicht-Ire, die höchste Stelle in der irischen Kirche innehaben sollte. Versteht man die Andeutungen richtig, muß es zu unerfreulichen Wortwechseln zwischen den beiden Heiligen gekommen sein.

Längst vor Patrick hatte er mit seinem Kloster Beggery auf einer kleinen Insel in Wexford Harbour eine beachtliche Leistung vollbracht – 150 Mönche dienten unter ihm. Beggery/Beggerin bedeutet Beag Eriú = Klein Irland. Der Drohung St. Patricks, ihn mit dem Verbot zu belegen, Irland je wieder zu betreten, entzog er den Boden mit dem stolzen Einwurf »Der Ort, an dem ich zu leben gewohnt bin, heißt Irland«. Da gab es nichts daran zu rütteln – auf Beggery war er autonom. Nach und nach, unter mehr oder weniger sanftem Druck seiner Gefährten, gab er seinen Widerstand auf und arrangierte sich als letzter der vier mit St. Patrick, nicht aber, ohne sich als Bischof des Südostens bestätigen zu lassen. *Beggerin* im Hafen von Wexford existiert noch, nur ist es keine Insel mehr – die Trockenlegung des Sumpfgebietes hat es mit dem Festland verbunden. Es ist erstaunlich, daß das Kloster in dem Hafen, den sich die Wikinger zu einem ihrer Hauptstützpunkte erkoren, bis in die Normannenzeit überlebte. Die Vermutung liegt nahe, daß Beggery ein vorchristliches Baum-Heiligtum gewesen war, in dem eine Eibe – »ibair« – verehrt wurde. Wer immer es christianisierte, bekam den Namen der Insel, Inis Ibair, angehängt, da der Baumkult in Vergessenheit geriet. Der Ort der Verehrung blieb den Menschen jedoch tief eingeprägt. Jedenfalls übte St. Ibar eine große Anziehungskraft auf die Gegend aus, auch noch lange nachdem das Kloster kontinentalisiert und einem Südenglischen zugeschlagen worden war. Noch im 17. Jh. wird St. Ibars Statue in der Klosterkirche erwähnt, der Pilger zuströmten. St. Ibar ist ein beliebter Lokalheiliger geblieben. Zu seinem Festtag suchen die Frommen aus der Umgebung immer noch die kleine Kirchenruine auf dem Kirchhof auf, wo verschiedene frühe Grabsteine stehen.

ITA/DEIRDRE/MO-IDE VON KILLEEDY (6. JH.)

15. Januar

Ita ist eine der liebenswürdigsten Gestalten unter den frommen Frauen Irlands. Was ihre Popularität betrifft, stand sie an erster Stelle hinter St. Brigid. Oengus nennt sie »die helle Sonne unter den Frauen Munsters«. Sie war sozusagen die Kindergärtnerin der Heiligen Irlands, denn eine ganze Reihe späterer Größen wurden ihr in zartestem Alter zur Erziehung anvertraut. Die meisten werden wohl, wie Klein-Brendan von Clonfert empfunden haben – die herzliche Liebe und Fröhlichkeit Itas erzeugte stürmische Gegenliebe.

Brendan soll sie einmal nach den drei Dingen gefragt haben, die Gott am meisten zuwider seien. Die Antwort war bezeichnend: ein Gesicht, das haßerfüllt auf die Menschheit blickt, stures Verharren im Übeltun, unmäßiges Vertrauen in die Macht des Materiellen.

Ebenso klar fassen die Antworten auf die gegenteilige Frage der Heiligen Lebenshaltung zusammen: Gott liebt den wahren Glauben eines reinen Herzens, das einfache, religiöse Leben, Freigebigkeit aus Mitleid. Wenigen vertraute sie an, daß ihre Heiterkeit, aus dem Bewußtsein der Gottesnähe heraus, die Frucht strengster Askese und eines unablässigen Bemühens um das Göttliche war.

Sie pflegte drei, vier Tage hintereinander zu fasten, bis ihr ein Engel, in Sorge um ihre Gesundheit, davon abriet, worauf sie sich nicht einlassen wollte. Der Himmelsbote versprach darauf, daß Gott sich ihrer annehmen würde und von da an lebte sie »gänzlich von vom Himmel gesendeter Nahrung«. Dabei hätte sie kein Leben der Entsagung führen brauchen: sie hätte auch eigene Kinder haben können. Sie entstammte der Königsfamilie der Decies von Waterford und war eine große Schönheit. Dazu hatten ihre Eltern bereits einen wohlhabenden Gatten für sie ausgesucht, aber das Mädchen wählte den Nonnenschleier und war davon nicht abzubringen. Auf Anraten eines Engels wanderte die junge Ita in die heutige Grafschaft Limerick aus, fand Gleichgesinnte und gründete am Fuße der Mullaghareirk Mountains ein Kloster auf Land, das ihr der König der O'Connell schenkte.

Neben kleinen Kindern unterrichtete sie, was man später »höhere Töchter« zu nennen pflegte, Mädchen bessergestellter Familien, die in der Welt blieben, wie z. B. ihre eigene Schwester. Für sie fand sie einen Professionellen, einen jener sozial hochgestellten Künstler-Handwerker, einen passenden Mann, von dem sie voraussagte, daß er der Vater eines berühmten Heiligen werden würde.

Kurz darauf mußte ihr Schwager in den Kampf ziehen und fiel. Die Leiche wurde bald gefunden – nur der Kopf fehlte – seine Feinde, die allem Anschein nach dem Kopfkult huldigten, hatten ihn mitgenom-

St. Ita, Kirchenfenster, Loughrea (Galway)

St. Brendan als Kind zu Füßen von St. Ita, Detail, Kirchenfenster, Loughrea (Galway)

St.-Ita-Statue, Killeedy (Limerick)

men. Ita vertiefte sich ins Gebet. Durch ein Wunder stellte sich der Kopf darauf ein, und der junge Mann stand »eine Stunde später« wieder auf. Als der Neffe zur Welt gekommen war, nahm ihn Ita als Pflegekind auf und nannte ihn »Mo-choemog«, »mein hübscher Kleiner«.

Ita war eine der wenigen Mystikerinnen Irlands: in einer ihrer Verzückungen lag das Jesuskind an ihrer Brust, und sie sang ihm ein Schlaflied, dessen spätere Aufzeichnung in sechs Strophen erhalten ist:

> Jesulein
> lebt in der inn'ren Zelle mein
> was wär Klerus, hoch und fein?
> Alles Lüg' ohn' Jesulein . ..

Ita litt im Alter an verschiedenen Krankheiten, darunter vermutlich auch Krebs, was sie mit Gelassenheit hinnahm. Sie starb 570/7 und wurde in Killeedy vor dem Altar begraben. Durchs Mittelalter hindurch wurde Ita nicht nur in ganz Irland, sondern auch in Südengland und dem Festland, z. B. in Deutschland, verehrt. Alkuin, der nordhumbrische Gelehrte, den Karl der Große 780 an seinen Hof verpflichten konnte, widmete ihr einige Strophen seines Lobgedichtes auf die Heiligen Irlands.

Der Kirchhof von *Killeedy* liegt 10 km südlich von Newcastle West zwischen Limerick und Abbeyfeale (Grafschaft Limerick). In der heute formlosen Ruine einer ehemals romanischen Kirche liegt das Gründerinnengrab am Übergang vom Chor zum Schiff. Sie gilt als besondere Beschützerin kleiner Kinder, und noch heute findet man ihr Grab selten ohne Blumenschmuck. Ihr Fest ist in der ganzen Gegend ein wichtiges Ereignis, das mit Messen und dem Besuch ihres Grabes und ihrer Quelle gefeiert wird.

KEVIN, COEMGEN VON GLENDALOUGH (6./7. JH.)

3. Juni

Es ist nicht schwer, sich vorzustellen, wie St. Kevin auf das heutige Glendalough mit dem neuen Besucherzentrum, den großen Parkplätzen und den Busladungen voll internationaler Touristen reagiert hätte – er wäre geflohen!
Natürlich muß man *Glendalough* gesehen haben, neben Clonmacnois die am besten erhaltene, größte Klosteranlage Irlands! Aber wenn man etwas davon erfahren möchte, was den Heiligen dazu bewog, in dieses Bergtal in den Wicklow Mountains zu ziehen, dann bitte nicht zu Stoßzeiten!
Bei Sonnenaufgang, oder am Abend – im Tal gibt es eine Jugendherberge oder das ehrwürdige Glendalough Hotel zum Übernachten –, an Werktagen, oder außerhalb der Saison zeigt sich am ehesten die ruhige Schönheit des »Glen da Lough«, des »Tals der zwei Seen«, das ungestörte Tier- und Pflanzenleben, und läßt etwas von der Abgeschiedenheit erahnen, die Kevin, der reinste Vertreter des irischen Einsiedlertums unter den großen Klostergründern, suchte. In der unberührten Natur erfuhr er deren Schöpfer, fernab von der Welt der Menschen erlebte er das Göttliche. Sein Verhalten grenzt an Menschenscheu. Alle *Viten* betonen, daß ihn ein Engel immer wieder und mehrmals mahnen mußte, seine asketischen Übungen abzubrechen, um unter die Menschen zurückzukehren.
Er war der Sohn des Caemlug und der Caemell, die zu der adeligen Familie der Dal Meisenchorb gehörte, die bis ins 5. Jh. die Könige von Leinster stellte, dann aber von einem anderen Zweig überflügelt wurde, was mit dem Verlust des Küstenstreifens östlich der Wicklow Mountains einherging. Zu Kevins Zeit besaßen sie noch Land westlich davon, wo im »Rath an Tobair ghil«, der »Festung der hellen Quelle«, der Heilige zur Welt kam. Er wurde

Glendalough (Wicklow)

auf den Namen Coemgen getauft, was dem griech. Eugenius, »der Wohlgeborene«, entspricht. Drei fromme Gelehrte, sein Onkel Eógan, Lochán und Enna nahmen den Siebenjährigen in ihre Schule »Cella Monachorum« = Kilnamenagh bei Tallagh, Grafschaft Dublin, auf. Hier wirkte der Halbwüchsige, mehr durch Zufall, das erste Wunder, das ihm eine solche Popularität einbrachte, daß er sich den Menschen entzog. Er wurde geheißen, Feuer zum Anzünden der Meßkerzen zu holen. Auf die Frage, ob er einen Topf zum Transport haben könne, kam die sicher ironisch gemeinte Antwort eines Erwachsenen, den die Infragestellung einer Selbstverständlichkeit ärgerte, nein, er solle die Brusttasche seines Mantels benützen! Der Lehrer war völlig verblüfft, als der Junge tatsächlich glühende Kohlen in der Manteltasche herbrachte, die nicht den kleinsten Faden ansengten, und entschuldigte sich zerknirscht. Die Nachricht verbreitete sich in Windeseile, Kevin wurde bekannt, was ihm sehr peinlich war. Er fürchtete, daß Demut und Bescheidenheit darunter leiden könnten und stahl sich bei nächster Gelegenheit aus der Schule fort.
Als Einsiedler lebte er in der Gegend des oberen Sees, »von Nüssen, Kräutern und Quellwasser«, schlief auf einem flachen Stein mit einem zweiten als Kopfkissen und kleidete sich in Felle wilder Tiere. Einziger Schutz war ihm ein hohler Baum, in dem er tagelang betend, meditierend und fastend saß. Der Viehhirte des reichen Dimma aus Meath, dem das Tal gehörte, fand den vom Fasten geschwächten, d. h., eigentlich war es eher eine seiner Kühe, eine Streunerin, die abends jeweils schier unglaubliche Mengen Milch lieferte. Um den Grund herauszufinden, schickte der Herr den Knecht morgens der Kuh in den Wald nach. Er fand sie, zufrieden die Füße einer ausgemergelten Gestalt in einem hohlen Baum leckend. Trotz heftigen Protestes und der flehentlichen Bitte, ihn nicht zu verraten, holten Dimma und seine Söhne Kevin in einer Sänfte zu den Menschen zurück. Die dicken Urwaldbäume, die dicht an dicht standen, verneigten sich vor dem Heiligen und bildeten so eine Gasse.

Die Nachricht der neuen Wunder traf vor dem entflohenen Schüler bei seinen Lehrern ein, die ihn in Gnade aufnahmen, sich aber bald einig waren, daß sie ihrem Schützling nichts mehr zu bieten hatten. Trotz seiner Jugend schickten sie ihn zur Priesterweihe zu Bischof Lugidius.

Mit einer Handvoll Getreuer kehrte Kevin in die Wildnis der Berge zurück, wo er das unidentifizierbare »Cluain duacht« gründete, anscheinend ein Mißerfolg. Hollywood, am Westhang der Berge, besitzt noch heute Reste, die die Überlieferung Coemgens Kloster zuschreibt.

Vermutlich zog er mit einem neuen Trüpplein über den Paß, »Wicklow Gap«, um in das ihm inzwischen von Dimma geschenkte Glendalough zu gelangen. Die Reise durch das menschenleere Gebirge war so gefährlich, daß die *Viten* betonen, sein (Schutz)-Engel habe ihn geleitet. Sie widersprechen sich jedoch hinsichtlich der Lage der ersten Siedlung, entweder am oberen oder unteren See. Mit den Gebräuchen der Zeit stünde in Einklang, daß Kevin für seine Brüder ein kleines Kloster aus Flechtwerkhütten am Zusammenfluß von Glendasan und Glenealo gründete, dort wo sich die große Klosterstadt entwickeln sollte, um sich, sobald es stand, in eine weiter westlich gelegene Einsiedelei abzusetzen, um strengere Formen der Askese zu pflegen.

Engel und Menschen finden diese Abgeschlossenheit unter schweren Bußübungen übertrieben und bringen ihn, unter Aufbietung aller Überredenskünste, mehrmals dazu, seinen Standort zu wechseln. Eine Delegation Mönche baut ihm eine neue prächtige Steinkirche, vermutlich diejenige von Reefert; Dimma errichtete ihm eine auf dem Talboden, wahrscheinlich die spätere Madonnenkirche – aber nach altem Muster entschlüpfte der Heilige ihnen immer wieder in die Wildnis, und wenn es nur in die schlecht zugängliche Höhle am oberen See, »St. Kevins Bed«, war. Hier sammelte er seine Kräfte, denn niemand lenkte ihn mit weltlichen Belangen – Kloster- und Mönchsorganisation, Unterricht, Armen- und Krankenpflege, Nahrungsbeschaffung, priesterliche Aufgaben – davon ab, sich unablässig auf das Göttliche zu konzentrieren. Er fand sich in solch engem Kontakt mit der Natur, daß die wilden Tiere jede Scheu verloren vor dem Menschen, der ihre Gesetze verstand und sie als Teil der göttlichen Schöpfung akzeptierte.

Wie 600 Jahre später auf Franziskus v. Assisi, ließen sich auch auf Kevin die Vögel in hellen Scharen nieder und sangen mit ihm das Lob des Schöpfers um die Wette. Ein kluger Otter tauchte nach seinem in den See gefallenen Psalter und brachte ihn unversehrt in der Schnauze hoch. Dieser gleiche »freundliche kleine Otter« versorgte die Brüder täglich während der Fastenzeit mit einem Lachs, bis einer der Brüder sich einfallen ließ, daß der Otterpelz einen guten Handschuh abgäbe. Von da an blieb der Otter aus. Kevin war betrübt. Als ihm der fehlbare Bruder seine Absicht gestand, schickte er, charakteristischerweise, den Mann fort. Er hatte keine Verwendung für einen Materialisten. Das Tier hatte im Plan der göttlichen Hilfe eine Rolle gespielt – jetzt saß die Gemeinde ohne Nahrung da, und die *Vita* behauptet, sie hätten sich auflösen müssen. Vermutlich mußte tatsächlich ein Teil der Brüder aus Nahrungs- und Platzmangel jeweils weiter nach unten ins Tal ziehen. In der Fastenzeit pflegte Kevin sich stundenlang bewegungslos mit ausgebreiteten Armen ins Gebet zu vertiefen. Bei einer solchen Gelegenheit legte ihm ein Amselweibchen seine gesprenkelten Eier in die Handfläche. Der Heilige verharrte in der gleichen Stellung, bis die Vogelmutter sie ausgebrütet hatte!

Als der König von »Ui Faelain« seinen jüngsten Sohn zum Schutz vor Feen St. Kevin anvertraute, stellte er den Heiligen vor ein fast unlösbares Problem: Woher sollte er in einem Männerkloster, das obendrein kein Vieh besaß, Babynahrung hernehmen? Wie er sich umwandte, sah er eine Rehgeiß mit ihrem Kitz, und auf sein inbrünstiges Gebet hin ließ das Reh die Hälfte seiner Milch für das Menschenkind in einen hohlen

Stein rinnen. Es stellte sich täglich ein, bis der kleine Prinz Fealon feste Nahrung vertrug.
Coemgens Liebe zur Kreatur, zur Schöpfung, war echt und erstreckte sich auch auf Tiere, die dem Menschen nicht nur keinen Nutzen, sondern direkten Schaden brachten, wie der ausgehungerte, armselige Wolf, der eines Tages das Rehkitz verschlang. Kevin brachte die Ricke dazu, ihren Todfeind an Kindes Statt anzunehmen, so daß Wolf und Menschenkind regelmäßig zu trinken bekamen, da die Milch nicht versiegte. Die Jagdhunde, die sich auf einen zu ihm geflüchteten Eber stürzen wollten, bannte er so lange fest, bis die Jäger versprachen, das mächtige Tier in Frieden zu lassen.
Die Verbindung mit Wolf und Eber, den typischen Totemtieren, ist kein Zufall – offensichtlich erbte Kevin die Rolle des vorchristlichen Cernunnos, des Beschützers der Wälder und wilden Tiere. Auf das Anerbieten des Engels, Glendalough an allen vier Eckbergen zu fassen und wie ein Tuch vor Kevin als fruchtbare Ebene auszubreiten, geht er nicht ein. Zwar würde das sein und das Leben seiner Gefährten erleichtern, seine Freunde und Brüder aber, die wilden Tiere, verlören ihren Lebensraum. Nicht einmal dem gräßlichen Untier, das im oberen See wohnte, machte er den Garaus, sondern verbannte es in einen Winkel des unteren. Dadurch wurde der See von St. Kevins Einsiedelei zu einer Stätte der Heilung für Mensch und Vieh, und das Monster erfüllte die nützliche Aufgabe eines Abflußrohres, das alle abgewaschenen Übel und Krankheiten aufschluckte.
Kevin war ein Heilkundiger, dem es gelang, Scharen Kranker mit Kräutern, Wurzeln und Zwiebeln, u. a. Sauerampfer und Knoblauch sowie Beeren und Früchten, die das ganze Jahr hindurch gediehen, zu heilen.
Noch im 12. Jh. waren »Kevins Äpfel« in ganz Irland ein Begriff. Giraldus Cambrensis, der walisische Berichterstatter, beschreibt den uralten weidenartigen Baum in Glendalough, der Äpfel trug. Er soll das Resultat eines kleinen Wunders, Prinzchen Faelon zu-

liebe, gewesen sein. Der Kleine wollte unbedingt einen Apfel, obwohl es in ganz Glendalough keinen Apfelbaum gab. Und vermutlich eher, als das Geplärr eines enttäuschten Kindes zu ertragen, bemühte der gute Heilige einen Weidenbaum!

Kevins Einsiedelei wurde von notleidenden Menschen und Kranken, Schülern und Mönchen regelrecht überflutet. Eine kleine Siedlung nach der anderen entstand im Tal, für die Kevin als Abt verantwortlich war.

Es ist müßig, darüber zu streiten, ob er wirklich zwischendurch jene Pilgerfahrt nach Rom unternahm, von der er nicht nur heilige Erde für seinen Klosterfriedhof, sondern auch die päpstliche Bestätigung mitgebracht haben soll, die sieben Wallfahrten nach Glendalough einer nach Rom gleichstellte. Glendalough besaß während des Mittelalters beide Privilegien, einen Friedhof für Könige und andere Hochgestellte und eine Wallfahrt kombiniert mit einem Jahrmarkt, im Ausmaß eines Massenauflaufs.

Nach einem sehr langen, segensreichen Leben – die *Vita* spricht von 120 Jahren – starb Coemgen 619 und wurde »in seiner Kirche in Glendalough« begraben. Sein Neffe Molibba trat die Nachfolge an.

Hollywood, Grafschaft Wicklow, das hübsche Dorf auf der Westseite der Wicklow Mountains, heißt auf Irisch »Cillín Chaoimhín« »Kevins Kirchlein«. Lange suchten Pilger »Kevin's Chair« (Sitz), »Cave« (Höhle), »Well« (Quelle) und »Bed« (Bett) auf. Bis auf einen Steinhaufen vom »Bett«, südsüdwestlich der protestantischen Kirche, ist alles verschwunden.

2,5 km südlich, am Ende des Hollywood Glen, ist die Ruine einer kleinen, vorromanischen St. Kevinskirche nebst zwei alten Grabsteinen erhalten. »St. Kevin's Road«, die mittelalterliche Pilgerstraße nach Glendalough, läuft stellenweise parallel zum Paß durch Wicklow Gap. Verschiedene Strecken sind noch mit Granitsteinen gepflastert.

Im tiefeingeschnittenen, von Osten nach Westen verlaufenden, ehemaligen Gletschertal von *Glendalough* läßt sich Schritt für

Schritt die Entwicklung von der Einsiedlerzelle aus dem 6. Jh. bis zur großen Klosterstadt im 12. verfolgen.
Das neue, der Landschaft angepaßte Besucherzentrum (in der Saison von 10–19 Uhr geöffnet) gibt einen guten Überblick über das Tal und die 2,5 km verstreut liegenden Denkmäler. Ein Video (ca. 15 min) erläutert die kulturelle Bedeutung Glendaloughs, ergänzt von einem illustrierten geschichtlichen Überblick. Kunstgeschichtliche Gegenstände, z. B. das »Marktkreuz«, lassen sich hier in aller Ruhe studieren. Mittelpunkt der Ausstellung, das einschließlich Kühe, Schafe, Heuhaufen maßstabsgerecht rekonstruierte Modell des Tales, mit den traditionellen sieben Kirchen, stößt bei Kindern und Erwachsenen auf Begeisterung.
Zwar führt ein Sträßchen zum oberen Parkplatz, sollte aber nur im Notfall benützt werden. Man kann das Tal, südlich des Glenealo, auf einem alten Pilgerweg erwandern, der durch eine natürliche Parklandschaft zum oberen See führt. Gleich an der Brücke steht der »Deer Stone«, der »Reh-Stein«, ein ausgehöhlter Block, ursprünglich eine Handmühle *(bullaun)* oder ein Taufbekken, der Legende nach das Gefäß für die Milch der Rehgeiß. Die ältesten noch erhaltenen Ruinen – die ursprünglichen Flechtwerkhütten sind spurlos vergangen – befinden sich auf dem Südufer des oberen Sees, in »Diseart Kevin«, »Kevins Einsiedelei«, »Teampall na Skellig«, das »Felsenkirchlein« sitzt zwischen Berg und See auf einer teilweise künstlichen Terrasse. Das älteste Mauerwerk stammt aus dem späten 7. Jh., das neuere, mit dem hübschen doppelten Rundbogenfenster, aus dem 12. Auf dem geglätteten, ummauerten Gelände dürften die ersten Hütten gestanden haben. »Kevin's Bed« etwas weiter östlich ist entweder ein bronze- oder eisenzeitliches Felsengrab, oder ein unproduktiver Grubeneingang, den sich Kevin als Einsiedlerzelle zurechtmachte, ein Zufluchtsort, zu dem er zu besonderen Bußübungen zurückkehrte. Am leichtesten, will man die anstrengende und nicht ungefährliche Kletterei über die Felsnase vermeiden, gelangt man immer noch per Boot zur groben engen Felstreppe,

die zur Höhle ca. 30 m über dem See hochsteigt – nur für Schwindelfreie –, da man sich am Ende über die Felskante in die darunterbefindliche Öffnung hinunterlassen muß.
Die Geschichte von der schönen liebestollen Cathleen, die dem Heiligen bis in sein »bed« nachschlich, um sich liebreich über ihn zu beugen, worauf sie der Asket packte und in den See schmiß, ist eine Ausgeburt viktorianischer Phantasie. Doch der eine oder andere Reiseführer wartet noch immer damit auf. Sie kommt nicht von ganz ungefähr. Ein der lateinischen Lebensbeschreibungen schließt eine Episode ein, in der eine schöne junge Dame dem Heiligen nachstellt. Allerdings richtete er dort seine Aggression zuerst gegen sich selber: splitternackt wälzt er sich in Brennesseln, um dann mit Büscheln voll auf die Versucherin loszugehen und sie auszupeitschen. Er läßt erst davon ab, als sie ihm verspricht, Nonne zu werden. Ganz allgemein kommen weibliche Wesen, außer in der Rolle der Mutter oder Nonne, in den *Viten* schlecht weg. Sie erscheinen als Versucherin, böse Fee oder Betrügerin, die den Heiligen um eine Gabe prellt. Über die von ihm wieder zum Leben erweckten Mordopfer ist Kevin erst so richtig froh, wie er sie zu »frommen schwarzen Nonnen« – und damit ungefährlich – machen kann!
Die romantisch gelegene Ruine von Reefert, unweit vom Poulnass Wasserfall, bildet mit »St. Kevin's Cell«, einer Bienenkorbhütte und den Fundamenten einer zweiten kleinen, sehr alten Kirche, auf der anderen Seite des Baches, eine weitere Gruppe. Das Kirchlein ist schwierig zu datieren, die Grundstruktur weist ausgestellte Türpfosten unter einem schweren Türsturz auf; Teile des Schiffes, der Chor, Fenster und Chorbogen sind romanische Einfügungen. Auf den über die Giebel hinausragenden Steinen lagen die Dachbalken auf.
Reefert könnte die Kirche gewesen sein, zu der sich Kevin nach mehrmaliger Aufforderung des Engels schließlich hinbequemte, weil an diesem Ort »seine Auferstehung« stattfinden sollte. Dann wäre St. Kevin hier beerdigt worden, wofür der Umstand spricht,

daß sich um die Kirche verschiedene Lokalkönige und kirchliche Würdenträger beisetzen ließen. Links vom Pfad zum unteren See liegt der Ringwall eines bronze- oder eisenzeitlichen befestigten Hofes; im gleichen Feld stehen drei einfache Kreuze.
»Our Lady's Church«, die Muttergotteskirche, erhebt sich außerhalb der Klosterstadt, weswegen angenommen wird, daß sie zu einem Nonnenkloster gehörte. Die frommen Frauen könnten später eingezogen sein, denn eine zweite Überlieferung sieht in *ihr* die »Stätte von St. Kevins Auferstehung«. Altersmäßig wäre das möglich. Die Kirche ist sehr solide aus großen Granitquadern gebaut, und der Eingang wirkt archaisch durch die ausgestellten Türpfosten und den tonnenschweren Sturz, dessen Unterseite ein tief eingegrabenes Kreuz trägt.
Die Klosterstadt entstand, so wie sie heute zu sehen ist, erst lange nach Kevins Tod. Der doppelte Torbogen des ehemals mehrstöckigen Pförtnerhauses führt hinein. Auf dem Klosterareal dominiert der sechsstöckige, 30 m hohe Rundturm aus dem 9./10. Jh. mit der seit 1876 restaurierten Kappe. Man kann ihn von überallher im ganzen Tal sehen. Das größte Gebäude war die St. Peter und Paul-Kathedrale. Das Schiff mit den verlängerten Giebelenden ist vorromanisch, der Westeingang ist ausgestellt – Chor und Sakristei kamen im 12. Jh. dazu. Chorbogen und Fenster sind einfach verziert. Daneben breitet sich der alte ummauerte Mönchsfriedhof mit vielen interessanten Grabsteinen aus und geht in einen modernen mit vielen Plastikblumen über. Etwa in der Mitte befindet sich der, mangels eines besseren, »Priests' House« genannte kleine spätromanische Bau. Es könnte eine Grabkapelle gewesen sein oder sogar ein Kapellchen, das St. Kevins Schrein beherbergte. In der Nähe wurde eine verzierte Grabplatte gefunden, die in ein Altargrab gepaßt haben könnte. Skizzen aus dem 19. Jh. zeigen eine sitzende gekrönte oder tonsurierte Figur mit großen runden Augen in priesterlichen Gewändern mit je einem sich demütig verneigenden, eine Glocke bzw. einen Krummstab haltenden Kleriker links und

rechts. Die Darstellung ist einmalig und daher zeitlich kaum einzuordnen. Die Szene könnte sich auf zwei, dem Abt von Glendalough, vielleicht sogar St. Kevin, untergeordnete Klöster beziehen. Der stark beschädigte Stein, die Köpfe des linken und des mittleren Klerikers fehlen, wurde bei der Rekonstruktion über dem Eingang angebracht.
Das über 3 m hohe, unverzierte, aus einem Block gehauene St. Kevins Kreuz stammt aus dem 6./7. Jh.
»St. Kevins Church« oder »House«, leider besser bekannt unter dem läppischen Namen »St. Kevin's Kitchen« (Küche) in der Senke, ist ein hervorragendes Beispiel für die frühe, ganz aus Stein konstruierte Kirche. Ähnlich wie bei »St. Columcille's House« in Kells, mit dem es gleichzeitg entstanden sein dürfte, stützt auch hier ein Gewölbe das spitze Steindach ab, wobei kleine bewohnbare Kammern entstehen. Etwas ganz Besonderes ist der Miniaturrundturm im Westgiebel, der die Viktorianer an einen Küchenkamin erinnerte! Der ausgestellte Westeingang ist der ursprüngliche – er besitzt den charakteristischen flachen Sturz, aber darüber wurde ein Rundbogen angebracht. Da der im 12. Jh. ausgebaute Chor im 18. in völliger Verkennung der feinen Proportionen abgetragen wurde, betritt man heute das eigentliche Schiff von Osten durch einen Rundbogen. Die Stelle, an der Schiff und Chor aneinanderstießen, ist deutlich zu sehen. Was aussieht wie ein zweites solides Kirchlein im Kleinmaßstab, ist die gleichzeitig mit dem Chor angebaute Sakristei.
Im 19. Jh. diente St. Kevin's Church den Katholiken als reguläre Kirche. Von St. Kieran's Church sind nur noch Bruchstücke vorhanden, genug jedoch, um zu bestätigen, daß eines der kleinsten Kirchengebäude der grünen Insel aus Schiff (6 × 4,5 m) und Chor (2,75 × 2,75 m) bestand. Es dürfte nach dem Tod von St. Ciarán von Clonmacnois, zu dessen Ehren, errichtet worden sein. Wie wir wissen, eilte der Abt von Glendalough ans Totenbett seines Freundes, nur um ihn bereits aufgebahrt in der Kirche zu finden. Ciaráns Seele war es jedoch vergönnt, noch einmal

zurückzukehren, so daß sich die beiden Heiligen, ein letztes Mal, in einem langen Gespräch miteinander austauschen konnten.
Talabwärts, vor der Klosterstadt, liegen zwei weitere Kirchen. Trinity Church, oder Teampull Mochuarog, 400 m weiter, an der Straße nach Laragh, ist nach dem Schüler und Freund St. Mochuarog genannt, dem die Ehre zufiel, dem Heiligen das Sterbesakrament zu reichen. Es handelt sich, in alten Klassifizierungen als »damhlaig« aufgeführt, um eine große Steinkirche, im Unterschied zu den gewöhnlicheren Holzbauten. Sie gleicht der Kirche von Reefert, besitzt aber noch den ursprünglichen, gut proportionierten Chorbogen aus regelmäßigen Granitblöcken. Der ungewöhnliche Rundturm, der aus einem Viereckbau an der Westseite wuchs, ist leider verschwunden.
Für die St. Saviour's Church siehe Lorcan/Laurence O' Toole.

KILIAN/CILIAN/MO-CHÍONLÁN VON WÜRZBURG (GEST. 689)

8. Juli

Kilian, der Märtyrer von Würzburg und seine beiden Gefährten, Colonatus (Colon) und Totnatus (Dothan), die sein Los teilten, sind zweifellos Iren, aber da sich seine Viten über Geburtsort und Familie ausschweigen, läßt er sich nirgends mit absoluter Sicherheit festmachen. Dabei ist Kilian der erste auf dem Festland arbeitende Heilige, von dem Irland Notiz nahm und mangels eigener Märtyrer schon seit dem 9. Jh. verehrte. Eine Überlieferung aus der Grafschaft Cavan setzt seinen Geburtsort in die Gemeinde Mullagh, die eine ihm geweihte Pfarrkirche besitzt. Die Quelle in Cloughballybeg, 4 km ostsüdöstlich von *Virginia* (zwischen Kells und Ballyjamesduff), soll den genauen Ort bezeichnen, wo er um 640 zur Welt kam. Die Beara-Halbinsel zwischen Killarney, Grafschaft Kerry, und Bantry, Grafschaft Cork, ist damit nicht einverstanden. Sie identifiziert den etwa um diese Zeit in der Gemeinde Tuosist geborenen Mo-Chíonlán mit Kilian von Würzburg. Die Koseformen des Namens »Makillog« und »Makeenlaun« bilden Elemente von Ortsnamen in der Gegend. 4 km nordwestlich von Lauragh, über dem gleichnamigen Hafen, in der gleichnamigen Bucht, ist die aus einem vorromanischen und einem romanischen Teil bestehende Ruine von Kilmakillog = »die Kirche von Cionlán« erhalten. Demnach dürfte hier ein Kloster von St. Cilian gestanden haben. 370 m nordöstlich davon wurde lange Zeit (vielleicht schon vorchristlich) der kleine See Lough Makeenlaun seiner schwimmenden Grassoden wegen als besonders heilkräftig verehrt. Am Ostufer sind die Reste des frühen einfachen Kirchleins von St. Kilians Einsiedelei auszumachen. Zum Fest des Heiligen wallfahren die Frommen der Gegend noch immer zu St. Chíonlán von Makeenlaun – und Würzburg.

LAICHTIN/MÓ-LACHTÓG (GEST. 622)

19. März

St. Laichtin soll ein Schüler St. Fursas gewesen sein und unter St. Comgall von Bangor studiert haben. Er war der Schutzpatron von Donoughmore, Grafschaft Cork, wo in seiner Klosterkirche jahrhundertelang »St. Laichtin's Arm« verehrt wurde, Irlands ältestes Armreliquiar, ein ausnehmend schön gearbeiteter, mit Silber eingelegter Bronzebehälter in Form eines Armes mit einer schwach geballten Faust. Die Finger, mit den silbernen Fingernägeln, sind ganz naturtreu dargestellt. Das Metall ist über und über mit, vom skandinavischen Urnenstil beeinflußten, Schlingmustern bedeckt. Eine Inschrift datiert das Reliquiar in den ersten Abschnitt des 12. Jh.s. Es befindet sich heute im *Nationalmuseum, Dublin.*

Laichtin besaß eine weitere Gründung in *Freshford,* Grafschaft Kilkenny, zwischen der Grafschaftshauptstadt und Urlingford, die in seinem Todesjahr fertiggestellt wurde; von der Nachfolgerin, der Klosterkirche aus dem 12. Jh., ist der Westgiebel mit einem ungewöhnlichen spätromanischen Eingang in die protestantische Kirche von 1730 übernommen worden. Er besteht aus drei Ordnungen, die eine Verdachung bilden: der äußerste Rundbogen ist verziert, während der innerste eine lange Inschrift trägt, die um ein Gebet für Baumeister und -herrn und weitere unbekannte Persönlichkeiten bittet. St. Laichtins heilige Quelle »Tubberlochteen«, an der Straße nach Kilkenny, pflegte Pilgerscharen anzuziehen.

LASERIAN/LAISRÉN/MÓ-LAISE MOCCU IMDE VON LEIGHLIN (GEST. 639)

18. April

Aus St. Laisréns Jugend ist wenig Zuverlässiges bekannt – es ist nicht einmal sicher, ob Cairell, der König von Ulster, sein Vater oder Großvater war. Vermutlich in Iona lernte er Fintan von Taghmon kennen und, wie dieser, hinterließ er einige Gründungen in Schottland, bevor er nach Irland zurückkehrte. Bald machte er sich auf eine Pilgerfahrt nach Rom, wo ihn Gregor der Große persönlich zum Priester geweiht haben soll. Zurück in Irland erwartete ihn in Leighlin die Chance seines Lebens: einer der vielen St. Gobans war bereit, ihm sein voll etabliertes Kloster abzutreten.

Mit Fintan verband ihn zeitlebens eine herzliche Freundschaft – es gab nur einen Zankapfel zwischen den beiden Heiligen, die Osterberechnung. Laisrén vertrat aus tiefster Überzeugung die römische, Fintan mit derselben Aufrichtigkeit die keltische bzw. kolumbanische. Das ging so weit, daß Fintan Laisrén auf der Synode von Magh Ailbe 620 (?) einen öffentlichen Wettkampf nach druidischem Muster anbot, um endlich eine Einigung zu erzwingen. Laisrén ging nicht darauf ein. Der richtige Weg zur Lösung des Problems schien ihm, das Oberhaupt der katholischen Kirche zu konsultieren. Zusammen mit einer Delegation trat er eine zweite Romreise an, von der er als Bischof und erster päpstlicher Legat in Irland zurückkehrte. Für St. Maedoc von Ferns brachte er Reliquien aus Rom mit, die der noch erhaltene Breac-Maedoc-Schrein aufnehmen sollte. Die hohe kirchliche Würde verstärkte höchstens seine Bescheidenheit. Er blieb ein Asket und sammelte geradezu Krankheiten, um seinen Körper zu züchtigen. Ein Kollege und Freund fand ihn einmal in einer elenden Hütte, auf einem vor Schmutz starrenden Lager, kreuzweise ausgestreckt, wobei ihn dreißig verschiedene Krankheiten marterten. Ihm vertraute er an, daß er sich selbst als großen Sünder empfinde; er zöge es vor, schon im irdischen Leben durchs Fegefeuer zu gehen, um dann gleich »auf der anderen Seite« des ewigen Lebens teilhaftig zu werden. Er überlebte Fintan von Taghmon um vier Jahre und verstarb 639.

Im Weiler *Old Leighlin,* 3 km von Leighlinbridge, an der Hauptverbindung Dublin – Wexford (N 9), scheint die Zeit stillzustehen. St. Laserians kleine Kathedrale am Hügelhang träumt, von Bäumen und Hecken umgeben, vor sich hin. Sie stammt aus dem 13. Jh., bekam aber im Laufe der Zeit das heute zerfallene Nordtransept, ein bis auf Fragmente verschwundenes Südtransept, eine Kapelle und einen Glockenturm angesetzt. Heute dient sie den Protestanten, die sie aber, mangels Finanzen und Gemeindemitgliedern, verkommen lassen müssen, so daß das interessante Innere – ein gutes Taufbecken aus dem 12. Jh., verschiedene Grabmale und feine frühe Steinmetzarbeiten – nicht richtig zur Geltung kommt.

Von St. Laserians Kloster ist ein Hochkreuz aus Granit über seiner Quelle in der baumumstandenen Senke hinter der Kirche übrig. Der Legende nach graste hier der Stier, den die Arbeiter an Laserians Kirchenbau jeweils zum Abendbrot verspeisten, worauf er anderntags wieder munter auf der Weide stand. Laserian konnte das Wunder wirken, solange die Arbeiter die Knochen ganz ließen, was er ihnen einschärfte! Eines morgens lahmte das Tier, und der Fehlbare war von Kopf bis Fuß mit Geschwüren bedeckt. Der Heilige verzieh ihm, nachdem er gestanden hatte, und ließ eine Quelle aus dem Hang sprudeln, die seither Hautkrankheiten aller Art heilt. Den vielen Votivgaben nach wird sie regelmäßig aufgesucht.

LORCAN ÚA TUATHAIL/LAURENCE O'TOOLE (1128–1180)

14. November

Laurence O'Toole, mit vollem irischem Namen Lorcan Úa Tuathail, steht am Ende der keltischen, zu diesem Zeitpunkt zweifellos reformbedürftigen, Kirchenentwicklung. Die Normanneninvasion durchkreuzte jedoch jede Anstrengung von irischer Seite, so daß Lorcan nicht einmal als Erzbischof von Dublin die siebenhundertjährige Struktur zu retten vermochte.

Lorcan war vom Schicksal dazu ausersehen, auf den Nahtstellen zwischen Alt und Neu, Irisch und Englisch, zu balancieren und wo immer möglich, vermittelnd einzugreifen. Schon als Kind stand er zwischen den Parteien, da er als Geisel an den Hof des Königs von Leinster, Dermot Mac Murrough, nach Ferns verpflichtet wurde, wo er zwei unglückliche Jahre verbrachte. Sein Vater, Unterkönig Muirchertach, setzte schließlich durch, daß Lorcan die Klosterschule von Glendalough besuchen durfte. Der Junge war klug und begabt und brachte es mit 25 Jahren zum Abt einer der größten und berühmtesten Klosterstädte Irlands. Gegen alle Widerstände der älteren Mönche brachte er genügend Autorität auf, diese Aufgabe zu meistern, trotz schwerer Hungersnot zu Anfang seiner Amtszeit und Raubzügen keltischer Stammesoberhäupter aus den Bergen von Wicklow. Lorcan nahm sich St. Kevin zum Vorbild, verteilte, was er besaß, an die Armen und suchte regelmäßig »Kevin's Bed« zu asketischen Übungen auf. Die Bischofswürde lehnte er vier Jahre darauf seiner Jugend wegen ab – 10 Jahre später nahm er jedoch die Wahl zum Erzbischof von Dublin an. Sein Lebensstil bleibt so einfach wie bisher – er teilte das Leben der neu eingeführten Augustinermönche in Dublin.

In diese Zeit fällt der Zusammenbruch des Hochkönigtums von

Muirchertach Mac Lochlainn, der den König von Leinster mitriß, so daß dieser seine Ländereien verlor. Jetzt entschloß sich Mac Murrough zu dem Schritt, der Irland 750 Jahre Fremdherrschaft bescheren sollte – er holte die Normannen als Verbündete ins Land, um seinen Thron zurückzugewinnen. Als Vergütung mußte seine schöne Tochter Aoife – Lorcans Nichte – den Anführer, den Earl of Pembroke, »Strongbow«, heiraten, der überdies die Nachfolge im königlichen Leinster zugesichert bekam.
Von Anfang an suchte Lorcan, Mac Murrough mit dem Hochkönig zu versöhnen, aber im August 1170 nahmen die Normannen Waterford im Handstreich ein, und im September richteten sie überraschend, mitten in den Friedensverhandlungen, ein Massaker unter der überwiegend dänischen Bevölkerung Dublins an. Jetzt rüstete der Dänenkönig zu einem Rachezug, und Lorcan hatte an drei Fronten zu vermitteln.
Mac Murroughs Tod im Mai 1771 spannte die Lage noch weiter an, da der Hochkönig sich weigerte, die Ansprüche Strongbows auf Leinster anzuerkennen, und als weitere Komplikation mischte sich jetzt auch noch Heinrich II. von England ein, dem die neue Macht seiner Vasallen schlaflose Nächte bereitete, besonders da es noch kein Jahr her war, daß er eine peinliche Geschichte mit einem besonders selbständigen Lehensmann, einem gewissen Thomas à Becket, Erzbischof von Canterbury, erlebt hatte . . . Im Winter 1171/2 sah er persönlich in Irland nach seinen Interessen, und auch er hoffte auf die diplomatischen Dienste Lorcans, denn er gedachte, die ihm vom Papst gestattete Kirchenreform für Irland mit Eroberungspolitik zu verbinden.
Wer ihm mit außerordentlichem Geschick seine Pläne erschwerte und die Unabhängigkeit der irischen Kirche zu wahren wußte, war Lorcan. Um ein Haar hätte er deswegen das Los des Märtyrers St. Thomas à Beckets geteilt: als er als Gast in Canterbury die Messe las, knüppelte ihn ein »Verrückter« auf den Altarstufen nieder. Nach einigen Augenblicken der Bewußtlosigkeit rappelte er sich auf und führte den Gottesdienst zu Ende. Es war ein

Wunder, daß er den Schlag überlebte – im 19. Jh. ließen sich dessen Spuren deutlich an seinem Schädel nachweisen. Seine Gesundheit war dahin; bis an sein Lebensende litt er an Kopfschmerzen, Übelkeit, Schwindel ...

Heinrich II. markierte den Entsetzten und erbot sich, den Attentäter sofort aufknüpfen zu lassen – Lorcan, der sich keinerlei Illusionen über die königlichen Beileidsbezeugungen machte, bat um dessen Leben. Als Lorcan vom 3. Lateralkonzil, trotz des, von Heinrich II., erpreßten Versprechens, nichts gegen das englische Interesse beim Papst zu unternehmen, nicht nur als päpstlicher Legat, sondern im Besitz von zwei Bullen, die die Rechte des Erzbischofs von Dublin und des Abtes von Glendalough bestätigten, nach Hause kam, wartete der englische König nur noch auf einen Vorwand, um den aufmüpfigen Erzbischof in seine Gewalt zu bekommen. Als ihm 1180 der irische Hochkönig öffentliche Vorwürfe wegen Übergriffen auf irisches Territorium machte, zitierte er Lorcan nach England und hielt ihn dort im Kloster von Abington praktisch gefangen, während er in die Normandie reiste.

Als ihm Lorcan endlich nachfolgen konnte – er landete im nach ihm benannten Dorf St. Laurent-sur-Mer – war er so krank, daß er nur mit Mühe das Augustinerkloster von Eu erreichte. Er starb im selben Jahr und wurde im Klosterfriedhof begraben. Als der Abt von Eu sein Testament aufnehmen wollte, stellte sich heraus, daß der Erzbischof von Dublin keinen Pfennig Privatvermögen besaß – alles, wirklich alles, war in der Versorgung Notleidender und im Kirchenbau aufgegangen.

Wie bei St. Thomas à Becket häuften sich auch an Lorcans Grab die Wunder – 45 Jahre später wurde der irische Erzbischof offiziell heiliggesprochen.

Lorcans Herz wurde dahin gebracht, wo es hingehörte – nach Irland. Es wird in der St. Laurence O'Toole-Kapelle in der *Christ Church Cathedral, Dublin,* in einer Metallkapsel verwahrt. Lorcan war Mitverantwortlicher für den Neubau der Kathedrale, ein

irisch-dänisch-normannisches Gemeinschaftsprojekt von 1173. Noch heute gehören Chor, Krypta und Transept in den Grundzügen zu dieser Planung.
In seinem letzten Jahr als Abt von *Glendalough* ließ Lorcan aus Privatmitteln den Augustinern die Probstei von St. Saviour, ca. 800 m talabwärts von Trinity Church, erstellen. Die Ruine, Schiff und Chor mit Wohnanbau, steht heute in einem Wäldchen. Die Kirche muß zweistöckig gewesen sein – man kann über eine Treppe auf den Chorbogen steigen. Zu Lorcans Zeiten war St. Saviour ein Schmuckstück des hiberno-romanischen Stils – ein Abglanz davon ist, trotz starker, teilweise inkorrekter, Restaurierung, in der großartigen Steinmetzarbeit an Chorbogen und Ostfenster erhalten: Zick-Zack-, Blüten-, Kugel- und Rautenmuster überwiegen. Dazwischen sitzen Köpfe und ab und zu Tierdarstellungen wie z.B. der Löwe, der sich in den Schwanz beißt.

MAC CAIRTHIN/MACARTAN VON CLOGHER (5. JH.)

24. März

»St. Mac Carten's Cathedral« in Clogher, Grafschaft Tyrone, bewahrt einen Stein, der sowohl als »zeremonieller Druidenstein« als auch als »Türsturz von St. Macartan's Originalkirche« beschrieben wird. Im 15. Jh. war von einem »Cloch oir«, einem »goldenen Stein« die Rede. Clogher dürfte ein heidnisches Heiligtum gewesen sein, dem vielleicht sogar Macartan vorstand, bis er durch St. Patrick den Glauben wechselte, denn »Mac Cairthin« ist kein normaler Vatersname. Er bedeutet »Sohn« bzw. »Nachfolger der Eberesche« – kann sein, daß hier ein Baum verehrt wurde. In der Legende tritt Macartan als »St. Patricks starker Mann« auf, ein klar definiertes Amt am keltischen Hof: er mußte Zweikämpfe ausfechten und die Funktion einer Leibwache übernehmen. St. Patrick, der den Stellenwert von Prestige in der keltischen Gesellschaft kannte, bildete den Königshof bewußt nach – abgesehen davon war bei seinem Beruf als Missionar eine Leibwache nicht überflüssig! Als dem Heiligen im Alter das Gehen schwerfiel, trug ihn sein »starker Mann« auf dem breiten Rücken durch unwegsames Gelände.

Patrick machte Macartan zum ersten Bischof von Clogher. Bei der Grundsteinlegung soll Macartans Nichte, St. Brigid von Kildare, zugegen gewesen sein.

Der Territorialherr versuchte mit allen Mitteln, Macartan loszuwerden, ließ sich aber schließlich taufen, da sich der Christengott unfehlbar als der mächtigere erwies. Sein Enkel, Tigernach von Clones, sollte der nächste Bischof von Clogher werden.

St. Macartans Grab auf dem Friedhof von Clogher wurde im Laufe der Zeit von seinen Verehrern abgetragen.

Über 1500 Jahre hat sich die Überlieferung gehalten, daß der Eibenholzkern im Domnach Airgid-Buchschrein *der* Schrein sei, den St. Patrick zusammen mit einem Evangelienbuch seinem treuen Diener schenkte. Der Domnach Airgid ist eines der schönsten Stücke des *Nationalmuseums, Dublin.* Er hat an die 1000 Jahre der Neufassung und Überarbeitung hinter sich. Im 7. Jh. wurde das Holzkästchen mit verzierten Bronzeplatten beschlagen. Mitte des 14. Jh.s brachte der Goldschmied John O'Bardan für John O'Carbry, den Abt von Clogher, vergoldete Silberplatten mit getriebenen Figuren an: St. Michael, die Mutter Gottes mit Kind, Heilige, Äbte und Bischöfe. Der sitzende Abt, dem ein Schreiber ein Buch überreicht, dürfte Macartan sein. Die stilisierte Figur des Gekreuzigten ist gut doppelt so groß wie die anderen Figuren – der viereckige Kristall über seinem Haupt deckte einen Splitter des Wahren Kreuzes ab.

Die Kathedrale von *Clogher,* Grafschaft Tyrone, zwischen Enniskillen und Dungannon ist ein neo-klassisches Gebäude des 19. Jh.s. Abgesehen vom erwähnten Stein gehören noch zwei mit geometrischen Mustern verzierte Hochkreuze (9./10. Jh.) und eine frühe Sonnenuhr zum alten Kloster.

MÁEL MAEDÓC/MALACHY VON BANGOR UND ARMAGH (1095–1148)

2. November

Es gehört zur Ironie der Geschichte, daß irische Mönche dem von der Völkerwanderung erschüttertern Kontinent das Christentum zurückbrachten, der Kirche zu Hause aber dringend benötigte Kräfte abzogen. Die irische Erbregelung leistete der Verweltlichung der Kirche in hohem Maße Vorschub, da alles an bleibendem Wert an die Familie als Grundeinheit zurückfiel. Sobald daher Klöster materiell interessant wurden, gingen sie immer öfter auf Laien über, die die spirituellen Pflichten vernachlässigten, wobei, mangels Beispiel, die christliche Moral in der Bevölkerung verlorenging.

Reichtum und Privilegien hatten viele Klöster zu kleinen Städten mit beträchtlicher Laienbevölkerung anwachsen lassen, die sich mit oder gegen einander verbündeten, wobei es nicht selten materieller Vorteile willen zu blutigen Kämpfen kam. Wikingereinfälle und ein Aufflackern heidnischer Lebensart beschleunigten den Niedergang. Reformbewegungen, am nachhaltigsten die Célé Dé, wirkten durch Armut, Askese, Gelehrsamkeit und Klosterdisziplin dem Verfall entgegen, drangen aber, bei verstärktem Wikingerterror der nun in Irland ansässigen Nordmänner und den dauernden Fehden der irischen Territorialherren, nicht mehr durch. Das 11./frühe 12. Jh. sah die Rettung in einer Übertragung festländischer Reformprogramme auf irische Verhältnisse, wobei als erster Schritt die irische Mönchskirche in eine Bischofskirche umgewandelt werden mußte.

Máel Maedóc/Malachy kam 1095, mitten in dieser Zeit des Umbruchs, zur Welt. Seinem Freund, dem französischen Ordensgründer und Reformer Bernhard von Clairvaux, ist eine *Vita* zu verdanken, die nur Monate nach Malachys Tod begonnen wur-

Cashel (Tipperary)

de. Das Bild ist von der liebevollen Bewunderung des französischen Heiligen für ihn geprägt, der sich nicht scheut, persönliche Beobachtungen, wie z.B. das seltene, aber herzliche gänzlich ungekünstelte Lachen des Iren, »das Liebe verriet und Gegenliebe erzeugte«, miteinzuflechten. Was Irland und die irische Kultur anbetrifft, ist er jedoch überfordert: alles Fremde lehnt er von vornherein als barbarisch ab.

Nach Bernhard von Clairvaux war der junge Malachy ein Streber – still, fleißig, penibel bedacht, seinen Verpflichtungen nachzukommen. Als er 7 oder 8 Jahre alt war, starb sein Vater Mughron, der damals berühmteste Professor an der Schule von Armagh. Die Mutter – aus der Familie, in der das Klostergut von Bangor seit Jahrzehnten vererbt wurde –, eine kluge, fromme Frau, beeinflußte ihren Sohn stark. Mit dem Bruder verbanden ihn ähnliche Interessen, nur mit der Schwester verstand er sich nicht.

Es zeichnete sich bereits eine ähnliche Laufbahn wie die väterliche ab, da schloß er sich, noch nicht zwanzigjährig, St. Imar, dem Reformer und Asketen an. Zwar zerriß sich eine Weile ganz Armagh die Mäuler darüber, aber bald folgten immer mehr Jugendliche dem Beispiel.

Armut und Askese blieben für Malachy ein Bedürfnis bis ans Lebensende. Selbst als er die höchsten Ämter innehatte und als irischer Abgesandter nach Rom reiste, waren in seinem Reisezug nur drei armselige Pferde zu finden. Malachy ging zu Fuß, bis ihm der Prior von Kirkham, nordöstlich von York, ein Packpferd schenkte. Das diente ihm bis ans Ende seiner Tage als Reittier, und soll bei des Heiligen Pflege von Schwarz zu strahlendem Weiß gewechselt haben und ein sehr artiges Pferdchen geworden sein.

Seine Karriere stieg oft fast gegen seinen Willen steil an. Cellach, der Abt von Armagh, weihte ihn vor dem kanonischen Altar zum Priester, um ihn als Vertreter im Kloster zurückzulassen. Mit Energie packte der junge Mann die Aufgabe an, stellte die Sakramente ins Zentrum des Kirchenlebens, predigte hinreißend, zog schlampige Kleriker zur Rechenschaft und kümmerte sich um die Disziplin der Mönche, denen er, zur allgemeinen Verblüffung, neue festländische Gesänge beibrachte.

Nach Cellachs Rückkehr sammelte er unter dem ehemaligen Erzbischof von Cashel, Malchus, Erfahrungen im beispielhaft geführten Kloster von Lismore; hier kam er mit der Benediktinerregel in Kontakt. 1123 erbte Malachys Onkel das Kloster Bangor, verzichtete aber zugunsten seines Neffen, der St. Comgalls, von den Wikingern verwüstete Gründung neu aufbaute. Dem Armutsprinzip getreu verzichtete er auf Einkünfte und Ländereien, was sogar sein Biograph übertrieben findet! Dieser beschreibt das neue Bangor als »lebende Regel . . . wie ein offenes Buch, aus dem alle die wahren Leitsätze des religiösen Lebens erlernen konnten«.

Malachy war 30, als ihm Cellach die seit Jahren verwaiste, verwahrloste Diözese von Connor zuwies, eine Arbeit, die sich sehr wohl mit dem Ausmisten des Augias-Stalles vergleichen ließ. Er setzte alle seine Kräfte ein und kam durch sein eigenes Beispiel und seine unkonventionelle Art damit zurecht. Erschienen seine Schäfchen nicht in der Kirche, suchte sie ihr Bischof zu Hause oder auf dem Acker auf! Die Gemeinde war endlich wieder an regelmäßige Gottesdienste und das Einhalten der Sakramente gewöhnt, Kirchen, Klöster und Abgaben befanden sich in den Händen von Klerikern, als Krieg ausbrach, und Malachy sich mit wenigen Getreuen im Kloster von Lismore aufnehmen ließ. Hier nahm bereits der exilierte König von Cashel das Asylrecht in Anspruch, Cormac Mac Carthy, der Malachy zu seinem Beichtvater ernannte, und ihm, wieder eingesetzt, Land für ein Kloster in Kerry schenkte. Wo dieses lag, ist nicht sicher – vermutlich im Lough Currane oder gegenüber von Skelling-Michael, in Ballinskelligs.

Die Abgeschiedenheit beider Orte versprach ein friedliches Mönchsleben, aber dieses war Malachy nicht lange beschieden. 1129 starb Cellach, Erzbischof von Armagh, und bestimmte Malachy zu seinem Nachfolger. Cellachs Familie, die seit Generationen den Nachfolger St. Patricks gestellt hatte, ignorierte Malachy und setzte nach keltischem Muster den nächstältesten Blutsverwandten, Cellachs Vetter, ein.

Irland teilte sich fast umgehend in zwei Lager: die Reformwilligen um Lismore und der Süden hielten zu Malachy, die weitverzweigte mächtige Familie Cellachs und der Norden zu Muircher-

tach. Malachy befürchtete einen Bürgerkrieg und wartete zunächst ab. Auf Druck des päpstlichen Legaten nahm er den Sitz des Erzbischofs an, aber nur für die Zeit notwendiger Reformen. Zwei Jahre darauf starb Muirchertach, aber Niall, dessen Bruder, rückte sogleich nach. Zwar mußte dieser nach viel Gerangel die Stadt verlassen, aber er nahm St. Patricks Reliquien mit, die ihn in den Augen des Volkes als rechtmäßigen Erben St. Patricks auswiesen. Weltliche Herren mischten natürlich auch mit; einer lud Malachy zu einer Friedensverhandlung, in der Absicht, ihn zu ermorden. Malachy ging trotz Protest seiner Freunde hin, in der Hoffnung, Irlands erster Märtyrer zu werden. Sein Mut und seine überlegene Ruhe beeindruckten jedoch seine Feinde so, daß sie ihn ziehen ließen. Wenigstens akzeptierte er von da an eine Leibwache! Kaum waren die Reliquien in seinem Besitz, zog er die Reformen durch, und sobald es ihm sein Gewissen gestattete, legte er das teuer erkämpfte Amt nieder. Zusammen mit Armagh gab er Connor ab – Down allein genügte ihm. Wenn möglich lebte er als einfacher Mönch nach der Augustinerregel.
1139 erstattete er in Rom Bericht über den Verlauf der irischen Reformen und bat den Papst um Pallien, die offiziellen Amtszeichen der Erzbischöfe, für die neugegründeten Erzdiözesen. Auf dieser Reise lernte er St. Bernhard kennen, und verbrachte einige Zeit in Clairvaux. Unter den Zisterziensern mit ihrem einfachen Leben, ihrer echten Gottesliebe und heiteren Askese fühlte er sich so wohl, daß er erwog, dort seinen Lebensabend zu beschließen. Papst Innozenz II. wollte davon nichts hören, sondern ernannte ihn zu seinem Legaten. Er war sehr zufrieden mit dem Fortschritt in Irland – Pallien mußten jedoch von einer nationalen Synode, nicht von Individuen, beantragt werden.
Auf der Rückreise stieg Malachy noch einmal in Clairvaux ab, wo er vier seiner Gefährten zur Schulung zurückließ, die das erste Zisterzienserkloster Irlands, Mellifont, gründen sollten. Zu Hause beschäftigte ihn zusätzlich die Organisation der Synode, die 1148 auf Inishpatrick, St. Patrick's Island, nordöstlich von Du-

blin, offiziell den Antrag auf Anerkennung der neuen Erzbistümer formulierte. Kraft seines Amtes hatte Malachy Papst Eugenius III. das Dokument vorzulegen, aber er kam nicht weiter als bis Clairvaux. Dort streckte ihn eine fieberhafte Erkältung, die niemand außer ihm ernst nahm, aufs Krankenlager. Er verstarb am 2. November in St. Bernhards Armen. 45 Jahre später wurden seine Gebeine feierlich nach Mellifont überführt.

Zwei Kilometer ostnordöstlich von *Skerries,* auf *St. Patrick's Island,* gründete der Apostel der Iren eines seiner ersten Klöster, das es fertigbrachte, alle Wikingerplünderungen zu überleben. Hier formulierte die Synode 1148 unter anderem im Beisein von 15 Bischöfen und 500 Klerikern höherer Grade, den Antrag auf Pallien. Vom Kloster steht noch eine einfache, frühe Kirchenruine aus Kalktuff, obwohl dieser Stein sonst weit und breit nirgends zu finden ist!

Für Malachys Kloster in Kerry siehe Fionan Lobhar. Für Bangor s. Comgall von Bangor.

Malachys Wiederaufbau von Bangor hinterließ keine Spuren. Hartnäckig hält sich jedoch die Überlieferung, daß der Turm von Bangor Abbey Church von der Klosterkirche stamme, die Malachy für die Augustiner errichten ließ. Die irischen Mönche, an ihre Holzhüttchen gewohnt, waren entsetzt über den Aufwand, den der festländische Baustil trieb – sie wollten keine solchen »Frivolitäten«!

Malachy soll der Bauplatz für die Abtei von *Mellifont,* 7 km westnordwestlich von Drogheda, landschaftlich an sein geliebtes Clairvaux erinnert haben. Noch die Ruinen lassen die Großartigkeit der Anlage am Mattock und ihre klaren Formen erkennen. 1142 hatte St. Bernhard Malachy Fachleute zur Verfügung gestellt, unter anderem den fast legendären Baumeister »Robert«; Bauland stiftete Donnchadh Úa Cerbhaill, König von Uriel.

Als sich herausstellte, daß Franzosen und Iren auf die Dauer nicht miteinander harmonierten, hatten sich sowohl die Reformideen als auch die neue Architektur durchgesetzt. 1148, im Todesjahr Malachys, standen vier Tochterhäuser: Bective (Grafschaft Meath), Boyle (Grafschaft Roscommon), Monasternenagh (Grafschaft Limerick) und Baltinglass (Grafschaft Wicklow). Bis zur Jahrhundertwende arbeiteten 37 Zisterzienserklöster in Irland!

Die Einweihung der Klosterkirche, zum kluggewählten Zeitpunkt der Synode von 1157, versammelte, außer dem päpstlichen Legaten und dem Primaten Irlands, 17 Bischöfe und alles, was sonst noch Rang und Namen hatte, in Mellifont. Die Geschenke entsprachen dem Rang des Gebenden: der Hochkönig stiftete z. B. 60 Unzen Gold und 160 Stück Vieh.

Das Kloster weist den typischen viereckigen Zisterziensergrundriß auf: an der Nordseite die kreuzförmige Kirche, auf der Südseite das Kapitelhaus, dazwischen die Flügel mit Refektorium, Küche, Schlafsälen, Bibliothek, Gast- und Krankenräumen. Ganz neu, sogar für das Festland, waren die beiden Kapellen mit Apsiden im Querschiff der Klosterkirche, die sich des abschüssigen Geländes wegen, ursprünglich auf eine Krypta stützte. Im frühen 14. Jh. brannte sie nieder und wurde, vergrößert, auf der verfüllten Krypta wiederaufgebaut. Der teilrekonstruierte Kreuzgang weist die schlichten, aber eleganten Rundbögen aus dem 12. Jh. auf. Obwohl nur noch die Hälfte des achteckigen Lavabos steht, wirkt es durch seine Proportionen. Am Springbrunnen wuschen sich die Mönche die Hände, bevor sie sich zu den Mahlzeiten ins gegenüberliegende Refektorium begaben. Bei Ausgrabungen kamen Stücke der bleiernen Wasserleitung zum Vorschein, die das Wasser vom Flüßchen, unter der Kirche durch, zum Brunnen leitete.

Offiziell blieben die Zisterzienser bis zur Aufhebung, 1539, in Mellifont – inoffiziell soll der letzte Abt 1743 gestorben sein! Seit 1939 sind sie wieder in der Gegend. Sie haben sich 6,5 km von Collon entfernt, in New Mellifont, niedergelassen!

MÁEL RÚAIN/MELRUAN VON TALLAGHT (GEST. 792)

7. Juli

Die Reformbewegung der Célé Dé (anglisiert, Culdee), der »Diener Gottes«, die sich ab Ende des 8. Jh.s hauptsächlich auf Irlands Osthälfte ausbreitete, arbeitete am erfolgreichsten an der spirituellen Erneuerung der irischen Mönchskirche. Ihre Mitglieder zogen sich in abgelegene Gegenden zurück, wo sie eine enge, persönliche Beziehung zu Gott, eine mystische Vermählung, anstrebten. Ihr Blickwinkel war puritanisch, und sie wirkten durch Armut, Askese und Disziplin der Verweltlichung entgegen. Der Grundsatz, »Das Himmelreich ist demjenigen sicher, der Studien leitet, studiert, oder Studenten unterstützt«, brachte Schulen und Schreibstuben auf einen neuen Höhepunkt. Die Betonung auf Gottes Offenbarung in der Natur ließ eine zarte gefühlvolle Naturlyrik entstehen. Jetzt kam das Hochkreuz als Bilderbibel für Laien und Kleriker auf.

Leider gibt es von Máel Rúain, dem Apostel der Célé-Dé-Bewegung keine *Vita.* Die Klosterregel dieses Abt-Bischofs von Tallaght zeigt ihn als Idealisten, niemals jedoch als Fanatiker. Alkohol, »der Gott vergessen macht«, war zwar tabu, doch, obwohl er und seine Mönche grundsätzlich vegetarisch lebten, erlaubte er während der nicht seltenen Hungersnöte, sogar während der Fastenzeit, Fleisch. Kleine Genüsse, wie z. B. Dickmilch mit Honig vor großen Festtagen trugen zur festlichen Stimmung bei. Allgemein galt das Gesetz der Mäßigung – erst bei Müdigkeit Schlaf, bei Hunger Nahrung und kein grundloses Wort.

Lange Tischgebete und spirituelle Erbauung während der Mahlzeiten gehörten zum Tagesablauf, aber der Vorlesende durfte, um sich den knurrenden Magen zu ersparen, als erster essen. Das Gelesene wurde anderntags stichprobenweise abgefragt.

Máel Rúain bedeutet »Rúadáns Anhänger«, so daß er vermutlich vom Kloster Lorrha nach Tallaght kam. Einer seiner Lehrer war der Abt Fer-dá-crích, ein eifriger Reformer von Cork. Um 775 schenkte der König von Leinster Máel Rúain einen Bauplatz in den dünnbesiedelten Ausläufern der Wicklow Mountains. Vermutlich fand der Abt von Tallaght eine prähistorische Anlage vor, denn die heutige Kirche steht auf einer deutlich sichtbaren künstlichen Aufschüttung.

Máel Rúain weihte die Klosterkirche dem Erzengel Michael, mit dem ihn, der Legende nach, eine besondere Freundschaft verband: nicht eher akzeptiert er das Grundstück, als bis es ihm Michael mit dem traditionellen Erdbrocken bestätigte, und das verbriefte Recht vom Himmel herunter kam. Jeder Klostertag schloß mit einer Hymne an den Erzengel.

Das Kloster war bereits 811 eine nicht zu übergehende politische Kraft, die den König von Tara unter solchen Druck zu setzen vermochte, daß er die seit Menschengedenken stattfindende Versammlung der O'Neill in Teltown eines verletzten Asylrechts wegen abblasen mußte!

Das 9. Jh. verglich Tallaght und Cainnech von Aghaboes Finglas mit »den zwei Augen Irlands«. Es war nur den Wikingern von Dublin zu verdanken, daß es sich nicht zu einem Kirchenzentrum vom Rang eines Clonmacnois oder Glendalough entwikkeln konnte. Immerhin blieben zwei Heiligenkalender (Martyrologien) und ein Meßbuch erhalten.

Das »Martyrologium von Tallaght« war ein Gemeinschaftswerk von Máel Rúain und Oengus Mac Oengobann, das jedoch nur in einer Version aus dem 12. Jh. auf uns überkommen ist. Vor 800 schrieb Oengus ein zweites in Gedichtform, worin er als letzten Heiligen Máel Rúain unter dem Sterbedatum 7. Juli 792 eintrug.

Das *Stowe Missal* (8. Jh.), ein kleines tragbares Evangelienbuch mit liturgischem Anhang, gehört in einen immer wieder überarbeiteten Schrein. Am ältesten sind die Seitenbeschläge, die wie die Hochkreuze in, mit geometrischen Mustern und Figuren gefüllte, Paneele eingeteilt sind. Blaue Glaskügelchen als Augen geben dem Krieger, den zwei Klerikern, den Engeln und dem Harfenspieler einen starren verwunderten Ausdruck. Alle spätmittelalterlichen Verzierungen sind vom Boden abgefallen – auf dem Deckel, den ein Kreuz in vier Felder teilt, sitzt ein großer Kristall. Die Kreuzenden tragen Halbedelsteine. Auf den vier Feldern sind eine Kreuzigung, eine Äbtissin, die Muttergottes mit dem Kind und ein Bischof dargestellt. Manuskript und Schrein bewahrt die *Royal Irish Academy, Dublin* auf. In *Tallaght,* dem ehemaligen Dorf am Fuße der Wicklow Mountains, heute Groß-Dublin, steht die protestantische St. Maelruan-Kirche an Stelle von Máel Rúains Kloster. Ausgrabungen stießen auf das Fundament einer frühen Steinkirche. Die Normannen bauten im 12. Jh. darüber eine Pfarrkirche, von der das moderne Gotteshaus Baumaterial und den Kirchturm geborgt hat. »St. Mulroon's Losset«, ein Granittrog, und »St. Mulroon's Stone«, ein kleines einfaches Granitkreuz gehörten zum alten Kloster. Den riesigen Nußbaum, im Dominikanerkloster daneben, soll Máel Rúain eigenhändig gepflanzt haben.

M'AODHÓG/MAEDOC/MAEDOG/MOGUE/AIDAN VON FERNS (GEST. 626)

31. Januar

Die dritte Fassung von Maedocs Lebensbeschreibung zeichnet sich durch besondere Länge aus: zu Ehren seines Heiligen plündert der späte Schreiber alle ihm erreichbaren Viten und schiebt die Wunder Aidan von Ferns unter. Gelegentlich wird es ihm selbst zuviel, und er läßt durchblicken, daß er kürzte, um Langeweile zu vermeiden!

Der schiere Umfang genügt jedoch nicht: Durch Vervielfältigung werden Wunder noch wunderbarer! Statt an *einen* armseligen Wolf verfüttert der junge Maedoc an acht von der Sorte Schafböcke aus der Herde seiner Pflegemutter. Selbstredend stellen sie sich auf sein Stoßgebet wieder ein. Statt dem Königssohn mit *einem* Gebrechen sucht ihn ein »blinder, tauber und stummer« auf, oder einer mit »nur einem Fuß, einer Hand und einem Auge«.

Zwischen den Gemeinplätzen gibt es auch einige originelle Taten, wie z. B. das Wunder, das Maedocs absoluten Gehorsam demonstriert: wie ihn St. David, sein Abt in Wales, am Strand unten einst tadelt, wirft er sich flach vor ihn hin. David geht weiter, vergißt jedoch, ihm die Erlaubnis zum Aufstehen zu geben. Stunden später läßt er ihn suchen. Noch immer liegt er auf dem trokkenen Sand – die Flut hat rings um ihn einen Freiraum gelassen, steht wie eine gläserne Wand um ihn.

Hinter all diesem Wust verbirgt sich die gütige, großzügige, aufrichtig fromme, und wie die Anekdote mit dem Pseudobettler zeigt, auch humorvolle Persönlichkeit des historischen Heiligen: Irgendwelche Gesellen, die ihre guten Kleider im Wald verstekken, bitten Maedoc jammernd um Almosen. Dieser durchschaut das Spielchen, läßt das Zeug herbringen und beschenkt sie, aus

den Stockzähnen lächelnd, mit ihren eigenen Kleidungsstücken. In einer moralisierenderen Variante beschenkt er damit wirklich Verarmte, während die Betrüger leer ausgehen.
Dem meineidigen Schafsdieb, der das gesuchte Schaf aufgegessen hat, gucken, wie er auf Maedocs Reliquienkasten schwören will, die Schafsohren zum Hals raus.
Maedocs Eltern, wohlhabende Adlige aus Connacht, verdanken ihr Kind, nach jahrelanger Kinderlosigkeit, einem Bittgang, den der Himmel erhörte. Der Junge wurde auf »Aidan«, irisch »Aeod«, getauft, aber sein Kosename »Mo-Aedóc«, »Mein kleiner Aed«, blieb an ihm haften.
Aus dieser sozialen Schicht ließ sich der Hochkönig Anmire, um Bündnissen Nachdruck zu verleihen, Geiseln geben. Maedoc, obwohl noch sehr jung, hob sich so vorteilhaft von den anderen Kindern ab, daß ihm der König spontan die Freiheit anbot, was der Junge erst annahm, nachdem er seine Kameraden freigebeten hatte. Bei dieser Gelegenheit soll sich der Hochkönig ihn bereits als Beichtvater vorgemerkt haben, »denn er fühlte, daß er dereinst eine starke Stütze der katholischen Kirche werden würde«. Sein Jugendfreund war Mo-Laise von Devenish. Der Gedanke, ob sie wohl in Zukunft zusammenbleiben dürften, beschäftigte die beiden sehr, und sie baten Gott um ein Zeichen. Da neigte sich der eine Baum, unter dem sie saßen, nach Norden, wo Mo-Laises Hauptgründung im Lough Erne, der andere nach Süden, wo Maedocs in Ferns entstehen sollte.
Diesen Bauplatz verdankte der Heilige einem reichlich mürbe gewordenen König von Leinster. Brandub sah sich nämlich in einem Fiebertraum vor dem Höllentor, wo ihn ein gräuliches Ungeheuer zu verschlingen drohte. Zu seinem Glück hatte er kürzlich einem »aus Maedocs Familie« einen Ochsen als Almosen überlassen, denn plötzlich erschien ein strahlender Kleriker, der diese milde Gabe dem Untier in den Rachen stopfte. Wie es sich nochmals dem König nähern wollte, zog ihm der Kirchenmann mit seinem Abtsstab eins über den Schädel, so daß es sein Maul

zuklappte. Erschüttert suchte Brandub die Deutung des Traumes und wurde an St. Maedoc verwiesen, in dem er seinen Retter wiedererkannte. Er unterstellte sich und seinen Hof auf alle Zeiten dem Heiligen, beschenkte ihn reich und unterstützte seine Wahl zum Bischof von Ferns.

Wie zur Zeit der Druiden, bildeten von da ab der König und sein Berater ein Zweigespann. Als Brandub, als guter Christ, den Sohn des Hochkönigs erschlug, weil dieser von seinem Recht auf die Frauen der Provinzkönige Gebrauch machen wollte, ließ Maedoc alle gottesfürchtigen Männer von Leinster für den König beten, wobei er selbst »die mächtigsten Bittgebete sprach«. Brandub zog mit so viel Vertrauen in die Schlacht, daß er gegen den Hochkönig gewann.

Als Brandub seinerseits ermordet wurde, »fastete der Heilige bei Wasser und Brot von einem Jahresende zum anderen«, um ihn ins Leben zurückzurufen. Das gelang – nur zog es der König vor, nach dem Sakrament ins Reich Gottes einzugehen. St. Maedoc begrub ihn in Ferns, dem Ort, der zum Friedhof der Leinsterkönige werden sollte.

Drumlane, in der Grafschaft Cavan, war Maedocs zweite Gründung, wo er »volle sieben Jahre fastete ... ohne Milch oder Bier, ohne Zutaten oder warme Küche, nur mit einem Stückchen Gerstenbrot und einem Schluck Wasser von einem Abend zum anderen, einem Schluck Milch jeden dritten Sonntag ... auf bloßem Boden oder härtestem Stein liegend, ohne Decke oder Hülle, außer den Häuten wilder, ungezähmter Tiere ... fortwährend Psalmen und Psalter rezitierend ...«

Die Sterbeszene in seiner letzten Gründung, Rossinver, Grafschaft Leitrim, wird mit derselben Wortgewalt geschildert. Er macht sein Testament in Anwesenheit des Dichterfürsten Dallan Forgaill, seinem Cousin, und dieser verabschiedet sich »kummervoll, traurig, melancholisch ... Es war wie die Trennung einer Mutter von ihrem Sohn, einer Kuh von ihrem Kalb, einer Hündin von ihren Welpen oder einer Ente von ihrem Teich ...« Er stirbt im Kreise von »zehn und drei mal fünfzig Heiligen und heiligen Jungfrauen« am letzten Tag des Januar 626. Engelscharen gehen ihm singend entgegen.

Die jüngste *Vita* gibt Rossinver, die älteren *Viten* Ferns als Bestattungsort an. Maedoc vererbt den »Stab des Brandub«, mit dem er den Leinsterkönig ins Leben zurückrief, Ferns, zwei Handglocken und einen Schrein Drumlane, und die Glocke »MacRatha«, den »weißen Abtsstab« und den Brec/Breac Maedhog, den Reliquienschrein, der sich heute samt lederner Tragetasche im *Nationalmuseum, Dublin,* befindet, Rossinver. »Breac« bedeutet »bunte Mischung«, denn er enthielt verschiedene Reliquien, unter anderem »einen Knöchel von St. Martin und eine Haarlocke der Jungfrau Maria«, die St. Laserian von Leighlin aus Rom mitgebracht hatte. Der Schrein ist ein großartiges Kunstwerk. Das Holzkästchen verkleiden Metallplatten, auf denen Figuren plastisch hervortreten: Nonnen oder Heilige mit großen strahlenden Augen im lächelnden Antlitz, tragen das Haar in fülligen Ringellocken bis zur Taille. Sie sind in gefältelte Röcke und schwere, von großen Broschen zusammengehaltene, Mäntel gekleidet. Das Haar der Mönche oder Heiligen ist schulterlang, elegant in Löckchen, Ringel oder Einzelsträhnen gedreht. Die Barttracht ist noch individueller und reicht von glattrasiert bis zum zweigeteilten W-förmigen Bart.

Eine von St. Maedocs Glocken hat überlebt und ist heute im Besitz der *Bibliothek von Armagh.*

Ferns, Grafschaft Wexford, einst der Sitz der Leinsterkönige, ist heute ein Dorf zwischen Gorey und Enniscorthy. In der Burg, die das Tälchen als Ruine überwacht, saß im 12. Jh., als deren letzter, Dermot Mac Murrough, der die Normannen ins Land rief. Er siedelte die Augustiner auf St. Maedocs Klosterareal an, das die moderne Straße entzweischneidet. Von der Probstei steht nur noch die Nordseite, mit dem Ansatz zum Tonnengewölbe über dem Chor, die Sakristei, mit den Wohnräumen, und der unten viereckige, oben runde Kirchturm.

Die kleine protestantische St. Edan's (=Aidan's) Cathedral (18. Jh.) übernahm Teile der katholischen aus dem 13. Jh. Sie bewahrt die Steinskulptur eines Bischofs, der St. Mogue/Maedoc darstellen soll. Der Überlieferung nach bezeichnet der verzierte Hochkreuzschaft das Grab des unseligen Dermot Mac Murrough. Die einfachen Granitkreuze auf dem Gelände steckten einst den Asylbereich von St. Maedocs Kloster ab.
Als sich Mogues Schüler wegen Wassermangel auf dem Klostergrund beschwerten, empfahl ihnen der Meister, einen riesigen alten Baum (vielleicht ein vorchristlicher heiliger?) zu fällen, wobei eine klare Fontäne zum Himmel schoß, die sich zu einem »dünnen, hellen Strom von grünem, zu beiden Seiten hin ins Blaue spielendem Wasser ergoß«. Seit dem 19. Jh. steht ein Brunnenhaus über der heiligen Quelle, die Steine, zum Teil behauene, aus den Kathedralen von Clones und Ferns wiederverwendet. Nach der Inschrift segnete St. Mo-Ling von St. Mullin's in eigener Person die Quelle.
Auf St. Maedocs Klosterbezirk von *Drumlane,* 6,5 km südsüdwestlich von Belturbet (Grafschaft Cavan), zwischen Cavan und Enniskillen, macht sich eine unverhältnismäßig lange, mehrmals restaurierte, Kirchenruine neben einem beschädigten Rundturm breit. An der Nordwand ist eine schöne, mit Flechtmustern verzierte Grabplatte angebracht. Grasüberzogene Hügel deuten die ehemaligen Klostergebäude an: vom Ort, den St. Maedoc mit »der Gnade des Wohlstandes und der Fülle«, »der Gnade des Willkommens und der Gastfreundschaft« segnete, ist nicht mehr viel übrig!
An der Nordgrenze zur Grafschaft Donegal, 13 km südöstlich von Kinlough (Grafschaft Leitrim) in *Rossinver,* am Südostende des Lough Melvin, zeigen eine sehr alte einfache Kirchenruine, St. Maedocs heilige Quelle und zwei im Stil von Clonmacnois verzierte Grabplatten St. Maedocs Kloster aus dem 7. Jh. an.

MANCHÁN (GEST. 665) und MELLA

Mella und Manchán, Mutter und Sohn, führten in *Lemanaghan,* 8 km von Ferbane, Grafschaft Offaly, zwischen Clara und Cloghan, an der Straße nach Ballycumber, ein gottgefälliges Leben.
Eine romanische Kirchenruine (12. Jh.), Fragmente von »St. Manchán's House«, einer vorromanischen Steinkirche, verzierte Grabsteine und die heilige Quelle, sind von St. Mancháns Kloster übrig. Von der Quelle führt ein alter Damm zur »Abtei«, einem winzigen Gebetshaus, das ein Steinwall umschließt. Hier lebte die fromme Mella. Mutter und Sohn hielten sich an das Gelübde, nie wieder miteinander zu reden: täglich trafen sie sich am Stein, auf halben Weg zwischen Zelle und Kloster, und saßen ein Weilchen ins Gebet versunken.
St. Mancháns Schrein, der die Gebeine des Heiligen umschließt, befindet sich in *Boher,* ca. 8 km westlich von Ballycumber (ausgeschildert). Er ist aus mit Metall bezogenem, mit Tier- und Rankenmuster verziertem Eibenholz gefertigt. In Größe, Haltung, Ausdruck so individualisierte Heiligenfiguren, wie sie nur die irische Kirche hervorbringen kann, kamen nachträglich dazu: jeder der frommen Männer trägt eine andere Haar- oder Barttracht und einen anders gemusterten Kilt. Das *Nationalmuseum, Dublin,* besitzt eine gute Kopie des Schreins.

MÉL/MELCHUS VON ARDAGH (GEST. UM 487)

6. Februar

Mél, einer von 19 Geschwistern, 17 Brüdern und 2 Schwestern, alles Mönche bzw. Nonnen, soll St. Patricks Neffe gewesen sein und ist vermutlich mit »Melchus«, seinem »Bruder«, identisch, da sie beide als Bischöfe von Ardagh bezeichnet werden. Er war mit St. Patrick aus Britannien in die irische Mission gekommen. Er war es, der aus Versehen die Bischofsweihe über die junge St. Brigid von Kildare aussprach.

Eine Zeitlang lebte er mit seiner Tante, der Nonne Lupait, zusammen, bis Skandalgeschichten an St. Patricks Ohr drangen. Umgehend stellte er den Neffen zur Rede, der eben seinen Acker pflügte. Wortlos griff er in die Ackerfurche, und holte einen zappelnden Fisch heraus. Lupait half mit, St. Patricks Verdacht zu zerstreuen, indem sie glühende Kohlen im Gewand trug. Mit der Empfehlung an Mél, besser im Wasser zu fischen und auf Land zu ackern, und sich von Lupait zu trennen, um Gerüchten vorzubeugen, verabschiedete sich der Heilige. Mél starb um 487.

Patrick schenkte ihm die Kirche von *Ardagh;* 5 km südwestlich von Edgeworthstown, in der Grafschaft Longford, zwischen Mullingar und Longford, findet sich die ungewöhnlich breite Ruine von »St. Mel's Church« alias »Cathedral« mit den typischen verlängerten Giebelenden und dem schweren Türsturz über ausgestellten Pfosten der Steinkirche aus dem 8./9. Jh. Grabungen ergaben, daß sie über einer noch älteren Holzkirche steht.

Im Friedhof wurde St. Méls Bischofsstab gefunden, ein Eichenkern in einer Bronzehülle, die Reste von Vergoldung und Emaillierung aufweist. Er ist im kleinen Diözesanmuseum im St. Mel's College in *Longford* zu sehen. Longford besitzt eine Kathedrale, natürlich St. Mels, der vereinigten Diözesen von Ardagh und Clonmacnois.

MO-CHAOI/MOCHAE/CAYLAN VON NENDRUM (5. JH).

23. Juni

Der Legende nach ist Mochae der Enkel jenes Miliuc, der den Sklavenjungen Patrick die Schweine an den Hängen des Slemish hüten ließ. Patrick segnete den Sohn von Miliuc' Tochter Bronách schon im zartesten Alter und bestimmte ihn für die Kirche. Über den Kosenamen »Mo-Chaoi«, »Mein Feiner«, geriet der Taufname »Caylan« in Vergessenheit.

Eine andere Überlieferung macht Mo-Chaoi zu einem jungen Schweinehirten, den St. Patrick in den geistlichen Stand erhob und mit Bibel, Krummstab und Glocke ausstattete.

Interessanterweise steckte, zwischen den Steinen der Klostermauer von Nendrum verkeilt, eine Bronzeglocke, eindeutig eine wichtige Reliquie des Klosters. Vielleicht brachte sie ein Mönch auf diese Weise vor den Wikingern in Sicherheit. Sie ist jetzt im *Ulster Museum, Belfast.*

Oengus Mac Oengoban schiebt Mo-Chaoi in einer hübschen Anekdote die Rip van Winkel-Rolle zu. Beim Zweigeschneiden für die Flechtwerkwand seiner Kirche gewahrte Mo-Chaoi einen prächtigen Vogel, der so wunderbar sang, daß er alles vergaß. Der Geflügelte sprach den Abt an und gab sich als Engel zu erkennen. Noch zweimal sang er eine wunderbare Melodie, bevor er gen Himmel flog. Wie Mo-Chaoi mit seinem Holzbündel zum Kloster zurückkehrte, umringten ihn lauter fremde Menschen – 150 Jahre, 50 für jeden Gesang, war er im Wald geblieben! Der Schreiber schließt mit der Frage: Wenn ein Engel so bezaubernd singt, wie muß es dann sein, wenn der ganze Chor losbricht?

Der historische Abt von Nendrum starb um 498.

»Inis Mo-chaoi« schliff sich mit der Zeit zur Insel »Mahee«, im Strangford Lough, Grafschaft Down, ab, wo der Heilige das Kloster *Nendrum* gründete. Man fährt heute auf Brücken via Insel Reagh hinaus, eine landschaftlich lohnende Fahrt. Das Lough verhält sich, obwohl es eigentlich ein Meeresarm ist, wie ein großer See.

Hinter Burgruine (16. Jh.) und Golfplatz erstrecken sich die 2,5 ha des Klosterareals, das drei sorgfältig geschichtete, konzentrische Trockenmauern in verschiedene Funktionsbereiche teilten. Nach den Ausgrabungen von 1922–24 war der innerste Kreis der Kirche, mit der Sonnenuhr im Giebel, dem Rundturm, dem Mönchsfriedhof, einigen größeren Bienenkorbhütten und dem »Schulhaus«, einem rechteckigen Steinbau, vorbehalten. Letzteres erhielt diesen Namen, weil etwa drei Dutzend Schieferstücke, auf denen Abc-Schützen Buchstaben übten, gefunden wurden. Eisengriffel und Ritznägel lagen auch herum. In diesem Raum dürften auch Bücher geschrieben, farbig bebildert und zusammengenäht worden sein, denn Nadeln, ein Mörser zum Herstellen des Farbpulvers, Übtäfelchen mit geometrischen Mustern und Tiermotiven, unter anderen eine naturgetreue Möwe, gehörten zu den Fundgegenständen. Ebenso Spannendes kam aus den Handwerkerhütten zum Vorschein, die zusammen mit den Wohnstätten der Mönche den zweiten Kreis bildeten: Schlacken, halbfertige Werkstücke, Gußformen aller Art; einige hübsche Fibeln und Broschen zeigen an, daß hier Bronze hergestellt und verarbeitet wurde. Im dritten Kreis fanden sich Spuren von Stallungen, Scheunen, Viehpferchen und Vorratsgebäuden. Abfallgruben gaben Aufschluß über den Speisezettel der Mönche: wie auf einer Insel zu erwarten, standen Muscheln – viele Austern – und Krustentiere oben an. Tierknochen belegten, daß die Mönche keine Vegetarier waren. Massengräber, in denen Männer-, Frauen- und Kinderknochen durcheinanderlagen, sprechen beredt vom Wikingerterror. Es erstaunt wenig, daß Nendrum ab 974 aus den Annalen verschwindet.

MOCHTA VON LOUTH (GEST. 535)

19. August

Um ein Haar hätte Mochta die Überfahrt von Britannien nach Irland nicht überlebt. Seine Eltern, beide Christen, hatten sich zusammen mit dem Druiden Hoa eingeschifft, als mitten auf dem Meer ein schrecklicher Sturm losbrach. Hoa wollte das Kind über Bord werfen, um die zürnenden Meeresgötter zu versöhnen – kaum hatte er es jedoch gepackt, da fiel der Orkan in sich zusammen.

Mochta hegte jedoch keinen Groll gegen den Druiden und soll ihn später bekehrt haben. Lesen und Schreiben brachten ihm die Engel bei. Papst Leo machte er ein Wachstäfelchen zum Geschenk, auf dem er die Zeichen nach seinen himmlischen Lehrern geübt hatte. Früh schloß er sich St. Patrick an und arbeitete als Missionsbischof. Seine Gründung in Louth erfreute sich größter Beliebtheit – die dort residierenden »200 Bischöfe« dürften jedoch auf das Konto eines Abschreibfehlers gehen, trotz unbestrittener Neigung zu Übertreibungen und phantastischen Wundergeschichten der *Vita.* So setzt sie z. B. Mochtas Lebensspanne auf 300 Jahre an –, weil er unvorsichtigerweise das Alter der Patriarchen anzweifelte, verdonnerte ihn St. Patrick dazu, 300 Jahre »im Fleisch« zu verbringen. In Wirklichkeit starb er vermutlich um 535.

Louth, einst so mächtig, daß es der Grafschaft den Namen gab, ist zu einem Dorf zwischen Dundalk und Ardee herabgesunken. Von der blühenden Klosterstadt ist »St. Mochta's House« übrig, eines der seltenen, gänzlich aus Stein gebauten, Kirchlein des 12./13. Jh.s. Trotz Restaurierungen teilt es die Grundstruktur mit »St. Kevin's Kitchen«, Glendalough, und »St. Flannan's Oratory« in Killaloe: ein Stützgewölbe verhindert das Durchbiegen des schweren Steindaches über den rechteckigen Wänden und

schafft zusätzlichen Wohnraum, den hier ein Fensterchen erhellt.
Die Bauweise war so revolutionär, daß prompt die Legende von den Engeln entstand, die die Kirche über dem von seinen Wanderungen erschöpften Mochta, der nicht wußte, wo er sein Haupt niederlegen sollte, in einer Nacht erbauten.
Es ist erstaunlich, daß überhaupt ein Gebäude die Katastrophen überlebte, die das ursprüngliche Kloster, und ab Mitte des 12. Jh.s das nachfolgende im kontinentalen Stil, befielen. Ab 830 erschienen regelmäßig die Wikinger; was sie übrigließen, plünderten die Iren, und schließlich doppelten die Normannen nach. Im 11./12. Jh. brannte es siebenmal bis auf die Grundmauern nieder; sogar die Naturgewalten verschworen sich: 986 sorgte ein Orkan dafür, daß kaum ein Stein auf dem anderen blieb.
Die große wenig interessante Kirchenruine gehörte zu »Louth Abbey«, einem spätmittelalterlichen Wiederaufbau.

MO-LAISE MOCCU NECHTAI/LASREN/LAISREN VON DEVENISH (GEST. 564/571)

12. Sept.

Mo-Laise, mit offiziellem Namen Lasren/Laisren, gehörte zu den großen Lokalheiligen des 6. Jhs.(s. St. Patrick. Die *Vita* in Versform mit Prosakommentaren wurde vermutlich per Diktat nach langer mündlicher Überlieferung aufgeschrieben. Das Örtliche überwiegt: Abgaben und Gebühren für die Dienste des Klosters spielen eine große Rolle.

Mo-Laise konnte auf einen illustren Stammbaum zurückblicken – mit dem Königshaus von Ulster auf der väterlichen, von Tara auf der mütterlichen Seite. Er studierte unter Finian von Clonard als einer der »12 Apostel Irlands«. Um 530 gründete er sein Kloster Devenish auf der gleichnamigen Insel im Lower Lough Erne.

Ob durch Namensverwechslung oder aufgrund bewußter Vertauschung werden ihm Laserian von Leighlins Taten zugeschrieben: er brachte einen Sack voll Erde von seiner Romreise mit, um den Klosterfriedhof zu heiligen, sowie die Reliquien für St. Mogue von Ferns, wobei es niemanden stört, daß Mo-Laise 60 Jahre zuvor gestorben war.

Die Wundertaten verlaufen stereotyp: Glocke und Meßbuch schickt ihm der Himmel direkt nach Rom, und für die Hin- und Rückfahrt dient ihm eine große Steinplatte. In einem Punkt jedoch ist er originell: eigentlich hätte er, der Heilige, der Verfasser von Reiseführern werden müssen, denn er schrieb selbst eine Art Baedeker für Irland. Er bewunderte das »ausgezeichnete Wegverzeichnis« einer Gruppe fremder Reisender und bat, es abschreiben zu dürfen – niemand hatte jedoch ein Schreibgerät dabei! Ein Vogel rettete die Situation, der in dem Moment eine Feder verlor, die sanft aus den Lüften heruntertrudelnd, sich dem Heiligen in die Hand legte.

Die Überlieferung bringt Mo-Laise mit St. Rúadán von Lorrha zusammen, der Tara verfluchte. Mo-Laise versuchte vergeblich, zwischen König und Abt bzw. Kirche und Staat, zu versöhnen. Insgeheim stand er auf des Hochkönigs Seite und sah durch sein Gebet zu, daß weder dieser noch dessen Nachkommen in der Hölle landeten, »denn in seinen Augen war es beklagenswert, daß Tara aufgehoben werden mußte und Irlands Herrschaftssitz die Lebenskraft verlieren sollte. Und dabei war ihm völlig bewußt, daß sich die Heiligen als stärker als der König von Irland erweisen mußten.«
Mo-Laise starb 564/571, gute 100 Jahre ehe Tara verlassen wurde. Diese Worte drücken also nicht die Gefühle des Heiligen, sondern die patriotische Empfindung des Schreibers aus, der genug von der Sagenliteratur des alten Irland kannte, um den heroischen Zeiten nachzutrauern!
Die »Ochsinsel«, *Devenish,* Grafschaft Fermanagh, sitzt im Lower Lough Erne, 5 km nordnordwestlich von Enniskillen. Die Kappe des Rundturms ist beidseitig von der Uferstraße aus sichtbar. Devenish eignet sich zu einem geruhsamen Ausflug mit Picknick – Boote können am Ufer gemietet werden. Der Rundturm ist ein Prachtexemplar aus sorgfältig gerundeten Blöcken und mißt bis zur Originalkappe 25 m. Das Fenster im 2. Stock ist dreieckig, im 3. vier-, im 4. rechteckig. Im 5. blicken vier Luken nach den Himmelsrichtungen. Unter dem Dachkranzgesims sitzen ein paar Köpfe. Solche Verspieltheiten verweisen auf ein spätes Entstehungsdatum. Vor einiger Zeit wurde das Fundament eines älteren Turmes daneben entdeckt. Der Eingang sitzt 3 m über der Erde. Der Turm ist begehbar – die Sicht über den See mit den vielen Inseln lohnend. Auskunft über die wechselnden Öffnungszeiten des Turmes und kleinen Museums beim Verkehrsverein, Enniskillen, einholen.
Ab Ende des 18. Jh.s mußte das kleine Gebetshaus »St. Mo-Laise's House« aus dem 12. Jh. als Steinbruch herhalten. Es muß ein apartes Gebäude im nostalgischen Stil gewesen sein – statt des

zu erwartenden Rundbogens liegt ein flacher Sturz über dem leicht ausgestellten Eingang. Dafür verzierten kunstvolle Pilaster die Seiten! Die »Große Kirche«, alias St. Mo-Laise's Church, war eine Propsteikirche der Célé-Dé-Bewegung im Übergangsstil, die bis ins 17. Jh. als Gemeindekirche Dienst tat. Der steinerne Sarkophag an der Westwand mit dem unebenen Boden heißt seit alters »Mo-Laise's Bed« – wer sich reinen Herzens hineinlegt, wird von Rückenschmerzen befreit.

Das Kirchenfragment, mit Wohnturm am Hang, gehörte zu einer Augustinerpropstei des 14. Jh.s, die im Chor einen alten Grabstein bewahrt. Auf dem Friedhof erhebt sich ein elegantes Hochkreuz aus dem 15. Jh., mit einer Kreuzigung auf der einen, einem Kopf auf der anderen Seite.

Für das Evangelienbuch des Heiligen, »Soiscel Mo-Laise«, wurde der gleichnamige Schrein geschaffen, der heute im *Nationalmuseum, Dublin,* zu sehen ist. Ursprünglich für Reliquien bestimmt, hatte das Holzkästchen im 8. Jh. die Formen eines Hauses. Einer der beiden Metallbügel, an denen der Tragriemen befestigt war, sitzt noch daran. Es wurde im 11. Jh. zum Buchschrein umgerüstet. Auf dem nun flachen Deckel ließ man mit der Inschrift auf dem Boden nach Abt Cennefaelad (1001–1025) vom Goldschmied Gilla Biathín die Symbole der Evangelisten anbringen: Links oben den Menschen mit spiralförmig eingedrehtem Haar für Matthäus, rechts den Löwen mit schrecklichen Fängen im offenen Maul für Markus, links unten den naturgetreuen Ochsen für Lukas und daneben den Adler mit Spitzohren, Krallen und einem Fächerschwanz für Johannes.

Allerlei unheimliches Getier umgibt den kräftigen doppelspitzbärtigen Kleriker auf der Rückseite. Er preßt ein Buch an sich und hält in der einen Hand etwas Peitschenartiges. Im Zusammenhang mit der Reformbewegung kann er als Asket gedeutet werden, der die Versuchungen der Welt in Schach hält.

MO-LAISE VON INISHMURRAY (6. JH.)

12. August

Neben Mo-Laise von Devenish und Mo-Laise von Leighlin verdient ein dritter Mo-Laise Erwähnung, weniger seiner kaum bekannten Person, als seines Inselklosters Inishmurray wegen. Vermutlich studierte er unter St. Ninnian von Candida Casa, Schottland; die Legende macht ihn zu Columcilles Beichtvater, der ihn ins Exil nach Iona schickte.

Inishmurray, 6,5 km vor der Küste, in der Grafschaft Sligo, ist die vollständigste frühe Klostersiedlung Irlands, die sorgfältig renoviert wurde. Seit 1948 ist die Insel nicht mehr bewohnt; die Post von Moneygold vermittelt Überfahrten. Die Klostersiedlung ist von einem mächtigen, bis zu 4 m hohen, 2,15–4,60 m dicken Steinwall geschützt, in dem mehrere Kammern Platz finden. Grobe Stufen führen auf die Mauer, und es gehört zum Ritual der Pilger, sie im Uhrzeigersinn abzuschreiten. Die Mönche haben diese Festung kaum selbst errichtet – Mo-Laise dürfte sie vom Territorialherrn geschenkt bekommen haben.

Verschiedene Eingänge führen in die Stadt, die den Eindruck einer heiligen erweckt, was der Altar mit Kreuzstein am Haupttor verstärkt. Mauern unterteilen den eiförmigen Innenraum. Im größten der unregelmäßigen Abschnitte, nahe der Mauer, sitzt »Teach Mo-Laise«, »Mo-Laises Haus«, ein winziges Gebetshaus mit (restauriertem) Steindach und flachem Türsturz. Noch vor 100 Jahren las der Priester in diesem Kapellchen die Messe für die Inselbewohner. Die Steinbank an der Südwand ist »das Bett des Heiligen«. Mittendrin erhebt sich »Teampall na bhFear«, »Männerkirche«, die eigentliche Klosterkirche. Vorstehende Giebelenden und der schwere, flache Türsturz zeigen ihr hohes Alter an. Jahrhundertelang wurde hier eine Holzstatuette des Heiligen verehrt, die heute dem *Nationalmuseum, Dublin,* gehört.

Auf dem Mönchsfriedhof befinden sich mehrere verzierte, teils beschriftete Grabplatten.
Die Steinaltäre mit den fein gearbeiteten Kreuzsteinen sind eine Spezialität von Inishmurray – in der mittleren Umfriedung allein stehen derer drei. Wie auf Tory Island pflegten auch hier »Verwünschungssteine« zu liegen, bis sie ins Museum wanderten. 1944 soll eine Engländerin die »gesprenkelten Steine« gegen Hitler »gedreht« haben.
Im »Feuerhaus«, einem mittelalterlichen Kirchlein in der Westekke, brannte ein ewiges Feuer: dem schweren, mit dem Kreuz bezeichneten, Türsturz nach hatte es eine bedeutend ältere Vorgängerin. Die große, sorgfältig geschichtete Bienenkorbhütte, vom Typ von Skellig-Michael, diente den Inselkindern noch in diesem Jahrhundert als Schulhaus. »Teampall Mhuire«, die »(Lieb-)Frauenkirche«, der »Frauenfriedhof«, »Reilig namBan«, mit einer Anzahl interessanter Grabsteine, sowie das kleine »Schwitzhaus«, in dem Kranke durch Schwitzen kuriert wurden, liegen außerhalb der Mauern.
Rund um die Insel verteilen sich Pilgerstationen, die oft schön bearbeitete Steine aufweisen. Eine besondere ist »die Quelle der Hilfe«, mit dem Badebecken für Kranke, die heilige Quelle der Insel.

MO-LING/MULLING/DAIRCHEALL VON ST. MULLIN'S (GEST. 697)

17. Juni

Der als kritisch bekannte walisische Kleriker, Giraldus Cambrensis, reiht im 12. Jh. St. Mo-Ling unter die »vier Propheten Irlands« ein, zusammen mit St. Patrick, Columcille und Broccan, und das, obwohl dessen Leben unter einem Unstern begann. Nach christlicher Moral war er nämlich »ein Kind der Sünde« – seine Mutter Emnet hätte seine Tante sein sollen. Sie wäre das Neugeborene gern losgeworden, aber jedesmal, wenn sie Hand an es legen wollte, flog ihr eine Taube, wild flügelschlagend, ins Gesicht. Zum Glück kamen ein paar fromme Männer am Haus vorbei, tauften das Kind auf »Dairchealll«, »der von Tauben Umflatterte«, und erboten sich, es aufzuziehen. Es wuchs zu einem lernbegierigen, gutaussehenden und sportlichen jungen Mann heran, was ihm den Übernamen »Mo-Ling« einbrachte, »Mein Springer«. Eine weise, alte Nonne sah ihn elegant über einen Bach setzen, worauf sie bewundernd ausrief: »Heut' ist der Student in Leinster aber brav über den Bach gesprungen.« Er ließ sich in Glendalough ausbilden, das ihm später die Bischofswürde anbot und wurde Mönch in Ferns, wo ihn St. Maedoc zu seinem Nachfolger bestimmte.
Sein Hauptkloster war »Teach Molin«, das heutige *St. Mullin's,* in der Grafschaft Carlow, im idyllischen Barrow-Tal. Kann sein, daß er sich der inzwischen verwaisten Siedlung St. Brendans von Clonfert annahm, dessen Namen der Brandon Hill (520 m), der von Nordwesten herüber grüßt, verewigt.
Nach der Legende beauftragte er den kunstreichen Baumeister, Gobban Saer, der bei Kost und Logis für sich und seine Familie sowie für seine acht Gehilfen und deren Anhang, ein Jahr lang an der Kirche baute. Auf Anstiften seiner Frau verlangte er zudem

als Lohn soviel Roggen, wie das Gotteshaus, das er zwecks leichterem Füllen einfach auf den Kopf stellte, ohne daß eine Schindel verrutschte, zu fassen vermochte. Dieser übezogenen Forderung ließ sich nur nachkommen, wenn der Heilige seine zahlreichen Verwandten mobilisierte. Sie schleppten alle ihre Vorräte an Getreide, Nüssen und Äpfeln an – über Nacht verwandelte sich alles in besten Roggen. Lange konnte sich der unbescheidene Architekt nicht darüber freuen – anderntags krabbelte nur noch ein Haufen Maden darin herum. Mo-Ling erscheint als echtes Multi-Talent: Abt, Bischof, Asket – nur Gästen zuliebe fastete er nicht –, Dichter von Rang – Räuber ließen ihn ehrfurchtsvoll ziehen, als er anhob, seine Gedichte zu rezitieren –, Manuskriptschreiber und Illuminator – noch im frühen 17. Jh. war das »Yellow Book of Mo-Ling«, eine Prachtschrift, erhalten – und ein gewiegter Diplomat. Ihm gelang es, den seit 700 Jahren von Leinster an den Hochkönig zu zahlenden Bórama-Tribut abzuschaffen. Vergnügliche Anekdoten berichten, wie er Finachta, den Festlichen, der den heiligen Bittsteller unhöflich empfing – auf sein Geheiß erhob sich nicht einer am Hof, um ihn zu begrüßen – dazu brachte, auf die 1500 Kühe, Schweine, Hammel etc. zu verzichten. Ganz mit rechten Dingen ging es jedenfalls nicht zu; am Ende ist der Heilige genötigt, unter einem mächtigen Schutzgebet für sich und die Seinen zu fliehen.
Er war an Technik interessiert und praktisch veranlagt. Ohne Hilfe legte er einen Mühlbach durch schwieriges Gelände und baute die Mühle aus den acht, im Brehon-Gesetz verankerten, Teilen zusammen. Weder wusch er sich im Wasser, noch trank er davon, bis er es in seinen Dienst gezwungen hatte. Den Mühlteich benutzte er zu asketischen Übungen: stundenlang stand er betend im kalten Wasser. Er richtete einen regelmäßigen kostenlosen Fährverkehr über den Barrow ein, um den Zutritt zum Kloster zu erleichtern.
Seine Selbstlosigkeit erzeugte überall Gegenliebe; sogar die Natur zeigte sich hilfreich: Hochwasser schwemmte Baumaterial

zum Kloster; der Fels, der den Weg versperrte, rollte bei seinem Nahen zur Seite und alle Tiere waren ihm zugetan, was auf Gegenseitigkeit beruhte. Halbverhungerte Hunde fütterte er mit Butterbroten, aber seine erklärten Lieblinge waren die Füchse. Er hielt sich einen zahmen, und lud dessen wilde Vettern ins Kloster ein, wobei er den Mönchen einschärfte, seine scheuen Gäste, die die Gastfreundschaft von Menschen noch nie genossen hätten, aufmerksam zu behandeln.

Die Ankündigung des greisen Heiligen, er werde sich bald eine neue Wohnstätte suchen, verstanden Mensch und Tier, und es betrübte beide gleichermaßen.

Mo-Ling starb 697 und wurde auf dem Klosterfriedhof beigesetzt. St. Mullin's, in der Grafschaft Carlow, zwischen Graiguenamenagh und New Ross, ist noch immer ein Pilgerort, aber längst nicht mehr in dem Maße wie im Mittelalter, als an seinen Festtagen Tausende herbeiströmten.

Fünf Kirchenruinen verschiedenster Daten verteilen sich über das südlich ans Dorf anstoßende Klostergelände. Die aus zwei Räumen bestehende »St. Mullin's Abbey«, woran ein Rundturn stumpf anschließt, neben der reichlich mitgenommenen protestantischen Kirche, ist die bedeutendste. Das beschädigte Hochkreuz an der Südostecke läßt eine Kreuzigung und geometrische Muster erkennen. Etwas abgerückt davon steht »St. James' Chapel«, die Ruine eines winzigen Gebetshauses.

An der ersten Wegbiegung des steil zum Bach hinunterführenden Pilgerpfades – es gehörte zur Wallfahrt, ein Stück darin hochzuwaten – steht der Mühlstein aus Mo-Lings Mühle. Ein klapperiger Steg, vorzugsweise die Furt, führt ans andere Ufer zum alten Badehaus, in dem St. Mullings Quelle, heute allerdings aus einem Wassertank, ins niedrige Becken läuft.

Die Schreibstube von St. Mullin's brachte in der zweiten Hälfte des 8. Jh.s vermutlich nach St. Mo-Lings Original, das bebilderte Taschenevangeliar, *Book of Mullins* hervor, dessen letzte Seite den Plan des idealen Klosters abbildet. Ein Doppelkreis deutet die Mauer an: ein Kreuz wacht über den Osteingang, während drei weitere annähernd in der Mitte stehen; nochmals acht befinden sich außerhalb. Sie sind so angeordnet, daß sie mit damals bekannten Gebetsformeln übereinstimmen, die Christus, die Evangelisten und die vier Hauptpropheten der Reihe nach anriefen. In diese Muster paßt das einzige erhaltene Kreuz von St. Mullin's, das Ostkreuz Christi, am alten Eingang. Die drei auf die Apostel bezogenen hätten sich in der Mitte des Klosterareals erheben müssen, während je ein Evangelist und ein Prophet, Lukas mit Jesaia, Markus mit Jeremia, Matthäus mit David und Johannes mit Ezechiel einen äußeren Schutzwall bildeten. Das Buch gehört heute dem *Trinity College, Dublin.*

Auf dem Hügel, nordnordwestlich über dem Dorf, führen ein paar Stufen in die Aufforstung zum »Templenamoe«, wo sich die Fundamente der »Kirche der Kuh« befinden, die, wie am Gatter in ungelenker Schrift geschrieben steht, ihre Entstehung dem Andenken an Mo-Lings erfolgreiche diplomatische Mission verdankt.

Die Kirchenruine von Mullennakill, auf der Westseite des Brandon Hill, 7 km südlich von Inishtiogue, bezeichnet die erste, weniger bekannte, Gründung St. Mo-Lings. Seine Quelle, sein Baum und ein einfacher Steinaltar sowie ein altes Taufbecken lockten jahrhundertelang Pilger her. Am Coolnahau Hill, 1,5 km nordwestlich davon, hatte sich der Heilige einen Unterschlupf, »St. Mo-Ling's Cave«, seine »Höhle« zurechtgemacht, wohin er sich jeweils zum Beten und Fasten zurückzog.

MURA/MURCA VON FAHAN (GEST. 645)

Mura war ein jüngerer Zeitgenosse Columcilles von Iona, anscheinend nicht von dessen, sondern von einem verbündeten Stamm. Er ließ sich auf der Inishowen-Halbinsel, im Norden der Grafschaft Donegal, nieder, und das Kloster Fahan blieb vom 7. bis Ende des 11. Jh.s ein wichtiges Zentrum der O'Neill. Der örtlichen Überlieferung nach soll es Columcille gebaut und seinem Schüler geschenkt haben. Es war wohl eine Gemeinschaftsgründung, die dem kolumbanischen Klosterverband angehörte. Bald nach Columcilles Tod sammelte Mura biographisches Material, denn irischsprachige Verse, die von dessen Jugend berichten, werden ihm zugeschrieben.

»St. Mura's Cross«, das wichtigste Überbleibsel des Klosters, lohnt die Fahrt ins hübsche Dorf *Fahan,* 7 km südlich von Buncrana, Grafschaft Donegal. Beim Friedhofseingang ist ein zweiter verzierter Stein angebracht; die ca. 2,75 m hohe freistehende Kreuzplatte befindet sich auf dem alten Klosterareal, etwas östlich der moderner Kirche. Auf beiden Seiten ist ein, aus kompliziert ineinanderverflochtenen Bändern bestehendes, griechisches Kreuz zu sehen. Zwei Figuren stehen links und rechts des, aus vier Strängen geschlungenen, Stammes; die Rückseite unterscheidet sich in der Bandführung und darin, daß zwei Vögel im Giebelfeld sitzen. Links und rechts zeigen sich Ansätze zu Kreuzesarmen. Auf der nördlichen Schmalseite ist in klaren griechischen Buchstaben das *Gloria Patri* in der, 633 in Toledo genehmigten, Fassung eingegraben, so daß ein direkter Kontakt zwischen dem berühmten Kirchenlehrer, Isidor von Sevilla, und Irland angenommen werden kann.

St. Muras Quelle zog jahrhundertelang Pilger an. Sein Glockenschrein und Krummstab gehören zur Sammlung des *Nationalmuseums, Dublin.*

NESSÁN (GEST. 551)

25. Juli

Der Dekan Nessán, ein Schüler St. Patricks, gründete im frühen 6. Jh. das Kloster *Mungret,* 5 km südwestlich von Limerick, das eines von Irlands bedeutendsten werden sollte. Auf dem Höhepunkt bestand es aus einer Klosterstadt mit sechs steinernen Kirchen und 1600 Klerikern!

Auf die Gelehrsamkeit der Mönche spielt die irische Redewendung an »So klug wie die Waschweiber von Mungret«. Das Kloster war von einer Nachbarinstitution zu einer gelehrten Disputation herausgefordert worden. Jüngere Mönche, als Waschweiber verkleidet, fingen am Fluß unten die rivalisierenden Mönche mit einer Ansprache in gestochenem Latein ab. Die Spitzengelehrten machten kehrt wie ein Mann und gingen nach Hause. Was für eine Chance hätten sie gehabt einem Kloster gegenüber, in dem die Waschweiber bereits vorzüglich Latein sprachen?

Von all dem Glanz sind drei Ruinen übriggeblieben: diejenige mit dem flachen Westeingang und dem überproportionierten Ostfenster gehört ins 12. Jh. Das kleine einfache Kirchlein mit den schießschartenähnlichen Fenstern ist das älteste; und die langgezogene »Abbey« fungierte als Kirche des ehemaligen Dominikanerklosters (13.–15. Jh.) mit einem ungewöhnlichen Wohnturm am Westende.

OENGUS MAC OENGOBANN ALIAS OENGUS, DER CULDEE (CA. 750–840)

11. März

Oengus, Sohn des Oengoban, Enkel des Oiblén, aus dem Königshaus von Ulster, ist als einer der großen Vertreter der Reformbewegung besser unter »Oengus, der Culdee«, »der Diener Gottes« bekannt. Früh trat er in das berühmte Kloster Clonenagh, in der Grafschaft Laois, ein; er lernte so spielend, daß sich zur Zeit seiner Ordination niemand in Irland an Frömmigkeit und Gelehrsamkeit mit ihm messen konnte. Der Ruch seiner Heiligkeit lockte Menschen scharenweise an, was sich auch nicht änderte, als er sich in die gut 11 km entfernte Einsiedelei, Dysertenos, zu einem streng asketischen Leben zurückzog. Schließlich half nur noch heimliche Flucht; inkognito ließ er sich im Hauptkloster der Reformbewegung, in Tallaght, aufnehmen. Der Legende nach widerfuhr ihm das Schlüsselerlebnis seines Lebens auf dem Weg, im Kirchlein von Coolbanagher, wo er, über einem frischen Grab, Engel, unter himmlischen Lobgesängen, auf- und niedersteigen sah. Wie er erfuhr, daß dort nur ein ausgedienter Soldat begraben liege, dessen einzige gute Tat darin bestand, daß er zweimal täglich »alle Heiligen der Welt aufzählte und anrief, soweit er sich erinnern konnte«, kam ihm die Idee, eine solche Anrufung zu systematisieren und in Verse zu kleiden. Bescheiden wie er war, stellten sich bei ihm gleich Zweifel ein, ob er eines solchen Themas würdig sei.

In Tallaght ließ er sich die schwerste und schmutzigste Arbeit zuweisen, die ihm jedoch Zeit zum Nachdenken ließ. Erst nach sieben Jahren kam diese »Tiefstapelei« ans Licht, und zwar eines kleinen Dummkopfs wegen, der sich, Schule schwänzend, in der hintersten Scheunenecke versteckte, weil er seine Aufgaben schon wieder nicht konnte.

Der Heilige nahm das heulende Büblein liebreich auf den Schoß, sprach beruhigend auf es ein, bis der Kleine, den Kopf an die Schulter des Weisen gelehnt, einschlummerte. Beim Erwachen sagte er, zum Erstaunen aller, die Aufgaben wie am Schnürchen auf. Abt Máel Rúain ging bei der erstaunlichen Geschichte, die der Junge erzählte, ein Licht auf. Er eilte in die Scheune, um den verschollenen Gelehrten in die Arme zu schließen. Mit charakteristischer Demut bat dieser um Aufnahme als Schüler, blieb aber als Freund und Mitarbeiter Máel Rúains von Tallaght. Nach dessen Tod begann Oengus sein altes Projekt, den Festtagskalender oder *Féligre,* auszuarbeiten. Dieser umschließt das ganze Jahr, wobei er täglich den wichtigsten Heiligen, vorwiegend den irischen, einen Vierzeiler widmet. Er stellte ihn in Clonenagh, wohin er als Abt berufen wurde, fertig. Im hohen Alter zog er sich nochmals in eine Einsiedelei, vermutlich »Disert Oenghusa«, in der Grafschaft Limerick, zurück, wo er um 815 verstarb.
Von *Clonenagh,* 2,5 km östlich von Mountrath, Grafschaft Laois, sind nur noch grasüberzogene Hügel übrig, während am Westhang des Hewson's Hill, gegenüber dem eindrücklichen Rock of Dunamase, an der Straße zwischen Port Laoise und Stradbally, noch die Kirchenruine von Dysertenos steht. Die Kirche von Coolbanagher, ca. 8 km nordöstlich von Port Laoise, 1 km südwestlich von Emo, zwischen Port Laoise und Portarlington, existiert zwar noch, aber in gänzlich verändertem, 1786 vom berühmten klassizistischen Architekten James Gandon, entworfenen Gewand.

Tallaght siehe Máel Rúain.
Disert Oenghusa, bei Carrigeen, 3 km nordwestlich von Croom, zwischen Patrickswell, südwestlich von Limerick, und Rathluic, war wohl Oengus' letzte Station in seinem Erdenleben. Am Ende eines holprigen, aber wenigstens ausgeschilderten, Sträßchens steht die Ruine einer Kirche aus dem 15./16. Jh., die jedoch viel älteres Material miteinbezieht. Den beschädigten 20 m hohen

Rundturm mit dem verzierten hiberno-romanischen Eingang, befiel das von den Mönchen am meisten befürchtete Schicksal: er brannte, vermutlich bei einer Belagerung, aus. Bei der Ausgrabung kamen Menschenknochen im hartgebackenen Tonboden zum Vorschein.

PATRICK (GEST. 461)

17. März

»Ich bin Patrick, ein Sünder, völlig ungebildet, der letzte aller Gläubigen und ausgesprochen verachtet von vielen...« So beginnt die *Confessio,* die Lebensbeichte, von Irlands Nationalheiligem, mit der er sein Lebenswerk, die Mission von Irland, und seine Person gegen Anschuldigungen der Inkompetenz, Anmaßung und Eigensucht zu verteidigen suchte. Sie ist an wohlhabende, studierte Kirchenmänner gerichtet (Ihr Gelehrten auf Euren Gütern), die er davon überzeugen will, daß er allein nach Gottes Ratschluß handelte, als er auszog, die Iren zu bekehren... Von seinem Leben erzählt er nur soviel wie nötig, damit sich seine Brüder und Landsleute ein Bild machen können, »damit sie meinen Herzenswunsch verstehen«.

Die Schrift, im Dialekt seiner Jugend, nicht im polierten Hochlatein der Gelehrten, verrät einen Menschen von leidenschaftlicher Aufrichtigkeit und innerer Kraft, der nichts beschönigt und bereit ist, Fehler einzugestehen.

Ein früherer Brief, »an die Soldaten des Coroticus«, geht mit den Männern des nordbritischen, pro forma christlichen, Fürsten ins Gericht, die sich mit Heiden zu einem Raubzug nach Irland zusammentaten, wobei sie eine Anzahl von Patricks Täuflingen töteten und weitere in die Sklaverei verkauften. Aber sogar dabei schlägt er das Thema der Unwürdigkeit und Erwähltheit durch Gott an.

Nach seiner eigenen Dokumentation kam Patrick in der zweiten Hälfte des 4. Jh.s in Britannien, in einer römischen Kolonie, zur Welt; sein Vater, Calpornius, war Dekan; sein Großvater, Potitus, Priester der Christengemeinde. Die Familie besaß einen Hof bei »Bannavem Taberniae«, an der Westküste.

Patrick wuchs mit den Errungenschaften der römischen Zivilisation zu einem recht verwöhnten Teenager heran und teilte, Religion und Studien betreffend, die übliche lässige Haltung aller jungen Leute, denen es zu gutgeht.
Der Schock, als irische Piraten mordend und sengend das Anwesen überfielen und ihn mit vielen anderen in die Sklaverei nach Irland, in die hinterste Barbarei, verschleppten, führte bei dem 16jährigen zu einem radikalen Sinneswandel. Der Junge wurde fromm. Beim Schaf- und Schweinehüten blieb ihm Zeit zum Beten. »Vor Tagesanbruch pflegte ich zum Gebet aufzustehen, gleichgültig ob Schnee, Frost, Regen – mir war wohl dabei –, und ich war überhaupt nicht müde, wie ich jetzt erkenne, weil der Geist damals in mir glühte.« Nach sechs Jahren kündigte ihm eine Stimme im Traum an, er werde bald in sein Land zurückkehren, wenig später, das Schiff sei bereit. In großem Gottvertrauen floh darauf der 21jährige »200 Meilen weit«, durch unbekanntes Gebiet, bis zu einem Hafen, wo ein Schiff zur Ausfahrt bereit lag. Zu seiner Enttäuschung wies ihn der Kapitän ab, obwohl Patrick für die Überfahrt bezahlen konnte. Verzweifelt betend wandte er sich zum Gehen – und wurde zurückgerufen. Drei Tage später landete das Schiff. Eine 28tägige Wanderung durch die Einöde begann, wobei die Vorräte ausgingen. Auf die Bitte des Kapitäns betete Patrick zum Christengott um Rettung, worauf eine Wildschweinherde auftauchte, deren Fleisch die Wanderer vor dem Verhungern bewahrte. Zu Hause wurde der Vermißte mit großer Freude empfangen – nie wieder sollte er fort.
Eines Nachts erschien Patrick ein »Mann namens Victoricus« mit der dringenden Botschaft der Iren »beim Wald von Voclut«, zurückzukehren. Verstört fährt er aus dem Traum hoch. Aber die Botschaft wiederholt sich in Variationen, und Patrick fühlt Gottes Geist in sich arbeiten…
In der Rückschau erkennt der Heilige, daß ihn Gott sicher führte, sogar in der Stunde seiner schlimmsten Demütigung, als ihn ein Freund, statt wie versprochen zum Bischof vorzuschlagen, durch

die Preisgabe einer Jugendsünde vor der ganzen Versammlung disqualifizierte.
Nach neuesten Forschungen ließ sich Patrick eher in Britannien ausbilden, obwohl Verbindungen zu Gallien existierten. Danach verläßt er als erster die Heimat, »um Gottes Willen«, womit er eine typische Tradition der irischen Heiligen beginnt. Nur bewegt sich Patrick in umgekehrter Richtung – zurück nach Irland, dem Land seiner Gefangenschaft.
Nach der *Confessio* war die Missionsarbeit alles andere als ungefährlich: zwölfmal schwebte er in akuter Lebensgefahr; »die zahlreichen Anschläge« erwähnt er nur im Vorübergehen. Sie war auch recht kostspielig – um dem Verdacht der Bereicherung keine Nahrung zu geben, wies er Geschenke Neubekehrter ab und nahm »nicht die kleinste Münze« für seine Dienste. Im Gegenteil, er zahlte drauf, an Geschenken für die Könige und Gebühren an deren Söhne, die als Begleiter fungierten!
Über den zeitlichen Ablauf lassen sich nur Vermutungen anstellen. Er mag um 397 als Missionar nach Nordirland zurückgekehrt sein. Er hielt sich nicht in den da und dort existierenden christlichen Gemeinden auf – ihn zog es in die entlegenen Gebiete. Mangels offizieller Berufung durch Rom und ohne Bischofsrang war die Arbeit der nächsten 30 Jahre kein durchschlagender Erfolg. Um 427, während er sich erneut um die Bischofswürde bemühte, hörte er in Gallien, bei Germanus von Auxerre, vom Tod des Bischofs Palladius, den der Papst zur Koordination der Kirche nach Irland geschickt hatte, und erbot sich umgehend als Ersatz. Jetzt wurde er zum Bischof geweiht. Mit Helfern und Mitteln landete er dieses Mal in Wicklow und zog die Ostküste entlang, nach Norden. Die Zahl der Bekehrten stieg sprunghaft an. Er machte Armagh zu seinem Bischofssitz, verstarb aber am 17. März 461 in Saul, seiner ersten Gründung. Schon das 9. Jh. hatte sein Grab vergessen.
Die zwei frühesten *Viten* der beiden Schreiber aus dem Klosterverband von Armagh, Muirchú und Tirechán, erschienen rund

200 Jahre nach dem Tod des Heiligen und berücksichtigen, außer Patricks Schriften, eine bereits üppige mündliche Überlieferung.
Am Erstaunlichsten ist die Wandlung, die der scheue, demütige Schreiber der *Confessio* durchmacht, der so sehr an sich zweifelt, daß er sich nicht genug wundern kann, daß Gott ausgerechnet ihn auserwählte. Er benützt das Bild vom Stein, der im Dreck liegt, und den der Allmächtige, in seiner Gnade, ganz oben auf die Mauer legt. Muirchú vergleicht Patrick bei jeder Gelegenheit mit Moses, so daß er selbst die Züge eines alttestamentarischen Patriarchen annimmt, und Tirechán gibt ihm die Selbstsicherheit eines keltischen Helden, der äußerst ungnädig wird, sobald ihm etwas gegen den Strich geht.
Das wiederum 200 Jahre jüngere, irischsprachige und am weitesten verbreitete *Dreiteilige Leben (Tripartite Life)* schafft nicht allein die bis heute geltende strenge Vaterfigur der Nation, die mit ungeheurer Energie die Bekehrung der sozialen Oberschicht in die Hand nimmt, wobei sie Könige und Druiden in die Knie zwingt. Es verleiht Patrick den Charakter eines Erzdruiden (oder was sich der Schreiber des 9./10. Jh. darunter vorstellt), hochfahrend, unduldsam, reizbar, berechnend, gewalttätig, humorlos und himmelweit von den christlichen Tugenden der Geduld, Demut und Liebe entfernt. Dank seinem Gott besitzt er noch mehr Macht über die Elemente, noch wirksamere Zauberkräfte, noch größere Sprachgewalt als die »Zauberer« am Königshof. Er verflucht, wer sich ihm entgegenstellt, und segnet, wer ihn anerkennt, beides vorzüglich bis zum Jüngsten Tag.
Seine Mutter erscheint nun als Nichte von Martin von Tours, so daß sich auch etwas vom Prestige des wichtigsten festländischen Heiligen auf ihn überträgt.
Neu hinzu kommen eine ganze Reihe Jugendwunder: das Kleinkind läßt im überschwemmten Haus, wo die Gegenstände herumschwimmen und das Herdfeuer aus ist, Funken aus seinen Fingerchen sprühen; der kleine Junge bringt strahlend einen Kit-

tel voll funkelnder Eiszapfen nach Hause, was die Erwachsenen der Nutzlosigkeit wegen ärgert – Brennholz wäre besser –, worauf sie Klein-Patrick in den Ofen steckt, wo sie besser heizen als Holz.

Gott persönlich erteilt ihm den Missionsbefehl auf dem Berg Hermon: zum Wahrzeichen schickt ihm der Himmel den »Stab Jesu«. Damit, und mit dem *Buch von Armagh,* pflegten sich die rechtmäßigen Nachfolger St. Patricks zu legitimieren, bis der Stab dem Fanatismus der Reformation zum Opfer fiel.

Als erste Tat auf irischem Boden verflucht Patrick Nathi, den Sohn des Garrchu, den Palladius aus seinem Territorium auswies, und dann ergießt sich der Strom der Verwünschungen auf Druiden, Attentäter, einen sadistischen Sklavenhalter, dem Stamm der Grecraige, der den Heiligen in einem Steinhagel empfing, und dafür auf jeder Versammlung ausgelacht und angespuckt werden wird, einen Wald, der kein brauchbares Eibenholz liefert, fischlose Bäche, den Hügel von Uisnacht, so daß seine Steine nicht einmal mehr als Kochsteine zum Erhitzen von Wasser taugten... und zwei Dutzend weitere Beispiele.

Da Hunderte von Orten auf der grünen Insel mit dem Nationalheiligen verbunden sind, können hier nur die wichtigsten der Legende berücksichtigt werden.

An den Hängen des jäh aufragenden *Slemish* (442 m), 8 km ostsüdöstlich von Broughshane im Braidtal, in der Grafschaft Antrim, der sich bis zum Picknick-Platz hinauf befahren läßt, hütete der Sklavenjunge Patrick die Tiere seines Meisters, Miliuc. Der Blick vom Gipfel ist lohnend.

Fünf Kilometer ostnordöstlich, in *Magheramully,* bezeichnet die Kirchenruine von Skerry den Standort der Festung Miliucs, zu dessen Haushalt Patrick sechs Jahre lang gehörte. Der entsprungene Sklave kam zurück, in der Absicht, seinem Herrn doppeltes Lösegeld *und* das Christentum anzubieten. Der Territorialherr und Druide verwand die Schande nicht, daß sein Leibeigener über ihm triumphierte, und zog es vor, sich selbst in seiner Fe-

Slane (Meath)

stung zu verbrennen. Zudem stand es in seiner druidischen Macht, durch diese Tat den Fluch der Götter auf denjenigen zu lenken, der ihn dazu veranlaßt hatte. Patricks Stöhnen und Seufzen sowie der Ausruf, das Unheil möge denjenigen treffen, der es verursacht habe, angesichts des Feuerscheins, machen deutlich, daß er diese Geste verstand.

Von *Tara,* »dem Hauptort des Götzendienstes und der Zauberei«, ergeht der hochkönigliche Befehl, bei Todesstrafe, am Vorabend des Frühlingsfestes, jedes Herdfeuer im Land zu löschen. Durch das Entzünden ihres Feuers auf Tara symbolisieren die Druiden die Wiederkehr des Lebens und der Fruchtbarkeit sowie die Allmacht des Königs Laoghaire.

Patrick und seine Getreuen hatten ihre Zelte auf dem Hügel von *Slane,* nordöstlich von Tara, neben dem »Grabhügel Fer Feicc«, ca. 300 m nordöstlich der Kirche aufgeschlagen. Beim Einnachten entzündete St. Patrick ein Osterfeuer, dessen Schein bis Tara leuchtete. Im *Tripartite Life* warnen die Druiden vor dem »Spaltkopf« (wegen der Mitra), der die alte Ordnung zerstören wird:

Spaltkopf kommt über die wilde See,
Sein Mantel mit Ausschnitt, sein Stab krummköpfig
Sein Gefäß im Osten des Hauses
Und sein ganzer Haushalt respondiert
Amen, Amen...

Sie wußten, wenn dieses Feuer nicht sofort gelöscht würde, werde es »bis zum Jüngsten Tag weiterbrennen«. Der König befiehlt, Patrick zu töten.
Dreimal neun Streitwagen brausen den Hügel von Slane hinan: Patrick, vom König herzitiert, sieht sich von diesen umringt. Laoghaires Vertraute starren feindselig von den Wagen herunter »das Kinn auf die Schilderränder gestützt«. Keiner erhebt sich zum Gruß – eine kalkulierte Beleidigung – bis auf den jungen Barden Erc, den zukünftigen Bischof von Slane.
Von den eigenen Rängen verraten, ziehen die Druiden mit Schmähreden über Patrick, die Trinität und den »Katholischen Glauben« her. Patricks gedonnertes Stoßgebet bewirkt, daß der schlimmste Gotteslästerer, der Druide Lochru, hoch in die Luft gewirbelt, kopfvoran auf einem Stein aufkommt, so daß das Gehirn nach allen Seiten spritzt.
Wieder befiehlt Laoghaire, Patrick zu töten, worauf dieser wortgewaltig die ganze Gesellschaft verflucht. Chaos bricht aus: die Sonne verfinstert sich, die Erde bebt. Der Himmel scheint einzustürzen. Pferde rasen mit schlingernden Streitwagen davon, Laoghaires Leute bringen sich gegenseitig um. Zurück bleiben das Königspaar und ein Höfling. Die Königin bittet Patrick um Gnade für ihren Gemahl, der Reue heuchelnd, den Heiligen nach Tara lädt, in der Absicht, ihn zu ermorden.
Anderntags liegen an allen Straßen Soldaten im Hinterhalt. Patrick intoniert das lange Gebet »St. Patricks Harnisch« oder »Reh-Ruf«, einen christlichen Zaubergesang, einer druidischen Beschwörung wohl nicht unähnlich:

Christus neben mir,
Christus vor mir,
Christus hinter mir...
Heute lege ich eine furchtbare Kraft an,
Indem ich die Dreifaltigkeit anrufe,
Indem ich mich zu den Dreien bekenne,
Im Glauben an den Einen,
Im Angesicht meines Schöpfers...

Die Häscher sehen darauf nur ein Rudel Rehe durch den Morgennebel ziehen.... .
Unter anderem schützt dieser Gegenzauber besonders vor den »Zaubersprüchen der Frauen, Schmiede und Druiden...« und »Gift, Feuer, Wasser, Wunden...«, was Patrick zugute kommt, wie er mitten im Bankett auf Tara, trotz geschlossener Türe, auftaucht, »wie Christus unter den Jüngern«.
Die Situation von Slane wiederholt sich, und diesmal ist es Dubthach, der Dichterkönig, der sich vor Patrick ehrerbietig erhebt. Darauf träufelt der Druide Lucat-moel, um seinen Kollegen zu rächen, Gift in Patricks Becher. Auf des Heiligen Kreuzeszeichen scheidet sich die Flüssigkeit, das Gift läßt sich wegschütten.
Auf der Ebene von Tara, am Hügelfuß, findet der öffentliche Wettkampf zwischen dem Druiden und dem Heiligen statt. Lucat-moel läßt es schneien, bis der Schnee »den Männern bis zum Gürtel reicht«, kann ihn aber erst nach 24 Stunden zum Verschwinden bringen, während ihn Patrick Kreuzeszeichen sofort wegwischt. Der Druide verdunkelt die Erde – Patrick segnet die Ebene, und die Sonne kommt zurück. Ein Gottesurteil, wobei beider Bücher ins Wasser bzw. ins Feuer geworfen werden sollen, lehnt der Druide mit der Begündung ab, dies seien zwei besondere Götter Patricks. Auf Patricks Vorschlag setzt sich Lucat-moel in dessen Meßgewand in die, aus frischen Zweigen geflochtene, Seite einer Hütte, während Benen, in der Druidentunika, in der trockenen Platz nimmt. In Brand gesteckt, zeigt es

St.-Patrick-Statue,
Tara (Meath)

sich, daß das feuchte Holz mitsamt dem Druiden wie Zunder brennt, nur Patricks Gewand bleibt heil, während die trockenen Äste nicht einmal Feuer fangen, mit Ausnahme des Druidenkleides, das zu Benens Füßen verkohlt.
Zum dritten Mal will Laoghaire Patrick ans Leben, wieder erhebt sich ein Getümmel, in dem 1200 Menschen umkommen. Patrick droht Laoghaire mit seines Gottes Zorn, und da bequemt sich der König endlich zur Taufe, worauf sich »viele Tausend bekehren lassen«.
Auf dem Hügel von *Tara,* Grafschaft Meath, wacht eine verwitterte St. Patricks-Statue, als malerische Silhouette, über die Wälle und Gräben der Festungen von »136 heidnischen und 6 christlichen Königen«. Am Südende des Hügels mit der herrlichen Aussicht, hinter der Viehweide (Gatter schließen!), finden sich die Reste von »König Laoghaires Fort«. Der Überlieferung nach ließ er sich nach seiner Väter Sitte begraben: aufrecht, in voller Rüstung, das Antlitz gegen seine Feinde, die Männer von Leinster, im äußersten Festungswall eingemauert!
Seine Töchter, Ethne, »die Schöne«, und Fedelma, »die Rotwangige«, ließ der König von den Druidenbrüdern Moel und Caplait in *Rathcrogan,* Grafschaft Roscommon, dem noch älteren Sitz der Könige von Connacht, erziehen. Auch dieser an sich flache Hügel, mit der überraschenden Sicht, ist übersät mit den Festungen und Gräbern keltischer und vorkeltischer Könige und Königinnen, u. a. der berühmten Gottkönigin Maeve.
Eines Morgens stießen die Prinzessinnen bei der Quelle Clebach auf St. Patrick und seinen Haushalt, wobei sie nicht wußten, ob sie in den Weißgekleideten Götter, Feen oder Menschen vor sich hatten. Auf Patricks strenge Zurechtweisung, sie täten besser daran, an den wahren Gott zu glauben, bestürmten die zwei, in druidischen Konzepten geschult, Patrick mit Fragen nach dem Christengott. Patrick unterwies und taufte sie und gewährte ihnen die stürmische Bitte, den himmlischen Bräutigam von Angesicht zu Angesicht zu sehen – den gelehrten Keltinnen war das

Croagh Patrick (Mayo)

Leben nach dem Tod eine Selbstverständlichkeit. Sie empfingen das Sterbesakrament und entschliefen beide gleichzeitig. Die Heiligenkalender führen Ethne und Fedelma unter dem 11. Januar, als Irlands erste heilige Frauen!

Patrick vermag auch die beiden aufgebrachten druidischen Pflegeväter zu bekehren – selbstverständlich werden sie Mönche. Zuerst läßt sich Caplait das Haar scheren, dann sein Bruder Moel.

Der Quarzkegel des *Croagh Patrick,* Grafschaft Mayo, 10 km westsüdwestlich von Westport, an der gleichnamigen Bucht, ist Irlands berühmtester heiliger Berg. Am letzten Sonntag im Juli ziehen alljährlich Hunderte von Pilgern aus allen Landesteilen zur Kapelle auf dem Gipfel. Trotz des Verbots steigen noch manche, wie in vorchristlicher Zeit, nachts hoch, um den Sonnenaufgang zu erleben. St. Patrick christianisierte das Sonnenheiligtum durch seinen 40tägigen Aufenthalt auf dem Gipfel während der Fastenzeit. Durch schwere Kasteiungen hoffte er, sich die Erfüllung seines Herzenswunsches zu verdienen: am Jüngsten Tag

Richter über die Iren sein zu dürfen. Selbst Gottvater findet die Bitte übertrieben. Der Engel, der als Sprachrohr fungiert, bringt die abschlägige Antwort. Patrick reagiert als Gleichgestellter: »...das ist also *sein* Belieben... so ist es *mein* Belieben, daß ich nicht von diesem Gipfel weiche, bis ich tot bin, oder meine Bitten erfüllt sind.« »Verdrossen« und »grollend« sitzt er auf Cruachan, »ohne Speise, ohne Trank. Von der Fastenzeit bis zum Ostersonntag...«

Dämonen, in Gestalt schwarzer Vögel, suchen ihn heim. Er schleudert ihnen »Verwünschungspsalmen« entgegen, läutet grimmig seine Glocke, wirft mit ihr nach den schwarzen Krächzern, bis ein Stück herausbricht. Zornestränen rinnen über sein Gesicht, »bis sein Antlitz und Gewand naß werden«. Der mitleidige Engel tröstet ihn, worauf die Höllengeister weißen Vögeln, Engelwesen, weichen. Um ihn zum Verlassen des Berges zu bewegen, erfüllt ihm der himmlische Bote kleinere Wünsche, aber Patrick bleibt fest; entweder wird seine Bitte erfüllt, oder er bleibt, unaussprechlich leidend, bis in alle Ewigkeit da oben! Noch einmal trägt der Engel Patricks Begehren Gottvater vor – diesmal mit Erfolg, denn alle Geschöpfe, »die sichtbaren und die unsichtbaren, einschließlich der 12 Apostel« hatten sich dafür verwendet. Der Herr läßt ihm ausrichten, noch niemals sei ihm ein Bewunderungswürdigerer vorgekommen – »von seiner Halsstarrigkeit abgesehen« –, worauf ihm Patrick mit seinem Segen dankt.

Auf *Cashel,* Grafschaft Tipperary, dem steilaufragenden Königsfels von Munster, tauft Patrick König Oengus, wobei er ihm unabsichtlich die Spitze seines Krummstabs in den nackten Fuß bohrt. Der König erträgt den Schmerz, ohne mit der Wimper zu zucken, in der Annahme, es gehöre zur Zeremonie. Dem Hof soll der Heilige an Hand des Kleeblattes das Konzept der Dreifaltigkeit erklärt haben, bevor auch dieser zum Christentum übertrat. Cashel, von nun ab »St. Patrick's Rock«, wurde zum patrizischen Bollwerk des Südens: »27 Könige regierten nach St. Patrick

Croagh Patrick (Mayo)

unter dem Krummstab«, behauptet die *Vita*. Im 8./.9./10. Jh. waren einige Könige gleichzeitig Kleriker. Im 12. Jh. wurde Cashel eines der vier Erzbistümer Irlands.

Die Ruinen auf der ca. 90 m hohen Felskuppe gehören zu den eindruckvollsten Irlands. Die kürzlich renovierte Eingangshalle, »Hall of Vicars Choral« (15. Jh.), dokumentiert in einem kleinen Museum die Geschichte des Felsens. Hier befindet sich unter anderem das Original von »St. Patrick's Cross«, eines seltenen Hochkreuztyps mit Armstützen, das auf der einen Seite die Kreuzigung, auf der anderen einen langgezogenen St. Patrick zeigt. Der Fuß ist hohl und könnte als erstes Taufbecken gedient haben.

1127 begann Cormac Mac Carthy, König von Desmond und Freund Malachys von Armagh, mit dem Bau der kleinen Kathedrale, fälschlicherweise »Cormac's Chapel« genannt.

150 Jahre später stand sie buchstäblich im Schatten eines viel größeren, gotischen, kreuzförmig angelegten Gotteshauses mit überlangem Chor, vierkapelligem Querschiff und massigem Turm über der Vierung. Der 29 m hohe komplette Rundturm an dessen Nordostecke blieb von einer früheren Klostersiedlung stehen.

Die kleine Kathedrale im Winkel zwischen Südtransept und Chor gilt als Musterbeispiel des hiberno-romanischen Stils: festländische Architektur – die Anregungen kamen ziemlich sicher aus Regensburg – ins Irische übersetzt. Das Gebäude mit dem steilen doppelten Steindach über dem stützenden Tonnengewölbe, ist ungewöhnlich solide gebaut. Blendarkaden und Kapitelle lockern die Außenmauern auf; die drei Ordnungen über der Eingangspforte quellen fast vor Ornamenten über. Der Originaleingang, unter sechs Ordnungen gleicher Qualität, saß auf der, durch den gotischen Bau blockierten, Nordseite. Besondere Beachtung verdienen die beiden Giebelfelder – auf dem nördlichen zielt ein Zentaur, den Bogen spannend, auf einen Löwen, der zwei Tiere gerissen hat, auf dem südlichen sitzt ein bedrohliches, dreischwänziges Fabeltier. Das Prunkstück des ehemals bunt ausgemalten, mit Säulen, Kapitellen, Arkaden und Köpfen geschmückten Innenraumes ist der vierfache Chorbogen mit geometrischen Mustern, die noch Farbspuren aufweisen. Kürzlich sind die Fresken im Chor restauriert worden. Zwei schmale Schlitze lassen Lichtstrahlen ein, in der Weise, daß sie sich in der Altarnische kreuzen! An der schummerigen Westwand zeigt ein großer Steinsarkophag die komplizierten Muster des skandinavischen Urnenstils.

Patrick wählte mit Bedacht *Armagh,* die heutige Grafschaftshauptstadt, für seine Hauptkirche, nur 3 km östlich von Navan, der, wie Ausgrabungen ergaben, seit der Prähistorie bewohnten königlichen Kapitale des Nordens. Die, beiden Ortsnamen zugrundeliegende, »Macha«, war eine vermutlich schon vorkeltische Fruchtbarkeitsgöttin, so daß hier ein wichtiges vorchristliches Heiligtum bestand, dessen Druidenschule aus der Sage bekannt ist.

Bereits Patricks Nachfolger wandelte die Kathedrale zu einem Kloster um. Jahrhundertelang stand der Abt-Bischof von Armagh, als »Erbe St. Patricks« an der Spitze des patrizischen Klosterverbandes. 1152 wurde Armagh zu einer der vier Erzdiözesen, dehnte aber sein Primat über ganz Irland aus.

Nach der Taufe schenkte der Unterkönig Dáre Patrick Bauland, allerdings nicht, wie der Heilige erhoffte, auf dem Hügel. Wie Dáres Pferde auf dem frischangelegten Kirchhof herumtrampeln, läßt sie der verärgerte Heilige tot umfallen, was nun Dáre so erbost, daß er Patrick einen Mörder auf den Hals schickt. Der Befehl ist kaum ausgesprochen, da windet er sich vor Leibschmerzen. Seine verängstigte Frau sucht die Vergebung des Heiligen, der für einmal gutmütig reagiert: sein Weihwasser bringt sowohl den König, als auch die Pferde wieder auf die Beine. Dankbar schenkt ihm das Ehepaar den Hügel mit der zweiwalligen Festung, in der heute die protestantische Kathedrale steht. Sie stammt aus dem 13. Jh., wurde aber im 18. Jh. erheblich umgestaltet und im 19. einer »Totalrestauration« unterzogen, die die ganze gotische Steinmetzarbeit, bis auf ein Band grotesker Köpfe, verschwinden ließ. Das nüchterne Innere bewahrt Bruchstücke zweier Hochkreuze, während Fragmente eines dritten, vor der Reformation als »St. Patrick's Chair« (Sitz) bekannten, auf dem Friedhof stehen.

Das *Trinity College, Dublin,* bewahrt als einen seiner größten Schätze das *Buch von Armagh* aus dem 8./9. Jh. auf, das nicht nur ein prächtig geschriebenes, bebildertes Evangelium enthält, sondern auch eine Abschrift von St. Patricks *Confessio* sowie die beiden ersten *Viten* von Muirchú und Tirechán.

St. Patrick verstarb am 17. März 471 in *Saul,* nordöstlich von Downpatrick. Die Scheune »Sabhall«, die dem Ort den Namen gibt, schenkte ihm der Territorialherr, Díchú, nachdem er seine Hunde auf das Grüpplein frommer Männer gehetzt hatte, da er sie für Räuber hielt. Díchú wurde Patricks erster Täufling: hier feierte der Heilige seinen ersten und letzten Gottesdienst. Während der 12tägigen Totenwache wurde es nicht Nacht in Irland.

Schon zu Patricks Zeiten entstand ein Kloster um die Scheune, das die Augstiner 1130 übernahmen. Fragmente davon sowie zwei alte, steingedeckte Grabkapellen befinden sich auf St. Patricks Kirchhof, ca. 300 m westlich vom Dorf. Zum 1500. Jahrestag von St. Patricks Ankunft in Irland erstellten die Protestanten, anstelle der Scheune, ein den frühen irischen Kirchen nachempfundenes kleines Gotteshaus, komplett mit Rundturm, während die Katholiken auf dem Slieve Patrick, mit herrlicher Sicht auf Strangford Lough eine monumentale St. Patricks-Statue aus Granit aufstellten.

Das »Dun«, die Festung, die die Anfangssilbe der Hauptstadt und der Grafschaft von Down ausmacht, taucht bereits in der ptolemäischen Weltkarte auf. Zu *»Downpatrick«* wurde diese jedoch erst, nachdem der normannische Eroberer von Ulster, John de Courcy, aus politischen Gründen, »St. Patricks Grab« neben der patrizischen Gründung in den Wällen »entdeckte«! Die Legende hatte zwar längst existiert, wobei Patricks Leichenwagen auf Geheiß des Engels jungen ungezähmten Ochsen überlassen wurde, die den Weg nach Down nahmen. *Wo* sich das Grab befand, war jedoch vergessen worden.

Jedenfalls brauchte de Courcy eine Hauptstadt und ein Kirchenzentrum, holte deshalb den Bischofssitz von Bangor nach Down, ersetzte Malachys Augustiner durch anglo-normannische Benediktiner und weihte bei der Gelegenheit die Klosterkirche um in eine St. Patricks Kirche. Die protestantische Kathedrale mit ihren scharfen Spitztürmen nützt noch den Chor der Benediktinerabtei, ist jedoch hauptsächlich ein Gebilde des 19. Jh.s, das mittelalterliches Baumaterial wiederverwendete.

Einige Kapitelle und Arkaden im schlichten Innenraum wirken als Blickfang. Das mit keltischen Mustern verzierte Taufbecken diente lange als Hühnertränke auf einem Bauernhof. Im ehemaligen Südtransept sind ein kleines Ringkreuz und Bruchstücke eines Hochkreuzes eingelassen. Seit 1897 steht das alte Marktkreuz, ein Hochkreuz aus dem 9./10. Jh. mit einer verwitterten Kreuzigung, vor dem Haupteingang. 1900 wurde der Fleck Erde auf der Südseite, der als St. Patricks Grab galt, mit einem großen, »Patric« beschrifteten, Stein abgedeckt, um Gläubige daran zu hindern, den geheiligten Grund mit nach Hause zu nehmen.

Echter läßt sich die Verbindung mit St. Patrick an den *»Struell Wells«,* 1,5 km östlich von Downpatrick, erleben. Vier Quellen, die Augen- und andere Leiden heilen, sprudeln am Fuße des Kalkfelsens »St. Patrick's Chair« (Sitz) hervor. Einige frühe Steinhüttchen und zwei verfallene Badehäuser (18. Jh.) erinnern an die Pilgerscharen, die bis in unser Jahrhundert Heilung suchten. Moderne Untersuchungen haben dem Quellwasser den höchsten Mineralgehalt der ganzen Umgebung bestätigt. Möglicherweise übernahm St. Patrick durch seinen Segen ein druidisches Heiligtum.

Dasselbe dürfte für *Lough Derg,* 8 km südlich des Grenzstädtchens Pettigoe, gelten, den fast schwarzen See, in den einsamen

Moorhügeln von Donegal, mit den vielen Inseln. Vermutlich sahen die Druiden in der Höhle, die als »St. Patrick's Purgatory« (Fegefeuer) im Mittelalter einen internationalen Pilgerstrom herlokken sollte, einen Eingang zur »Anderswelt«.
Nach St. Patricks Beispiel, der 40 Tage darin fastete, erlebten verschiedene Pilger, die ihre Erlebnisse niederschrieben, nach 14-tägigem Fasten Horrorvisionen von Hölle und Fegefeuer. Die Pilgerfahrten brachen erst ab, als Cromwells Soldaten die Höhle auf »Saint's Island« zuschütteten.
Wallfahrten wenden sich jedoch noch immer *Station Island* zu; bis heute suchen Menschen jeden Alters und aller sozialen Schichten diese Insel zwischen dem 1. Juni und dem 15. August auf (in der Zeit werden nur Pilger angenommen!), um im Stile der Heiligen und Asketen drei Tage bei Fasten, Wachen und Beten Buße zu tun. Praktisch heißt das eine »Mahlzeit« pro Tag – Brot und Schwarztee –, eine Nachtwache am Tag der Ankunft, von 21.30 bis 6.30 des folgenden Tages sowie das Rezitieren von ca. 1500 Gebeten, teilweise während der barfuß zu absolvierenden »Stationen«, vor den Kreuzen St. Patricks und St. Brigids und den mehrfach rekonstruierten Bienenkorbhütten des vornormannischen Klosters.
Die achteckige Basilika (1927/8) von William A. Scott, eine der feinsten modernen Kirchen Irlands, verwendet gekonnt hiberno-romanische Stilelemente. Der wichtigste Schmuck für den absichtlich nüchtern gehaltenen Innenraum sind die Fenster von Harry Clarke aus der Dubliner Glasmalerschule, die den Kreuzweg und die 12 Apostel zum Thema haben.
Die eiserne, in Bronze getauchte Glocke, »St. Patrick's Bell«, die samt ihrem großartigen, im Urnenstil verzierten, mit Edelsteinen und Emaille geschmückten Schrein (ca. 1100) im *Nationalmuseum, Dublin,* aufbewahrt wird, könnte, nach Alter und Technik zu schließen, St. Patricks gewesen sein. Vielleicht war es eine der drei, die, nach den Annalen von Ulster, St. Columcille 552 in St. Patricks Grab fand.

RÚADÁN VON LORRHA (GEST. UM 584)

15. April

Rúadáns *Viten* stammen aus einer späten Quelle und beschäftigten sich vor allem mit der Verteidigung der Ansprüche des Klosters Lorrha. St. Brendan von Clonfert, z. B., gibt nicht nur eine Klostersiedlung in Hörweite von Rúadáns Glocke auf, weil er sich der Konkurrenz nicht gewachsen fühlt – es braucht auch ein Wunder Rúadáns, um des Weltumseglers gesunkenes Schiff, samt Schüler, zu heben!
Die Notwendigkeit solcher Konstruktionen ist nicht recht einzusehen – schließlich gehörte Rúadán, aus der Königsfamilie von Cashel, zu den »12 Aposteln Irlands«, und sein Kloster zählte zu den wichtigsten der Provinz Munster.
Die *Vita* seines Lehrers, St. Finian von Clonard, erzählt von Rúadáns saftspendendem Baum, um dessentwillen Mönche in Scharen nach Lorrha überlaufen. Rúadáns Leben verrät, was das Kloster attraktiv macht. Die Mönche verbringen die Tage betend und singend, aber ohne »menschliche Anstrengungen«, d. h. ohne Ackerbau – der Wunderbaum ernährt sie ja. Auch hier besteht Finian darauf, daß Rúadán sein Kloster den anderen angleicht und von seiner Hände Arbeit lebt, was dieser mit ungewöhnlicher Sanftheit »in Demut und Geduld« hinnimmt. Zur Belohnung sichert ihm St. Finians Segen »beständige Erträge« für seine Felder, »ohne daß sie gedüngt werden müssen«. Sonst, vor allem in der berühmten Legende von der Verfluchtung Taras, sind solche Eigenschaften seine Stärke nicht!
Der Steuereinnehmer von Diarmaid Mac Cerbhaill, dem Hochkönig, provoziert alle, indem er sein Amtszeichen, den hochköniglichen Speer, quer vor sich herträgt. Dafür sind aber die Eingänge der Festungen und Städte zu eng, so daß Breschen in die Mauern geschlagen werden müssen, was König Aed Guaire von

Connacht so erzürnt, daß er »dieses widerliche Geschöpf« erschlägt. Rúadán bietet dem Mörder Asyl, worum sich der Hochkönig jedoch nicht kümmert, sondern ihn bis ins Gebetshaus des Heiligen verfolgt, wo Rúadán Aed Guaire im Keller versteckt hält. Hätte sich Rúadán nicht selbst verraten, Diarmaid wäre nie darauf gekommen. Unfähig zur Lüge, antwortete der Heilige auf die Frage, ob er wisse, wo Aed Guaire stecke, er wisse es nicht, es sei denn unter des Hochkönigs Füßen. Erst als er einen Diener ins Kellergewölbe schleichen sah, begriff der Hochkönig, und schleppte Aed Guaire gewaltsam nach Tara.

Ein zorniger St. Rúadán mit seinem Haushalt, verstärkt durch Brendan von Birr und weiteren Heiligen mit deren Anhang, verlangten daraufhin unter wütendem Glockengeschell die Herausgabe des Schützlings. Das Kräftemessen zwischen dem von Druiden unterstützten König und den Heiligen zog sich über Tage und Nächte hin und eskalierte vom Gebet über Verwünschungen bis zum Hungerstreik. Den Höhepunkt der *Vita* im *Buch von Lismore* bildet ein Wortgefecht, in dem sich die beiden Parteien nicht nur gegenseitig, sondern auch ihre Wohnstätten bis in alle Ewigkeiten verfluchen...

Erst als der Heilige dem König androht, »man werde dereinst seine Leiche auf einer Kehrichtschaufel vom Misthaufen heben«, gibt dieser auf, nicht aber, ohne Rúadán noch einmal einen Beschützer von Verbrechern zu schimpfen. In Wirklichkeit regierte noch ein Sohn und ein Enkel Diarmaids auf Tara, das erst 100 Jahre nach Rúadáns Tod einer Epidemie wegen aufgegeben wurde. Nach Diarmaids Tod allerdings fanden die großen Druidenversammlungen ein Ende, womit das keltische Königtum eine Stütze verlor, obwohl sich die Heiligen beeilten, in die Lücke zu treten. In diesem Zusammenhang ergibt die scheinbar unmotiviert angehängte Druidengeschichte Sinn: Rúadán, zur Visite bei König Eochaid von Eoganacht, stößt dort auf den britischen Druiden Loban, und dessen »lästige Gesellschaft, die gekommen war, Erin die Ehre abzuschneiden«. Aus Prahlsucht fordert

der Druide Eochaids einziges Auge, was dieser dem Fremden nicht abschlagen darf. Der Heilige jedoch, ergrimmt über den unbilligen Wunsch, wirkt das Wunder, daß sich des Druiden Augen in Eochaids Augenhöhlen setzen, und er »so gut damit sieht, als wären sie von Geburt die seinen«.
Rúadán fürchtet sich vor dem riesigen Eber, der ihm den Baugrund für das Kloster Lorrha anzeigt – ein sicheres Zeichen für das geringe Alter der *Vita.* Hier ist das keltische Naturverständnis abhanden gekommen.
Heute besitzt die protestantische Kirche das alte Klosterareal am Ostrand des Dorfes *Lorrha,* in der Grafschaft Tipperary, 8 km östlich von Portumna, am Nordende des Lough Derg. Eine frühe Kirche mit Anten und einem Westeingang des 13. Jh.s, wohin das 15. einen zweiten mit Blumen- und Tiermotiven setzte, dient dem Chor als Vorraum. Nordwestlich davon liegt die Ruine der »St. Ruadhan's Church« bzw. »Abbey«, eigentlich der Propsteikirche des Augustinerklosters von »Beatae Mariae Fontis Vivi« aus dem 15. Jh., die ein feines Westportal besitzt. Die Ruine südwestlich des Dorfes gehörte zum Dominikanerkloster des 12. Jh.s.
Eine weitere Gründung Rúadáns, *Derrynaflan,* sitzt auf einer Insel im Moor, 13,5 km südöstlich von Thurles. Die Kirchenruine aus dem 13. Jh. und die mittelalterlichen Grabsteine lohnen den etwas gefährlichen Weg nicht. Derrynaflan machte 1980 Schlagzeilen, weil in einer wilden Grabung auf dem Klostergelände der bis dato vollständigste Kirchenschatz aus dem frühen 9. Jh. zum Vorschein kam: Kelch mit Untersatz, Patene, Sieb, in feinster, ziselierter, mit Emaille verzierter Arbeit. Nach jahrelangem Prozessieren ging der Hort an den Staat, so daß die prächtigen Stücke im *Nationalmuseum, Dublin,* zu sehen sind.
Für Tara siehe St. Patrick.

SENÁN VON INIS-CATHAIG/SCATTERY (GEST. 544)

8. März

Vermutlich übertrug sich der Name des Flußgottes Senán, der auf der Insel Inis-Cathaig, im Shannon, Grafschaft Clare, verehrt wurde, auf den Heiligen, der die heidnische Kultstätte christianisierte.

Nach Senáns *Vita* lebte dort ein feuriges Ungeheuer, halb Pferd, halb Drache: Wassergötter sind sozusagen die Stallmeister des Sonnengottes, die nachts die Tiere, die den Sonnenwagen ziehen, versorgen. Der Heilige wird mehrmals zum Pferdehüten angestellt – aber, wie um sich von der heidnischen Vorstellung abzusetzen, mit katastrophalem Resultat: die Pferde ertrinken, oder die Erde verschluckt sie.

Elegant erhält das Ungeheuer eine christliche Deutung: Nach Gottes Ratschluß hält es die Insel für Senán von Sünden frei, da sie kein Mensch zu betreten wagt. Die äußere Realität, z. B. eine Zeitenabfolge, kümmert den Schreiber wenig: er bringt Senán mit Heiligen zusammen, die bereits 100 Jahre tot sind, oder zu seinen Zeiten noch nicht geboren. St. Patrick, den Senán um mindestens zwei Jahrzehnte verpaßt, kündigt ihn an. Er tauft, von seinem Streitwagen aus, alle Männer der Corco Baiscinn auf ihren Schiffen im Shannon und läßt sie wissen, daß das Kind, das dem Rest des Volkes »ein Patrick sein wird«, bereits unter ihnen empfangen wurde.

Der Druide der Corco Baiscinn zieht anfangs das Gespött der Menge auf sich, wie er durch sein ehrfurchtsvolles Beispiel die ganze Volksversammlung dazu animiert, sich vor dem Bauern Gergenn und seiner schwangeren Frau Coimgell zu erheben: sie sind die Eltern des wunderbaren Kindes. Es kommt in der Nähe von Kilrush, in Moylough, Grafschaft Clare, zur Welt. Die Familie besitzt zwei Höfe, auf denen sie wechselweise lebt. Das seltsamste Jugendwunder erzählt, wie der junge Heilige den ganzen Hausrat, inklusive Vorratsgebäude, Viehpferche, Pflöcke und dergleichen von einem Wohnort zum anderen, durch die Lüfte fliegend, nachkommen läßt.

Jedermann spürt die Gnade Gottes in dem jungen Mann: Gezwungenermaßen nimmt er an einem Raubzug teil, verschläft ihn jedoch und wird unter den Beraubten schutzlos zurückgelassen, aber niemand wagt es, ihm ein Härchen zu krümmen. Man ruft ihn, den zuvor Abgewiesenen, zurück zum Bankett – denn plötzlich verdarben alle Speisen.

Aber erst Todesgefahr bringt die Hinwendung zum religiösen Leben: bei Anbruch der Nacht treibt er die Ochsen seines Vaters, wie er glaubt, bei Ebbe, quer über die Bucht. Gerade tut er den Schritt ans Ufer, da donnert die Flut hinter ihm heran. Am Strand zerbricht er seinen Speer, fertigt daraus ein Kreuz, und weiht sich durch dreimaliges Niederwerfen Gott.

St. Cassidan wird sein erster Lehrer, dem er so verbunden bleibt, daß er zu dessen Grab seine letzte Pilgerfahrt unternimmt. Bei St. Notál in Kilkenny bildet er sich weiter und muß mehrmals zu einer eigenen Gründung ermutigt werden. Zwar entstehen Gründungen, speziell nach einer Romfahrt. Schüler stellen sich ein – der berühmteste ist St. Ciarán von Clonmacnois –, heilige Jungfrauen, sogar Pilger aus Italien suchen ihn auf, aber Senán fühlt sich unsicher und ist glücklich, daß ihm der Erzengel Raphael mit Rat und Tat zur Seite steht. Er ist es, der ihn mitsamt dem Steinblock, auf dem er sitzt, nach Inis-Cathaig bringt und auf der höchsten Erhebung niedersetzt. Zu zweit singen sie zu Gottes Ehren, bis das Ungeheuer Cathach wütend heranschnaubt. Es reißt sein Maul auf, »so daß man seine Innereien deutlich sehen konnte« – und klappt es auf des Heiligen Kreuzeszeichen schleunigst zu. Sanft, wie ein Lamm, verschwindet es auf Senáns Befehl von der Insel. Der Heilige und der Engel nehmen sie in Besitz, indem sie sie »mit der Sonne« abschreiten, was heute noch zum Pilgerritual gehört.

Der Unterkönig Mac Tail verübelt es dem Heiligen, daß er die Insel ohne Erlaubnis genommen hat, und sucht ihn mit List und Gewalt loszuwerden. Schließlich schickt er seinen Druiden, der ihn durch Zauber zum Weggehen bewegen soll. Dabei kommt es zum klassischen Wettkampf zwischen Druiden und Heiligen. Zaubergesänge nützen nichts. Der Magier verdunkelt darauf die Sonne, »so daß keiner seines Kameraden Gesicht mehr sehen konnte«, läßt es donnern, blitzen, stürmen – Senán hat für alles einen Gegenzauber. Schließlich wechselt der Druide wütend hinüber zur Nachbarinsel, denn dort können ihm Dämonen helfen, einen Zaubernebel aufziehen zu lassen – eine Sturzwelle schwappt über die Insel, und der Zauberer und seine Leute ertrinken. Mac Tail bleibt unbelehrbar – er gehört zu jenen, die Senán als Stallburschen mißbrauchen wollen. Er schätzte den Heiligen genauso hoch ein wie »ein ungehörntes schwarzes Schaf« – aber genau ein solches führte seinen Tod herbei, indem es seine Pferde scheuen ließ!

Senán verstarb 544: mitten auf der Pilgerfahrt berief ihn eine himmlische Stimme ins Paradies. Er wurde »mit Ehrfurcht und Ehre« auf Scattery Island begraben.

Die Gründung auf *Canon Island,* 6,5 km östlich von Killadysert im Shannon, Grafschaft Clare, südwestlich vom Shannon Flughafen, wird St. Senán zugeschrieben. Ende des 12. Jh.s löste sie eine Augustinerpropstei ab, deren schön proportionierte Ruinen im alten Klosterwall stehen.

Auf *Mutton Island*/Inish Chaorach, ca. 2,5 km von Quilty, Clare, findet sich die Ruine einer frühen Einsiedelei.

Am eindrücklichsten sind die Ruinen auf *Scattery Island,* ca. 2,5 km vor Kilrush – Boote gehen im Sommer vom Cappa Pier. Der Rundturm, mit 37 m, ist der höchste, und vermutlich älteste, Irlands – sein Eingang liegt zu ebener Erde.

Der Friedhof liegt bei der Landestelle. Hier liegen die beiden ertrunkenen und wiedererweckten Buben begraben, die partout zurück ins Paradies wollten, so daß der Heilige die Wiedererweckung rückgängig machte, und hier liegt die Nonne Connair, die mit ausgezeichneten Argumenten zur Gleichberechtigung der Frau die Frauenfeindlichkeit des Heiligen außer Kraft setzt. Hier steht die Grabkirche »Cill na Marbh«; nordwestlich davon »The Cathedral«, alias »St. Marys and St. Senáns«. Die nächste Ruine blieb von einer hiberno-romanischen Kirche mit ehemals reichverzierten Chorbögen. Weiter nördlich enthält die St. Senáns Kirche, der Überlieferung nach, das Grab des Heiligen, auch wenn der frühe Grabstein um ein »Gebet für Mogroin und Monach« bittet.

Auf dem Hügel sitzt die vorromanische »Kirche von der Engelshöhe«, deren Fundament aus großen Blöcken besteht. Sogar die heilige Quelle findet sich, die, der Legende nach, der Heilige und der Erzengel bei großer Dürre gemeinsam aushuben: Senán grub mit einem Holunderstock, der darüber Wurzeln schlug und Raphael »schaffte die Erde weg.«

KURZBIBLIOGRAPHIE

Adamnán: *The Life of Saint Columba,* hg. William Reeves (Edinburgh, 1874)
Book of Lismore, hg. William Stokes (Oxford, 1890)
Bonwick, James: *Irish Druids and Old Irish Religions* (Repr.: o. O., 1986)
Botheroyd, Sylvia & Paul F.: *Irland: Kunst- und Reiseführer* (Stuttgart, 1985)
D'Arcy, Mary Ryan: *The Saints of Ireland* (Cork & Dublin, 1974)
Butler's Lives of the Saints hg. Herbert Thurston & Donald Attwater, (London, 1956)
Finlay, Ian: *Columba* (London, 1979)
Harbison, Peter: *Guide to the National Monuments of Ireland* (Dublin, 1975)
Henry, Françoise: *Irish Art in the Early Christian Period to 800 AD,* (London, 1965)
Henry, Françoise: *Irish Art During the Viking Invasions 800–1020 AD,* (London, 1967)
Hopkin, Alannah: *The Living Legend of St. Patrick* (London, 1989)
Hughes, Kathleen: *The Church in Early Irish Society* (London, 1966)
Hughes, Kathleen & Ann Hamlin: *The Modern Traveller to the Early Irish Church* (London, 1977)
Joyce, P. W.: *A Social History of Ancient Ireland* (Dublin, 1913)
Markale, Jean: *Die Druiden: Gesellschaft und Götter der Kelten* (München, 1989)
Mould, Daphne D. C. Pochin: *The Irish Saints* (Dublin & London, 1964)
O'Curry, Eugene: *On the Manners and Customs of the Ancient Irish* (London, 1873)
O'Hanlon, John: *Lives of Irish Saints* (Dublin, 1875)
Piggot, Stuart: *The Druids* (London, 1968)

Plummer, Charles: *Lives of Irish Saints* (Oxford, 1922)
Ross, Anne: *Pagan Celtic Britain* (London, 1967)
Rutherford, Ward: *The Druids & Their Heritage* (London, 1978)
Tripartite Life of Patrick hg. Whittley Stokes (London, 1887)
Thurneysen, Rudolf: *Die irischen Helden- und Königssagen bis zum siebzehnten Jahrhundert* (Halle, 1921)

VERZEICHNIS DER HEILIGEN UND DRUIDEN UND DER MIT IHNEN VERBUNDENEN ORTE

(H) = Heilige/r; (D) = Druide; (O) = Ort

Knaur

Taschenbücher

Band 4630
272 Seiten
ISBN 3-426-04630-X

Cornwall, Wales, Schottland und England – das alte Britannien, geheimnisvolles und sagenumwobenes keltisches Land. Hier hat nach alten Legenden der Herr der Tafelrunde, der mächtige König Artus, geherrscht, immer wieder besungen von Barden und Dichtern. Folgen Sie dem Autorenehepaar durch diese geschichtsträchtigen Länder, begeben Sie sich auf die Spuren von König Artus.